Wendelin Gruber

In den Fängen des roten Drachen

Wendelin Gruber

IN DEN FÄNGEN
DES ROTEN DRACHEN

Zehn Jahre unter der Herrschaft Titos

MIRIAM-VERLAG

Titelbild und übrige Zeichnungen:

Sebastian Leicht

3. Auflage, 11. - 12. Tausend 1989

© MIRIAM - VERLAG · D-7893 JESTETTEN

Alle Rechte der Übersetzung und auch der auszugsweisen
Wiedergabe vorbehalten.

Gesamtherstellung:

Miriam - Verlag · D-7893 Jestetten

ISBN 3-87449-172-2

INHALTSVERZEICHNIS

III

TÄGLICHER WIDERSTAND

IV

BEREIT ZUM TODE

V

DER LANGE WEG

GELEITWORT

Erst dreißig Jahre nach der Freilassung Pater Wendelin Grubers aus dem berüchtigten Zuchthaus Mitrovitza in Jugoslawien, die einer persönlichen Intervention des damaligen Bundeskanzlers Dr. Konrad Adenauer zu danken war, erscheint dieses Tagebuch auch in deutscher Sprache, das heißt in der Sprache des Originals. Es ist nämlich schon vor etwa zehn Jahren in brasilianischer Übersetzung in Brasilien erschienen, wo sich Pater Gruber seit dem Herbst des Jahres 1963 aufhält. Zuerst war er dort als der deutsche Seelsorger in fünf donauschwäbischen Dörfern in Entre Rios bei Guarapuava im brasilianischen Bundesstaat Parana tätig, dann war er Wanderseelsorger für zerstreut lebende deutsche Siedler, um sich in den letzten fünf Jahren auf den Aufbau geschlossener deutscher Siedlungen zu konzentrieren.

Warum erscheint dieses Tagebuch Pater Grubers erst so spät im Original? Auf diese Frage ist vor allem, so scheint mir, in diesem Geleitwort eine Antwort zu geben. Wie der Autor in seiner Einleitung in dieses Tagebuch schreibt, wollte er beim Aufzeichnen dieser Erinnerungen an bestimmte Ereignisse ,,ohne literarische Ansprüche" nur der Wahrheit dienen, wie dies die ,,Acta Martyrum" in der blutigen Zeitepoche der verfolgten Urkirche getan haben. Ohne literarische Ansprüche heißt in unserem Fall auch: wohl in deutscher Sprache, aber in der knorrigen, ungekünstelten, auf seine donauschwäbischen Landsleute gemünzten Sprache des Autors P. Gruber, deren Hochstilisierung er nicht hinnehmen wollte, weil dadurch, wie er meinte, seine ureigene Autorschaft verloren gegangen wäre. So haben sich seine Freunde dazu entschlossen, die Tagebuchnotizen möglichst in der Fassung des Autors zu belassen.

Nun sei auch der Verfasser dieses Tagebuches kurz vorgestellt. Seine Heimat ist, wie er selbst schreibt, die Woiwodina, das heißt die nördlich der Flüsse Donau und Drau gelegenen, nach 1918 an Jugoslawien angegliederten Landstriche der pannonischen Tiefebene. Es ist dies jene fruchtbare Landschaft, die nach der Verdrängung der Osmanen nach 1683 aus Mitteleuropa verödet, versumpft und nur ganz schwach besiedelt dalag und förmlich nach fleißigen Händen schrie. Damals geschah es, daß der ungarische König und die ungarischen Großgrundbesitzer durch eigens ausgesandte Werber deutsche Bauern und Handwerker anwarben und aus Schwaben, Baden, der Pfalz sowie aus Elsaß-Lothringen bis hin nach Luxemburg ins Ungarland riefen. Diese von der

Wissenschaft seit 1920 als Donauschwaben bezeichneten deutschen Familien lösten das ihnen gestellte Problem und machten diese Landstriche in hundert Jahren zu einer Kulturlandschaft ersten Ranges in Europa. Hier wurde P. Wendelin Gruber in der sprichwörtlich kinderreichen Großgemeinde Filipowa im Batscher Land (zwischen Donau und Theiß) 1914 geboren. Er trat früh in den Jesuitenorden ein und wurde 1942 zum Priester geweiht. Er war Zeuge der Zerschlagung des Königreichs Jugoslawien durch Hitler 1941 und der kurzfristigen Zuweisung seiner Heimat an Ungarn (von April 1941 bis Oktober 1944) und damit Zeuge der sogenannten freiwilligen Rekrutierungen seiner Landsleute zur Waffen-SS sowie auch Zeuge der Bestrafung derselben donauschwäbischen Landsleute durch das Tito-Regime nach dem Zusammenbruch der deutschen Front im Südosten (Fall Bukarests im August 1944 und Fall Belgrads im Oktober 1944). Die Tragödie der in der Heimat zurückgebliebenen Donauschwaben in der Woiwodina, die in den sogenannten Vernichtungslagern für Arbeitsunfähige vor sich ging, rief ihn auf den Plan. In der ersten Hälfte des Tagebuches schildert er, was er im Todeslager Gakowo für seine Landsleute tun konnte, während er im letzten Drittel desselben darüber berichtet, was er wegen seines Einsatzes für die Landsleute erleiden mußte bis zu dem Tag, da er dank einer Intervention Adenauers aus dem Zuchthaus in Mitrovitza wie durch ein Wunder plötzlich in die Bundesrepublik Deutschland überstellt wurde. Was er da in aller Nüchternheit beschreibt, ist ein modernes Kapitel der Acta Martyrum, wie der Autor einige Male ausdrücklich betont, denn der weitaus größte Teil der zu Tode gebrachten Donauschwaben sind als politisch unschuldige Zeitgenossen und als sich zu Christus und zur Kirche bekennende Christen gestorben.

In den Vernichtungslagern Titos für Arbeitsunfähige, das heißt für Kinder, kranke Frauen und alte Leute, sind mindestens 70 000 Donauschwaben ums Leben gekommen. Diesen vielen der großen Welt unbekannten und von ihr vergessenen Donauschwaben will der Autor mit seinem Tagebuch „ein geistliches Monument errichten, damit es den roten Machthabern nicht gelingt, alle blutigen Spuren ihrer Greueltaten vollkommen zu vernichten und zum Verschwinden zu bringen." Denn die Massengräber, in denen die verhungerten und ermordeten Opfer der Vernichtungslager zu Tausenden ruhen, sind längst unkenntlich gemacht und eingeebnet. Nicht das geringste Zeichen einer christlichen Pietät darf sichtbar auf sie verweisen oder an sie erinnern.

Wenn dieses Tagebuch, wie der Autor in der Einleitung schreibt, auch ohne literarische Ansprüche verfaßt wurde, so wird doch jeder Leser zugeben müssen, daß es in diesen Aufzeichnungen Abschnitte gibt, die in menschlicher Hinsicht einfach kostbar und einmalig sind. Zu diesen Kostbarkeiten zählt sicher der Abschnitt „Vor gezogenen Pistolen", in dem ganz unerwartet aufleuchtet, wie man auch hartgesottene Partisanen und Kommunisten so ansprechen und treffen kann, daß ihr normalerweise unterdrücktes Menschsein plötzlich wieder zum Tragen kommt. Daß es auch unter den Donauschwaben Verräter gab, konnte P. Gruber, der seine Donauschwaben über alles liebte, nicht übersehen. In dem sonst erhebenden Abschnitt „Pfingststurm" legt er dafür ein beredtes Zeugnis ab. Aber der echte P. Gruber, der ein Seelsorger durch und durch war, kommt im Abschnitt „Das große Ereignis" zum Durchbruch, in dem die gelungene Erstkommunionfeier von über 600 Kindern geschildert wird, knapp bevor diese zumeist elternlos gebliebenen Kinder in staatliche Kinderheime überführt wurden. Den Schreiber dieses Geleitwortes hat der Abschnitt „Verteidigungsrede vor dem Volksgericht" am meisten ergriffen, denn diese Verteidigungsrede läßt uns in die Seele eines überaus mutigen Mannes und eines tapferen Bekenners seines katholischen Glaubens schauen.

Zur Abrundung dieses Wortes zum Geleit möchte ich auf noch einen hervorragenden Zug dieses Tagebuches hinweisen. Es handelt von den Untaten eines kommunistischen Regimes gegenüber eindeutig unschuldigen Deutschen. Aus der Sicht des Verfassers ist es eindeutig gegen die falsche Ideologie und Irrlehre des Kommunismus geschrieben worden. Dazu bekennt sich der Autor an mehreren Stellen eindeutig und unmißverständlich insofern, daß er zwar die Irrlehre des Kommunismus jederzeit und überall grundsätzlich ablehne, daß er aber deshalb nicht zugleich gegen die Kommunisten als Personen sei. Sie seien nur Irregeführte, die es zur Wahrheit zurückzuführen gelte.

Ich wünsche diesem Tagebuch eine gute Aufnahme bei allen, die sich vorgenommen haben, stets und überall der Wahrheit zu dienen. Insbesondere wünsche ich dem Tagebuch eine gute Aufnahme bei den Donauschwaben die ihrem Pater Gruber für diese Aufzeichnungen zu großem Dank verpflichtet sind.

Prälat Josef Haltmayer

I

GREUEL DER VERWÜSTUNG

Einleitung in ein Tagebuch

Im Namen von Millionen Erniedrigter und Beleidigter, Verfolgter und Unterdrückter, unschuldig Gequälter und Ermordeter, im Namen aller meiner Leidensgenossen, deren Schrei um Recht und Würde verstummte, erhebe ich hier meine schwache Stimme. Der einfache Mensch unserer Tage müßte einerseits erkennen, daß sein Schweigen nichts anderes bedeutet als Teilnahme an jener Gewalt und daß, wenn er heute seine Stimme nicht erhebt, diese Gewalt ihn morgen unter sich begraben wird (Solschenizyn).

Wir dem Tode geweihte, unschuldige Häftlinge aus den kommunistischen Kasematten sind vor der freien Welt zur Wahrheit verpflichtet. Als ich nämlich nach mehr als zehnjährigem Terror durch eine besondere Fügung der Vorsehung aus dem Bereich hinter dem eisernen Vorhang in die freiheitliche Welt übersiedeln durfte, wurde ich über die Lebensbedingungen dort befragt. Meinen Schilderungen ist man oft mit Kopfschütteln begegnet, als wäre mein Bericht eine unsinnige Phantasterei. Als Sommerfrischler hätte man doch am Adriastrand Titos Land von ganz anderer Seite kennengelernt. Wenn es Tito und seiner Parteiherrschaft immer wieder gelungen ist, ein erstaunliches Jongleurspiel auf Tanzseilen der Weltpolitik vorzuführen, dabei dem Publikum rechts und links freundlich zuzulächeln, dann ist das ohne Zweifel sein persönlicher Erfolg gewesen, den er letzten Endes auch der politischen Weltkonstellation zu verdanken hat. Es ist ihm und seinen Nachfolgern immer wieder gelungen, den wackligen Thron zu retten, allerdings auf Kosten des wirtschaftlichen Ausverkaufs seiner versklavten Völker und verarmten Arbeiterklasse, denen er das ,,Arbeiterparadies'' versprach und sie jetzt in die kapitalistische ,,Hölle'' ziehen läßt, um den spärlichen Devisenmarkt seines Landes sanieren zu können oder vor andersartigen, innerlichen Erschütterungen zu bewahren.

Unter dem symbolischen Titel ,,Im Rachen des roten Drachen'' soll die Kulturgeschichte einer Zeitperiode des Verfalls, der Vernichtung und Erwürgung in die Welt ziehen. Der Zeitchronist betrachtet die folgende Aussage nicht für übertrieben: ,,Die Vernichtungslager in der

Woiwodina sind eine der schwärzesten Seiten der modernen Geschichte (Civilta catolica, Roma, Maggio, 1947).

Die Hintergründe und den Träger dieser geistigen Auseinandersetzung, den Diabolos, den Durcheinanderwerfer, möchte man leider auch in gewissen modernistisch-religiösen Kreisen einfach blind verwischen lassen. Ohne in die Diskussion über die Natur des Dämonischen in unserer Zeitepoche einsteigen zu wollen, ist es meine Absicht an verschiedenen Stellen im Laufe meiner Schilderungen auf die Auffälligkeit der teuflischen Existenz in der Welt hinzuweisen, die geistige Grundlage der „Macht der Finsternis" (Kol 1, 12) aufzudecken und die Strategie wie die Taktik der Verfolgung zu deuten. Es ist meines Erachtens völlig unmöglich das diabolische Dasein in den heutigen Zeiterscheinungen bloß mit parapsychologischen Faktoren erklären und abtun zu wollen. So ist also der Kampf, der heute in den totalitären Staaten ausgetragen wird, in Wirklichkeit kein politischer, sondern ein religiöser, auch wenn dies von den beiden Kampfgegnern durchaus nicht immer klar erkannt wird (Mihajlow).

Das ist es eben, was einer der größten slawischen Philosophen Vladimir Solowjew im Gespräch mit einem atheistischen Dichter, der über den Dämonenglauben lachte, zu sagen glaubte: „Wer kann überhaupt die Geschichte betrachten, ohne in ihr die Dämonen am Werk zu sehen?"

Diese Darstellungen der verfolgten Kirche sind keineswegs bloß ein glänzendes Heldenepos über heroische Haltung und Bewährung. Wie es zur Urchristenzeit die sogenannten „Libellatici" gab, die das Heft zum Abfall vom Urchristentum unterschrieben haben, so ist auch unser heutiges Christentum voll von Eigenschwäche, Verrat und Abfall, weswegen man nur zögernd, nicht ohne Scham und Schande zur Feder greift, besonders noch, wenn man sich seiner eigenen Fehler bewußt ist.

Diese Tagebuchaufzeichnungen sollten eine einfache Nachahmung jener Schriftsteller aus der ersten Christenheit sein, die ihre Erlebnisse aus der Verfolgung der Christen in der römischen Kaiserzeit sammelten und der Nachwelt überließen. Wie jene „Acta Martyrum" ohne literarische Ansprüche, mit der einzigen Absicht der Wahrheit zu dienen, verfaßt wurden, so soll auch diese Sammlung von Ereignissen aus einer ähnlich blutigen Zeitepoche betrachtet werden und einfach als Mittel dienen diese Zeugenschaft der Vergeßlichkeit einer schnellebigen, turbulenten Zeit zu entreißen.

Dabei ist die Kirchen- und Zeitgeschichte meiner Heimat Woiwodina ein Teil der Bundesländer des jugoslawischen Staates besonders berücksichtigt, wobei andere Landstriche dieses Vielvölker-Staates aus meiner eigenen Erfahrung bloß nebenbei betrachtet werden konnten. Mein Bemühen ist ohne Gewährleistung historischer Vollständigkeit und wissenschaftlicher Gründlichkeit, da Archive und Dokumentensammlungen bei den Kommunisten diesbezüglich immer noch unzugänglich bleiben. Dennoch soll dieser Beitrag als Versuch gelten, die Behauptung Titos, die Donauschwaben seien eine „Kriminelle Minderheit", zu widerlegen. — „Sie sollen, während sie euch als Übeltäter schmähen, eure guten Werke sehen, um ihretwillen am Tag der Heimsuchung Gott die Ehre zu geben" (1 Petr 2, 12). Den in den Vernichtungslagern unschuldig umgebrachten Märtyrern soll damit ein geistiges Monument errichtet werden, wenn man schon von Seiten der roten Machthaber bisher alles mögliche versuchte, jede blutige Spur ihrer Greueltaten von der Erdoberfläche verschwinden zu lassen.

Die kommunistische Ideologie ist heutzutage jene Irrlehre, mit der man sich vielfach in einer friedlichen Koexistenz abfinden möchte. Die Gegenkräfte des Christentums sind aber auf einen totalen Sieg und die gänzliche Vernichtung der Sache Gottes ausgerichtet. Meines Erachtens lohnt es sich, die letzten Gründe in der Auseinandersetzung mit dieser Ideenverwirrung aufzudecken und dieser schmeichelhaft getarnten Verführung die Maske zu entreißen. Die Kommunisten sind in ihrem fanatischen Idealismus einem Wunschtraum verfallen, der eigentlich in seiner vielfachen Verwirrung nur zu bedauern ist. Da ich diese verwirrten Menschen zur Zeit meiner Kerkerhaft lieben gelernt habe, ihre bedauerliche Verblendung jedoch hasse und verabscheue, nahm ich diese Arbeit auf mich. Sie sind wie von einer geistigen Pest ergriffen. Wer würde sie nicht mitsamt ihren zahlreichen Opfern bemitleiden? Christus, der Herr lehrt uns mit Wort und Beispiel, die Sünde zu hassen, aber den Sünder zu lieben. Wer würde nicht mithelfen einem auf den Irrweg Geratenen in seiner Not beizustehen?

Obschon das Erzählen in der ersten Person eitel erscheinen könnte, möchte ich doch in dieser Schrift eine gewisse Tagebuchform beibehalten. Sie hilft dazu, die Zeugnisaussage zu bekräftigen, denn einzig das soll ja das Ziel dieser Arbeit sein. Mein ständig geführtes Tagebuch über die damaligen Ereignisse ist bei der vierten Verhaftung in die Hände der UDBA (Geheimpolizei) gefallen und so wurden die darin enthaltenen Schilderungen des kommunistischen „Paradieses" Beweismaterial meines „Verbrechens", das mir beim Gericht in Neusatz (Novi-Sad) am 5. 10. 1948 die Strafe von 14 Jahren Zuchthaus mit Zwangsarbeit einbrachte. Diese Tagebucheintragungen wurden mir natürlich von den Funktionären entzogen, aber nach der Befreiung aus der Strafanstalt am 1. 1. 1956, habe ich meine Erlebnisse wieder aufs Papier gebracht.

Nicht zuletzt aus Dankbarkeit für die väterliche Vorsehung Gottes fühle ich mich berufen, diese Erlebnisse niederzuschreiben. Als kostbares Geschenk aus der Hand des Allmächtigen durfte ich alle diese Prüfungen entgegennehmen. Keineswegs würde ich diese Jahre missen wollen. Obwohl mich die Trübsale nicht selten bis an den Rand der äußersten körperlichen und seelischen Erschöpfung gebracht haben, durfte ich immer wieder einen innerlichen, tiefen, ja unaussprechlichen Trost und Seelenfrieden genießen, den ich sonst vorher und auch nachher nicht mehr erleben durfte.

Allen zahlreichen Helfern, die mir mit Hinweisen geholfen, so manche Erinnerungen aus der Gedächtnisschwäche zu entreißen, bin ich zu innigstem Dank verpflichtet. Sie wünschen hier nicht erwähnt zu werden. Viele der noch lebenden Personen haben in meinen Schilderungen vorsichtshalber einen anderen Namen erhalten.

Der Verfasser

P. Wendelin Gruber SJ

Umsturz in Zagreb

Gefangen

Ein heftiger Stoß ließ mich in einen dunklen Raum stolpern. Unsicher versuchte ich mich im Finstern zurechtzufinden. Andere wurden hinter mir hereingestoßen. Ohne es zu wollen, trat man Menschen, die auf dem Fußboden lagen, auf die Hände, auf die Füße, an den Kopf. Manche von ihnen wehrten sich und fluchten. Die Luft war voll Gestank und verbraucht. Ich fand eine freie Stelle und versuchte mich niederzulassen. Vorsichtig schob ich einen schlafenden Nachbarn auf die Seite.

Als sich meine Augen allmählich an das Dunkel gewöhnten, nahm ich den ziemlich großen Raum wahr. Decke und Wände waren bemalt, man konnte religiöse Symbole erkennen. ,,Es ist die Gefängniskapelle,`` flüsterte mir Pater Rektor ins Ohr, der hinter mir in den Raum gestoßen worden war. ,,Hier habe ich oft zelebriert!`` Meine Augen glitten über die vielleicht 150 ausgestreckten Körper, die den Boden der Kapelle bedeckten. In der Nähe wachte einer auf und erkannte mich: ,,Sie auch hier im Gefängnis, Hochwürden?`` fragte er. Ich versuchte mich zu fassen und meinte: ,,Ich gehöre ja zu euch.``

Aber die Nacht war nicht gut für Gespräche. Ich zog meinen Talar aus und legte mich darauf. Ich grübelte in die Nacht hinein. Abwarten, was der Morgen bringt ...

Das Morgenlicht suchte sich seinen Weg durch vergitterte Fenster. Der eine oder andere stand auf, rieb sich die Augen. In einer Ecke stand der überfüllte Kübel für die Notdurft und verbreitete einen furchtbaren Gestank. Man erkannte jetzt allmählich seine Leidensgenossen. Vor ein paar Tagen, am 8. Mai 1945, waren die Leute Titos als Sieger in die Stadt eingezogen. Jetzt schien es das rote Regime auf eine allgemeine ,,Säuberung`` Zagrebs angelegt zu haben. Alles, was bisher Rang und Namen gehabt hatte, wurde hier festgehalten, als Feind oder Verdächtiger: Funktionäre des gestürzten kroatischen Staates, Herren vom höchsten Gerichtshof, Universitätsprofessoren, Mitglieder des Parlaments, Priester, aber auch das Personal, sogar die Portiere der Regierungsgebäude. Was die Priester betraf, wußten die neuen Herren zwar, daß sie keine Staatsbeamten waren. Sie betrachteten uns jedoch als Vertreter einer oppositionellen Ideologie, die sich mit dem Marxismus-Leninismus nicht vereinbaren ließ. Ich wollte wissen, ob man wenigstens damit rechnen konnte, rasch verhört zu werden. „Ich bin zwei Tage hier", sagte mein Nachbar, „aber es ist kaum einer gerufen worden. Die Partei ist zu sehr mit den Verhaftungen beschäftigt."

Ein greller Kommandoschrei unterbrach uns: „Mittagessen!" Alle drängten sich nach vorne. Wir Priester waren die letzten in der Reihe. Es waren etwa 20 verbeulte Blechnäpfe für alle da, das Austeilen dauerte lange. Ohne Löffel mußten wir die geschmacklose Brühe hinunterschlucken. Dutzende hatten schon daraus geschlürft, als die rostige Schale an mich kam. „Es ekelt einen", flüsterte mein Nachbar, „unsere roten Brüder heilen uns von allen hygienischen Bedürfnissen." — „Hygiene ist nur ein Vorurteil der Bourgeoisie!" schrie ein anderer. Ich würgte das lauwarme, salz- und fettlose Wasser hinunter und gab den Napf weiter. Das Stückchen hartes Brot kam nicht bis zu den Letzten.

Wir waren zu viert aus dem Priesterseminar hierher gebracht worden. Welchen Anlaß zur Verhaftung hatten wir gegeben? Sollte alles, was der Kirche gehörte, enteignet werden? Sie wollten mehr Platz für Quartiere; aber das Haus war schon den Krieg hindurch fast völlig belegt. Wollten sie uns Zusammenarbeit mit dem Faschismus vorwerfen? In ihrem Vokabular war kirchliche Gesinnung einfach Klerofaschismus. Aber hatten uns nicht die Faschisten aus unseren Wohnungen vertrieben, wie es jetzt die Kommunisten taten? „Wir müssen auf das Äußerste gefaßt sein", sagte Pater Rektor leise. „Ein Menschenleben bedeutet nichts für sie. Stellen wir uns der Vorsehung anheim."

Unruhe auf der Fensterseite lenkte uns ab. Als wir neugierig hinschauten, sahen wir einen Wellensittich, der von Hand zu Hand weitergegeben wurde. „Hier durchs Gitter kam er zu mir auf die Pritsche geflogen", sagte einer und hielt den Vogel zärtlich zwischen den Handflächen. „Kommst du zu uns, um unser Schicksal zu teilen? fragte ein anderer. „Machen wir ihm einen Käfig", schlug ein Dritter vor. „Du wirst ihn doch nicht einsperren wollen. Ist es nicht genug, daß wir hier hinter Gittern sitzen?", widersprach ein anderer. Der Vogel ging weiter behutsam von Hand zu Hand, manche drückten ihm einen Kuß auf's Gefieder. Dann spielte ein Fünfzehnjähriger, der mit seinem Vater verhaftet worden war, mit dem kleinen Boten der Freiheit. Ihm tat er leid; er fand einige Brotbrösel und fütterte ihn. Dann streckte er den Arm durchs Fenstergitter, und der Vogel flatterte in die freie Mailuft hinaus.

In dieser merkwürdigen Stunde der Abwechslung ging die Türe auf, und der eintretende Partisan rief: „Vlado!" Ein korpulenter Kaufmann aus Zagreb, der sich durch Flüche und großspurige Reden hervorgetan hatte, mußte zur Tür. Er hatte uns bisher vorgemacht, wie gut es sei, daß wir hier gemeinsam eingesperrt seien. Wir würden, meinte er, für wenig gefährlich gehalten, während aus den Bunkern im Keller jede Nacht etliche zur Liquidierung abgeführt würden. Der Partisan befahl ihm, alle Sachen mitzunehmen. Er würde also nicht zurückkommen?

Beim Mittagessen flüsterte uns der Koch zu, Vlado sei im Keller in einem Einzelzimmer gefesselt und weine. Diese Nachricht brachte auch einige andere Großmäuler zum Schweigen. Angst breitete sich aus. „Hochwürden", sagte mein Nachbar zu mir, „wenn ich da lebendig herauskomme, gehe ich zu Fuß nach Maria Bistritza." Am Abend dieses Tages, konnte man manche der Männer beten sehen. Einige wandten sich an uns Priester und legten die Beichte ab. Ein Universitätsprofessor für Chemie vertraute mir an, daß er lange Zeit gemeint habe, mit der Erforschung der Materie auch alle Lebensfragen lösen zu können. „Aber eine befriedigende Antwort über den Ursprung und das Ziel des Menschen fand ich nicht. Es ist mir unmöglich geworden zu glauben, daß Menschen eine bloß seelenlose Materie sind. Würde es sich daher denn da lohnen, in dieser Misere zu leben? Da wäre es nur konsequent, den Strick zu nehmen und das Leben hinter sich zu lassen. Aber ich glaube heute, daß ein Geist in uns lebt, den man nicht sehen, abtasten oder wägen kann, der aber so subtil ist, daß er häufig unterdrückt, verneint und vernachlässigt wird. Je mehr ich früher diesem Glauben entfliehen, ausweichen wollte, desto unruhiger wurde ich." Ich freute mich, daß ein Kenner der Natur und ihrer Gesetze ein solches Bekenntnis ablegte. Wir gingen im Zimmer auf und ab, aus dem Gespräch wurde eine Beichte, die Lebensbeichte des Professors. „Ich ahnte nicht", sagte er, „daß ich durch diesen Schritt am schnellsten den Frieden meiner Seele finden würde. Wie gut ist doch der Herrgott! Bin ich nicht durch seine Fügung in dieses Unglück gestürzt worden? So hat er mich aus meinem seelischen Elend gerettet, in das ich sonst noch, wer weiß wie lange, verstrickt geblieben wäre. Da haben sich sogar die Kommunisten als Instrument in der Hand Gottes erwiesen."

Die Todesmühlen der Geschichte

Die Tür öffnete sich wieder. Ein Mann in lumpiger Uniform wurde in den Raum gestoßen. Die blauen Flecken im Gesicht, die eingefallenen Wangen und sein angstvoller Blick verrieten, daß er Furchtbares durchgemacht hatte. Der neue Gefangene humpelte durch den Raum und suchte eine Stelle, um sich zu setzen. Ich legte meine Sachen zusammen und rückte zur Seite. Er verstand die wortlose Einladung. Er legte seine Habseligkeiten nieder und vergrub sein unrasiertes Gesicht in die Hände. Er atmete schwer. „Woher kommen Sie?" fragte ich flüsternd. Er schaute mich mißtrauisch an, aber plötzlich hellte sich sein Gesicht auf. Er hatte meinen Talar gesehen. „Sind Sie nicht Priester?" — „Ja", lächelte ich; „und Sie?" — „Ich bin Franziskaner aus Bosnien." Stockend begann er zu erzählen. Er war Feldkaplan gewesen und hatte seine Leute auf dem Rückzug durch Slowenien nach dem Westen begleitet. Aber die Partisanen waren schon an der österreichischen Grenze. „Unsere blutjungen Soldaten haben die Waffen niedergelegt und sind zu Tausenden grausam hingerichtet worden. Wer durchgekommen ist, den haben die Engländer ausgeliefert. Man hat uns betrogen. Stellen Sie sich vor: Berge von Leichen!" Er zitterte beim Sprechen und bedeckte sein Gesicht immer wieder mit den zerschundenen Händen. Wie war er selbst durchgekommen? „Fragen Sie mich nicht. Vielleicht wäre es besser, unter den Leichen zu sein." Seit der Kapitulation würde er nun von Gefängnis zu Gefängnis gestoßen, als hätte er die Kriegsführung mitbestimmt. Schon der Hungermarsch hatte ihn an den Rand seiner Kräfte gebracht. „Was für ein Schicksal wartet noch auf mich?" Leise erzählte er mir von den Folterungen bei den Verhören; auch jetzt war er von einer Vernehmung gekommen. „Ein Judas, ein Verräter aus unseren eigenen Reihen hat sich diese satanische Aufgabe gestellt." Ich wollte mehr wissen, stand mir doch selbst die Vernehmung bevor. „Ein früherer Kollege, ein Mitbruder aus dem Orden, macht bei den Geistlichen den Untersuchungsrichter. So einem Judas sind wir ausgeliefert."

War es nicht immer so? Hatte es unser Herr besser? Hatte nicht sogar Stalin Theologie studiert? „Es handelt sich um Nedo Milünović. Er organisierte die Priesterprozesse. Dieser Heuchler scheut sich nicht, mit ‚Gelobt sei Jesus Christus' zu grüßen und Stellen aus der Heiligen Schrift zu zitieren."

Wie war das möglich, daß ein Mensch so weit herabsinken konnte? Ich wollte etwas über die Vergangenheit dieses Mannes wissen. „Eines Tages", berichtete der Franziskaner, „verlangte der Novizenmeister von ihm, er solle seine Schuld wegen gewisser Verstöße gegen die Hausordnung der Ordensgemeinschaft bekennen. Aber das lehnte er aufbrausend ab, riß sich das Ordenskleid vom Leibe und warf es seinem Lehrer vor die Füße. Mit einem gehässigen ‚Auf Wiedersehen' ging er. Das war anfang des Krieges. Er schloß sich dann der Revolution an. Zu Kriegsende erschien er total verwildert in der Klostergemeinschaft und drohte, den Novizenmeister zu erschießen." Inzwischen waren hunderte Franziskaner verhaftet, viele von ihnen hingerichtet.

Mein Leidensgenosse berichtete von den Strafkolonnen, die zu Tausenden von der österreichischen Grenze weg durch ganz Jugoslawien getrieben wurden. Manche an die rumänische Grenze, andere über Belgrad in die Bor-Bergwerke. Den erschöpften, ausgehungerten Menschen würden Eilmärsche zugemutet, das Vieh würde besser behandelt. Die Leute würden einfach brutal in den Tod gejagt. ,,Wer unterwegs zusammenbricht, wird durch einen Genickschuß erledigt und in den Straßengraben geworfen. Fast alle verlieren ihre Fußbekleidung und müssen den steinigen Weg barfuß gehen. Wahrscheinlich sollten wir in der Woiwodina, besonders im Banat, zur Feldarbeit getrieben werden. Ein vorprogrammierter Todesmarsch von Kroaten und Deutschen. In Werschetz waren die jungen Leute völlig abgemagert und erschöpft, lagen zerschunden in Baracken, wurden von ungenießbarer Kost vergiftet und starben massenweise. Trotzdem wurden viele von ihnen noch nach Bor und in andere Bergwerke verfrachtet.''

Der Franziskaner mußte nach seiner Verhaftung die verlausten Uniformstücke seiner Folterer anziehen. Man wollte etwas aus ihm herauspressen, Informationen, die er nicht geben konnte. Die Mißhandlungen beschränkten sich nicht auf Tritte und Schläge. Sie folterten ihn sozusagen systematisch, am ganzen Leib, auch an seinen Geschlechtsteilen. ,,Sie können nicht ahnen, was ich aushalten mußte. Und es gibt keinerlei ärztliche Hilfe.''

Während dieser Nacht ruhte der Franziskaner neben mir. Vom Schlafen konnte keine Rede sein. Aber am Morgen war er doch etwas ruhiger. Ich sprach weiter mit ihm. Ich suchte zu erfahren, was wohl das Schicksal jener Flüchtlinge sei, die zu Hunderttausenden in westlicher Richtung von Zagreb weggezogen waren. Diesmal erzählte er noch genauer, ich erfuhr furchtbare Einzelheiten. In der Steiermark übergaben die Engländer die Flüchtlinge den Partisanen. Als sich die Gefangenen in Marburg der Donaubrücke in Viererreihen näherten, wurden sie aus dem Hinterhalt mit Maschinengewehren niedergemäht. Ähnlich ging es in den Wäldern bei Bleiburg zu. Tausende Ustaschas und andere Wehrmachtsangehörige wurden zu Bergen von Leichen zusammengeschossen. In der Nähe von Reichenberg trieb man 4000 Männer in einen verminten Tunnel und sprengte sie in die Luft.

Aber die Massaker auf dem Fluchtweg waren nicht alles, was der Franziskaner neben mir zu berichten wußte. Im Laufe des Tages kam unser Gespräch auf jene 28 Franziskaner, die im Kloster Siroki Brijeg in einem unterirdischen Bunker mit Benzin übergossen und lebendig verbrannt wurden. Eine andere Priestergruppe, 22 Menschen, wurde bei Krapina hingerichtet. Sieben Franziskaner warf man in Mostar von der Brücke in den Fluß Neretva. ,,Solche Greuel hat es zuletzt unter den Osmanen gegeben, als sie 1482 die Herzegowina erobert hatten, Kirchen und Klöster in Asche legten und das christliche Volk versklavten. Tito treibt die Todesmühlen der Geschichte wieder an", meinte mein Nachbar müde.

Ungebrochene Christen

Ein Türschließer riß die Tür auf und schrie im Befehlston: „Zwei Mann zum Kesseltragen!" Das Mittagessen sollte geholt werden. Ich drängte mich vor, weil ich das Gefängnis kennenlernen wollte. Hätte der Partisan gewußt, daß ich Priester war, wäre ich wohl zurückgewiesen worden. Da ich aber inzwischen wilde Bartstoppeln hatte und ungewaschen war wie alle anderen, konnte er uns nicht unterscheiden. Das Austragen des Essens gab mir die Gelegenheit, an vielen Kerkerzellen vorbeizugehen und einen Blick in die völlig dunklen Löcher zu werfen. Unser eigenes Gewahrsam in der Kapelle war dagegen der reinste Luxus. Hier unten gab es weder Licht noch Luft. Wenn der Begleitposten sich einen Augenblick abwandte, konnte ich durch ein „Salve amice!" oder durch ein anderes lateinisches Kennwort feststellen, ob sich in der Zelle ein Priester befand. Wir hatten von der Verhaftung meines Freundes, des Jesuitenpaters Josef Müller, gehört; ich wäre glücklich gewesen, ihn noch vor seiner Hinrichtung sehen zu können.

Während ich den Kessel von Zelle zu Zelle schleppte, konnte ich den Anblick der Menschen kaum ertragen, die wie lebende Leichen in diesen Kellern lagen. Wir kamen auch in die Frauenabteilung. Wie staunte ich, als ich einige der gefangenen Frauen singen hörte. Es klang wie ein Jubelhymnus. Je mehr die Wärter sie mit Drohungen zum Schweigen bringen wollten, um so lauter sangen sie: „Wir wollen zu Gott, unserem Vater!" Eine so tapfere Haltung fand ich unter den Männern nicht. Und ihr Auftreten ärgerte die Partisanen, aber sie schienen gegen das schwache Geschlecht hilflos. Unter den Frauen waren auch einige Ordensschwestern, auch die Oberin des großen Krankenhauses der Barmherzigen Schwestern, die tapfere Sr. Bogoljuba, eine hochherzige Frau mit ausgezeichnetem Organisationstalent. Sie war verhaftet worden, weil sie sich für unschuldig Verfolgte eingesetzt und einige von ihnen im Krankenhaus versteckt hatte.

Etwa 40 Schwestern waren inhaftiert. Eine besondere Stellung nahm Sr. Marica Stanković ein. Sie war Führerin der Frauenbewegung in der Katholischen Aktion, leitete seit Jahren die Mädchen der Kreuzritterbewegung und hatte einer Generation junger Menschen christlichen Geist und christlichen Mut vermittelt. Sie war Lehrerin und hatte es als einzige gewagt, bei einer Lehrerversammlung gegen die neuen Richtlinien im Schulsystem zu protestieren. Keine Macht dürfe das Elternrecht auf die Erziehung der Kinder antasten, sagte sie öffentlich und erntete stürmischen Applaus. Einer der Funktionäre trat ans Pult und löste die Versammlung auf. Sr. Marica wurde verhaftet, aber hier im Gefängnis war wieder sie es, die als Seele des Widerstands ihre singende Stimme erhob.

Als Lohn für das Austragen des Essens durfte ich aus der Küche ein Stück Holz mitnehmen. Es diente mir als Kopfkissen. Immer wieder wurde die Türe aufgerissen und Männer verschwanden. Wir vermuteten, daß sie hingerichtet wurden. Am nächsten Morgen traten neue Gefangene an ihre Stelle. Die Kapelle blieb überfüllt.

Das Warten schien kein Ende zu nehmen; aber die Reihe kam auch an mich. Ein Uniformierter rief laut meinen Namen und führte mich ins untere Stockwerk. Dort empfing mich Nedo Milunović mit übertriebener Freundlichkeit. Er ließ mich Platz nehmen und bot mir eine Zigarette an. Weil ich Nichtraucher bin, lehnte ich ab. Er selbst blies den aromatischen Rauch vor sich hin und blätterte in seinen Akten.

„Pater Gruber, Verwalter im Erzbischöflichen Gymnasium, nicht wahr?" Ich nickte. „Wollen wir doch nicht Katz und Maus spielen. Sagen Sie offen: Was vermuten Sie, warum Sie hier festgehalten werden?" Er versuchte, mir aus der Tatsache der Beschlagnahme des Seminars durch deutsche und kroatische Truppen parteipolitische Tätigkeit nachzuweisen. „Sie hausten doch mit denen unter einem Dach!" bohrte er. Unsere Blicke begegneten einander. „Wenn Sie Beweise haben, legen Sie sie vor, dann wäre nichts gegen diese unmenschliche Behandlung zu sagen". Er lächelte verschmitzt. „Demnächst wird sich ihr Schicksal klären. Unsere Funktionäre arbeiten Tag und Nacht; die vielen Fälle überlasten sie. Sie müssen nicht warten; gehen Sie wieder in Ihr Zimmer." Der Posten führte mich wieder ab.

So ging das Monate hindurch. Es wurde mir klar, was hinter den Gefängnismauern beabsichtigt war: Durch Entwürdigung und Erpressung sollten die Menschen zur Kapitulation getrieben werden. Wir sollten zu gefügigen Werkzeugen der roten Tyrannen gemacht werden. Umso überraschter war ich, als eines Tages auch für mich eine Stimme bei der Tür hereinschrie: „Gruber, pack deine Sachen!" Das bedeutete die Entlassung, das war ein Ruf zum Leben, wenn es Tag war. Nur nachts wurde man in die Ewigkeit befördert.

Meine Sachen wurden mir von der Gefängnisverwaltung ausgehändigt. Der Kommissar schaute mich ernst an. „Da ist der Ausgang!" Als das Eisentor hinter mir zufiel, atmete ich auf. War es möglich, war es wirklich wahr, daß ich die Luft der Freiheit wieder atmen durfte?

Gefährlicher Heimweg

Bei meinen Oberen

Zagreb 1946: Ich ging im gewohnten Trott meiner täglichen Arbeit nach. Ich besuchte Familien am Stadtrand Lasćina. Ich teilte mit ihnen meine erbettelten Spenden. Ich versuchte Menschen zu trösten, denen nichts mehr geblieben war, deren Angehörige im Gefängnis saßen oder hingerichtet waren. Aber trotzdem war meine Seele wieder von anderen furchtbaren Ereignissen beeindruckt: Mein Freund Philipp war aus meiner engeren Heimat nach Zagreb gekommen und hatte von den Todeslagern in der Woiwodina berichtet. Die Gedanken an die Heimat des Batscher und Banater Landes mit den gespenstischen und katastrophalen Todesnachrichten zwangen mich Tag und Nacht in ihren Bann.

Wenn ich mich mit den Menschen beschäftigte, die mir anvertraut waren, so sah ich die Toten meiner Heimat vor Augen; wenn ich den Kindern in der Kirche Unterricht erteilte, verfolgte mich die Vision der Sterbenden in den Vernichtungslagern mit ihren eingefallenen Wangen und großen Hungeraugen; wenn ich die wenigen Lebensmittel, die ich zusammentragen konnte, verteilte, so mußte ich daran denken, wie in meiner Heimat die Verhungerten ins Massengrab gelegt wurden. Niemand konnte damals wissen, was in mir vorging. Mein Leben war eine Zerreißprobe zwischen meiner Arbeit, die ich mir selbst zur Pflicht gemacht hatte, und einer unvorstellbaren Sehnsucht nach der Heimat. Hinter den Gesichtern, die ich bei der Sonntagspredigt ansprach, erschienen mir Verschleppte, Gepeinigte, Erschlagene, Zertretene, bis zum Tod Gequälte. Mehr und mehr kam mir zum Bewußtsein, daß ich einen Versuch machen mußte, den Menschen in meiner unmittelbaren Heimat zu helfen. Freilich überlegte ich: Du kannst ihnen doch nicht helfen. Wenn du dich einschleichst, teilst du ihr Schicksal, aber du änderst es nicht.

Bei dem Gedanken einer möglichen Hilfe sah ich unüberwindbare Schwierigkeiten vor mir, dann wieder kam ich mir in meinem Zaudern feige vor und schämte mich. Und was werden meine Oberen dazu sagen, fragte ich mich. Hier in meinem Arbeitsbereich zeigen sich wenigstens brauchbare Ergebnisse. Hier kann ich meine geistige Vaterschaft an vielen Menschen in Not wirksam werden lassen. Ist ein Familienvater verschwunden, eine Mutter verhaftet, der ältere Bruder geflüchtet und die kleinen Geschwister schauen mich mit verweinten Augen an, dann weiß ich, was ich zu tun habe. Die schulpflichtigen Kinder müssen zu den Treffen mit den Kommunisten und sind gezwungen, den Mördern ihrer

Eltern zu applaudieren; wer kann sich die seelische Not vorstellen, der sie ausgesetzt sind, und die sie einzig dem Beichtvater anvertrauen. Oder: Die Jugendlichen beteiligen sich an den Stadtviertelversammlungen, einfach deshalb, damit sie zu Lebensmittelkarten kommen; denn sie müssen ihre Angehörigen versorgen, die in einem unterirdischen Bunker oder hinter der Doppelwand in der Illegalität leben. Studenten kommen zu mir und eröffnen mir die Probleme mit den atheistischen Lehrern am Gymnasium, reden von den Zweifeln, die ständig in ihr Herz gestreut werden und mit denen sie nicht mehr allein fertig werden.

Und trotzdem: Obwohl ich sah, wie notwendig meine Arbeit hier war, wurde ich doch die Bilder nicht mehr los, die aus den Erzählungen meines Freundes Philipp aus den Vernichtungslagern in mir hängen geblieben waren. Im Gebet in der Kapelle, vor dem Tabernakel, konnte ich mich schließlich zur Klarheit durchringen. Das Wort des Herrn gab mir Kraft: ,,Ego ero tecum! — Ich werde mit dir sein!"

Langsam und bedenklich stieg ich die Treppe zum Arbeitszimmer meines Oberen hinauf. Ich klopfte an. Ein leises ,,Herein!" war zu hören, und P. Karl kam mir freundlich entgegen. ,,Was bringen Sie mir", fragte er und hieß mich lächelnd Platz nehmen. Ich erzählte ihm, daß ich in letzter Zeit in eine schwere seelische Unruhe geraten war und nicht ein noch aus wüßte; daß mein Freund Philipp aus dem Vernichtungslager Gakowa zurückgekehrt sei und mir schreckliche Nachrichten über die Verhältnisse in der Heimat Woiwodina gebracht habe. ,,Das geht mir so zu Herzen, daß ich Tag und Nacht keine Ruhe finde. Es muß doch etwas für diese Todgeweihten getan werden."

,,Mein lieber Pater, das ganze Land ist ein Konzentrationslager geworden. Hunderttausende werden Tag für Tag verschleppt, verhaftet, hingerichtet. Unter ihnen sind Bischöfe und Priester. Ich selbst bin jeden Tag bereit, abgeholt zu werden." Und Pater Karl dankte mir für meine Sammelaktionen, die es ermöglicht hatten, die Ordensjugend trotz der Hungersnot ihr Studium nicht unterbrechen zu lassen.

Trotzdem setze ich noch einmal an: ,,Ich habe aber von noch bitterer Not erfahren. In meiner Heimat Woiwodina sind neben den Zwangsarbeitslagern eine Anzahl Vernichtungslager errichtet worden, wo Tausende dem zwangsläufigen Hungertod ausgeliefert werden. Diese Christen sind am Verzweifeln. Sie sagen, man hätte sie im Stich gelassen. Philipp hat mir genau darüber berichtet." Pater Karl schwieg und betrachtete mich. ,,Meinen Sie wirklich, man könnte diesen Menschen helfen?" — ,,Ein Priester müßte dorthinein, wenigstens um die seelische Not zu lindern. Ich wäre bereit, nach Gakowa zu gehen."

Pater Karl schaute mich ernst an und fragte mich zögernd: „Sie wollen wirklich dorthin? Wissen Sie auch, daß Sie sich in eine große Gefahr, ja in Lebensgefahr stürzen? Sind sie bereit für den Tod?" — „Wer kann sagen, auf den Tod vorbereitet zu sein." — „Aber es muß doch für diese Menschen etwas unternommen werden. Wenn Sie mich von meinem jetzigen Amt entbinden, würde ich die Möglichkeiten ausforschen, diesen Menschen Hilfe zu vermitteln. Sollte der Versuch scheitern, dann komme ich ruhigen Gewissens zurück, weil ich alles nur Mögliche getan habe."

Pater Karl schwieg lange, aber dann sagte er entschieden: „Gut!" Er empfahl mir, vor meiner Abreise noch mit dem Zagreber Erzbischof Stepinac über den Plan zu sprechen. Dann sagte er: „Gehen Sie in Gottes Namen. Ich gebe Ihnen meinen Segen dazu. Es ist nicht so sicher, daß wir uns wieder treffen." Und während er sich verabschiedete, meinte er noch schmunzelnd, er hätte mich eigentlich in den letzten Tagen schon erwartet. „Das ist eine Aktion für Sie! Hier geht es um das, was Ignatius gemeint hat, nämlich etwas Größeres und Ausgezeichneteres im Dienste Christi des Königs zu tun." Wir umarmten einander, und ich machte mich auf den Weg. Ich bekam einen schweren wattierten Wintermantel vom Altwarenmarkt; er war gut erhalten und paßte zu meiner Statur. Für die gefährliche Reise damit ausgerüstet, begab ich mich zum Erzbischöflichen Palais.

Es war Nachmittag, als ich um Audienz bat. Der Oberhirte eines der größten Erzbistümer der Weltkirche empfing mich liebenswürdig. Ich schilderte ihm die Lage in den Vernichtungslagern in der Woiwodina. Er hörte mit gesenktem Kopf und sichtlich bedrückt und niedergeschlagen zu. Dann stand er auf, und während er die Fäuste auf die Schreibtischplatte drückte, nahm sein bleiches und mageres Gesicht mit der Adlernase den Ausdruck starker Energie an. Er schlug mit der rechten Faust auf den Tisch. Ein schwerer Stein kam ins Rollen und polterte zu Boden — einer jener Steine, mit denen ihn Kommunisten vor kurzem steinigen wollten und der jetzt als Briefbeschwerer diente. „Wir müssen für dieses arme Volk unbedingt etwas tun", rief er aus. „Ich habe von diesen Greueln schon gehört, seien Sie versichert, noch heute werde ich Schritte unternehmen."

Ich war sicher, daß der Erzbischof sich mutig vor die Herde seiner Gläubigen stellen würde. Der gute Hirt gibt sein Leben für seine Schafe. Er beklagte, daß der Kirche jede karitative Tätigkeit verboten worden sei, in einem Augenblick, in dem jeder Hilfsdienst bitter nötig wäre. Er legte mir nahe, beim apostolischen Delegaten in Belgrad vorzusprechen, vielleicht könne die Caritas Internationalis Wege für eine erfolgreiche

Hilfe finden. Dann drückte er mir zum Zeichen seiner brüderlichen Bereitschaft die Hand und gab mir noch ein paar Hinweise, wo ich Medikamente bekommen könne, weil doch alle Apotheken in Zagreb enteignet worden waren.

Der Arzt, den mir der Erzbischof genannt hatte, kannte die Situation der Internierten aus eigener Erfahrung. Er hatte die Transporte der Vertriebenen, die von den Engländern aus Österreich zurückgeschickt worden waren, zu betreuen gehabt und wußte Bescheid, welche Medikamente am nötigsten waren. Er füllte meinen Rucksack mit Medikamenten und vermerkte auf jeder Packung die Dosis für die einzelnen Krankheiten. Zuletzt meinte er halblaut: ,,Vergessen Sie nicht, die Arznei für die Partisanen mitzunehmen!'' Und auf meine verwunderte Frage gab er zur Antwort: ,,Nur der beste Schnaps oder der teuerste Likör kann Ihnen vielleicht das Leben retten! Verstehen Sie mich! Halten Sie sich daran!''

Als ich schließlich vollbeladen zum Hauptbahnhof unterwegs war, um den Schnellzug nach Belgrad zu erreichen, begegnete mir mein Mitbruder Pater Andreas. Er hielt mich auf, und als er erfuhr, wohin ich wollte, sagte er entsetzt: ,,Was sagst Du? Bist Du verrückt?'' und ich dachte: Wir sind töricht aus Liebe zu Christus. ,,Unsinn!'' beharrte Pater Andreas, ,,die Partisanen knallen dich ab wie einen Hasen! Es hat keinen Zweck, Dich dieser Gefahr auszusetzen!'' Und er erzählte, daß sich in Ungarn Bischof Apor von Györ vor eine Gruppe von Mädchen und Frauen gestellt hatte, um sie vor der Zudringlichkeit der Soldaten der Roten Armee zu schützen; er sei einfach niedergeschossen worden, er hätte die Vergewaltigungen nicht verhindern können! Ich sah das anders: ,,Er hat zwar die ihm Anvertrauten nicht verteidigen können, aber er hat sein Hirtenamt, seine liebende Hingabe bis zum Letzten ausgeübt. Darin hat er seinem Meister Folge geleistet. Es gibt keine größere Liebe als diese!''

Als ich damals mit meinem schweren Rucksack zum Bahnhof ging, war mir die zwiespältige Haltung vieler Kirchenmänner in der heutigen Zeit noch nicht klar zum Bewußtsein gekommen: Das Taktieren im Mantel der Klugheit einerseits und die kompromißlose Nachfolge Christi anderseits. Das tapfere Auftreten und die furchtlose Haltung von Erzbischof Stepinac, wie ich sie erst vor wenigen Stunden erlebt hatte, wurde von manchen als Torheit bezeichnet. Es ist aber die Haltung Christi, unseres Meisters. Das Paktieren mit Rückzugmanövern ist dagegen die Eigenart der schlauen Welt. Mit menschlichen und allzu menschlichen Gedanken suchte man so auch unter mehreren Mitbrüdern vom Werk Christi zu retten, was noch zu retten war.

Unterwegs ins Heimatland

Donauland! Wer das Wort nur spricht,
Redet Musik, formt ein Gedicht,
wie das kein Dichter schöner erfand!
Donauland!
Wer dich kennt, ruft Erinnerungen wach,
Wer dich kennt, geht dir sehnend nach!
Ewig in Liebe dir zugedacht,
Donauland!

Mein Schnellzug rattert durch die eiskalte Winternacht. Im überfüllten Wagenabteil habe ich keinen Platz mehr gefunden und so friere ich auf der Plattform. In der Bahnstation India (Syrmien) muß ich mich von der Tür entfernen, damit die Reisenden ein- und aussteigen können. Auf dem Geleise nebenan steht ein Zug, der nach Westen in Richtung Zagreb fährt. Eine Ordensschwester beeilt sich, diesen Zug zu erreichen. Sie ist mit Paketen überladen, die ihr in der Eile aus der Bindschnur fallen. Ich helfe ihr aufheben, und wir erkennen einander mit einem flüchtigen Blick. ,,Wohin, Schwester?'' — ,,Ins Lager nach Mitrowitz, meine Verwandten sterben vor Hunger!''

Ihr Zug setzt sich schon in Bewegung. Sie wird mit allen ihren Lebensmittelpaketen nicht mehr fertig. Sie ruft mir zu: ,,Verwenden Sie es im Lager Gakowa!'' und verschwindet hinter der Tür.

Durch den Tunnel unter der Burg Peterwardein zieht der Zug über die Donaubrücke und gelangt in die Batschka. In Neusatz, der Hauptstadt der nach hundert Jahren wieder proklamierten ,,Autonomen Woiwodina'' angekommen, hoffe ich, mich in diesem meinem Heimatland wohler fühlen zu können. Vor dem von den Bomben zerstörten Bahnhof stehend, bin ich jedoch unter den wimmelnden Neuankömmlingen aus dem Bergland des Südens völlig fremd. Ich frage mich: Wohin jetzt? — Kein Zug geht weiter.

So gehe ich in die Stadt, um ein Nachtquartier zu suchen. Der Abtpfarrer der Hauptkirche ist im Hausarrest, ein Gast ist unerwünscht. Pfarrer Mathias Hutfluß an der Kirche in der Futoger Straße ist verhaftet. In einem Hotel übernachten bedeutet, sich bei der Polizei melden zu müssen. Das ist aber nicht ratsam. So läute ich an einem Haus, das mir als Begegnungsort der Untergrundbewegung bezeichnet wurde.

Am Guckloch der Tür erscheint ein Auge. — ,,Ein Priester bittet um Eintritt!'' flüstere ich leise. Zaghaft öffnet die Pförtnerin die Tür nur soweit, daß ich mich hineinzwingen kann. Auf Wunsch werde ich in die (geheime) Hauskapelle geführt. Hier wollte ich meine Seele und meinen Körper etwas erwärmen. Mein Priesterfreund Emmerich hat eben die Eucharistiefeier beendet. Diese Begegnung war für uns beide eine freudige Überraschung. Es gelingt meinem Freund, von Zeit zu Zeit auf Umwegen von der Fronarbeit aus dem Geschäft eines Händlers zu entkommen, an den er wie ein Sklave vermietet ist. Gelingt es ihm wieder einmal, dann feiert er hier die heilige Messe. Er erzählt mir vom Neusatzer Konzentrationslager, einem Barackenbau im Sumpfgelände der Donau, wo er interniert ist!

„In zwei Holzbaracken sind weit über tausend Menschen auf Bretterpritschen zusammengepfercht, wo ursprünglich etwa 200 Personen wohnen sollten. In der Frauenabteilung, wo auch die Kinder untergebracht sind, ist keine Lüftung. So ist sie eine Brutstätte für Tuberkulosebazillen, ohne von den zahllos wimmelnden Läusen, Flöhen und Wanzen zu sprechen, worunter die Kinder durch Krätze und andere Hautkrankheiten besonders viel zu leiden haben.

Neben den 14 Priestern sind zur Zeit auch ein evangelischer Pfarrer, mehrere Ingenieure, Rechtsanwälte und Professoren in Haft, die alle unter besonderer Aufsicht stehen. Es ist der Rest der Führungsschicht eines Volksstammes, der das Recht auf die Heimat behaupten wollte.

Das ist der Rest jener, die von den Mordtrupps, wie in den ersten Tagen der Machtübernahme vor dem Massenmord verschont geblieben sind. Besonderen Mut zeigt durch seine Eingabe von Protestschreiben an die Titoregierung der einstige deutsche Abgeordnete im Belgrader Parlament und Obergerichtspräsident Dr. Wilhelm Neuner. Dekan Pfarrer Weinert aus Palenka war einer der ersten, die hier ihr Leben lassen mußten.

Unsere Lagerleute sind zerlumpt, abgemagert und verfallen. Sie müssen alle um drei Uhr morgens aufstehen und kommen vor 22 Uhr nicht mehr zur Ruhe. Vier bis fünf Stunden Schlaf sind für die schwer arbeitenden und gänzlich unterernährten Menschen absolut ungenügend.

Anfangs sind die Leute entsetzlich geprügelt, getreten und mißhandelt worden. Manche wurden von den Wachtposten unterwegs zur Arbeit unter dem Vorwand des Fluchtversuchs erschossen. Sie blieben am Straßenrand oder auf den Feldern liegen. Man hat uns das gute Schuhwerk weggenommen, so daß viele mitten im Winter mit bloßen Füßen, um die sie Fetzen von Lumpen oder Säcke gewickelt hatten, zur Arbeit gehen mußten. Diese Grausamkeiten haben zwar nachgelassen. Harte Strafmaßnahmen bestehen noch immer. Wegen Kleinigkeiten wird man in den Bunker geworfen, wo man die ganze Nacht hindurch im 25-30 cm hohen Wasser stehen muß."

Mein Freund hält inne, er erhebt sich und will sich entschuldigend verabschieden: „Ich muß zu meiner Arbeitsstelle, sonst wird mich mein Sklavenhalter anzeigen."

Im Gespräch mit meinem Freund Emmerich konnte ich noch wichtige Richtlinien für meine geplante Hilfsaktion erhalten, um nicht schon beim ersten unklugen Fehltritt den roten Häschern in die grausamen Hände zu fallen.

Nachdem Emmerich gegangen war, erzählte mir auch die Schwester, die mir einen heißen Tee gebracht hatte, von ihrem Leben nach der Vertreibung aus dem Kloster und der Enteignung der Klosterschule. Die Schwestern bemühten sich, den Lagerinsassen und den vorbeigetriebenen Häftlingskolonnen etwas Essen oder Kleidungsstücke zukommen zu lassen. Eine der Schwestern, die in Peterwardein noch den Gesang in der Pfarrkirche geleitet hatte, wollte bei der Donaubrücke den elenden Frauen, die von der Zwangsarbeit in ihre Lagerbehausung zurückgeführt wurden, etwas zuwerfen, was vom Uniformierten bemerkt wurde. So ist die Schwester im Gefängnis gelandet. Die „Bunjevka", so nannten sie die slavische Mitschwester, die durch ihre couragierte Haltung bei der kommunistischen Behörde einen gewissen Eindruck erwirkte, ging Tag für Tag zu den Parteibonzen, bis sie ihre deutsche Mitschwester aus den Gefängnisgittern herausgebettelt hatte.

Während unseres Gespräches tritt in unseren Raum ein junger, hagerer Mann ein. Seine kommunistische Soldatenbluse jagt mir einen jähen Schrecken ein. Ehrfurchtsvoll zieht er seine Partisanenmütze vom Kopf. Sein blondes Haar fällt ihm über die bleiche Stirn. Sein Gesicht ist von der Kälte mit blauen Flecken bedeckt. „Es ist Jergl", sagt die Schwester. „Pater, sie brauchen keine Angst vor ihm haben. Es ist ein Schwabe, wenn er auch nicht danach aussieht." Die Schwester lächelt dabei. Der junge Mann nähert sich mir schüchtern und reicht mir die Hand.

„Sie kennen mich nicht, Pater? Vor drei Jahren war ich doch bei Ihrer Primizfeier. Mit der Christusjugend habe ich damals bei den schönen Festlichkeiten in Filipowa mitgemacht, obwohl uns die Braunen soviel Schwierigkeiten machten.

Am Abend haben Sie dann unsere Jugendgruppe bei Tisch besucht. Können Sie sich nicht mehr daran erinnern?"

„Jergl, du warst einer von diesen Tapferen? Müssen wir uns hier wieder treffen?" — Er lächelt, und wir schütteln uns freudig die Hände. Vor Deiner Partisanenmütze bin ich fast erschrocken!" — „Sie hat doch keinen fünfzackigen roten Stern," lacht er auf. „Man muß sich heute tarnen können, sonst kommt man in dieser Welt, wo Banditen die Oberhand gewonnen haben, einfach nicht durch." — „Wo kommst Du eigentlich jetzt her?" — „Von Jarek komme ich eben!" — „Vom berüchtigten Vernichtungslager? Ist das möglich?" frage ich überrascht.

„Sie sollen sich nicht wundern, Pater! Ich bin der amtliche Kutscher des Lagerkommandanten. — Zu was muß man sich nicht alles in der heutigen Zeit hergeben, um unsern Leuten in so großer Not helfen zu können. Fast jeden zweiten Tag bringe ich diesen Oberbanditen mit dem Pferdegespann nach Neusatz, wahrscheinlich, daß er seinem höchsten Häuptling hier in der Woiwodinahauptstadt von seinem Ausrottungserfolg berichten kann. Mein Räuberchef hat mir jetzt eine Stunde frei gegeben, um die Pferde zu füttern. Meine Gäule fressen drüben allein, und ich mache gewöhnlich einen Sprung hierher, um zu sehen, ob ich Post oder Lebensmittel ins Lager schmuggeln kann."

Durch Jergl erfahre ich über die täglichen Todesfälle der Verhungerten in Jarek, deren Zahl in den Wintermonaten sehr gestiegen ist. „Bei uns in Jarek sind die arbeitsunfähigen Greise und Kinder aus der Süd- und Südwestbatschka gesammelt. Die Jareker Dorfgemeinschaft wurde vor dem Einzug der roten Armee evakuiert. Es waren etwa 2 000 Einwohner, die rechtzeitig nach Deutschland zogen. Anfang Dezember 1944 begann die allgemeine Deportierung aus den umliegenden deutschen Ortschaften: Palanka, Towarisch, Obrovatz, Novo Selo, Gajdobra, Futog, Bukin, Plavna, Alt- und Neu-Schowe, Groß- und Klein-Ker, Temerin, Budisava. Tschurug, Titel, Bulkes usw. bis das kleine Dorf, umzingelt von Partisanen, mit fast 15 000 Menschen weit überfüllt war. In Bauernstuben von 20 qm wurden bis zu dreißig Personen eingepfercht, so daß sie sich gegenseitig zur Qual wurden.

Was soll ich von der Behandlung unserer Leute sagen? Der Lagerkommandant schlägt die vor Hunger zusammenbrechenden Menschen rücksichtslos wegen Kleinigkeiten. Wenn sie auf Bettelwegen erwischt werden, erfolgt Erschießung. Als es noch in den Sommermonaten Maulbeeren gab, hier an den Straßen gibt es Reihen dieser Bäume, und die Leute die Früchte vom Boden aufgelesen haben, wurden sie an den Baumstamm gebunden und unbarmherzig verprügelt. Hier sieht man doch genau, wie man uns recht schnell aus der Welt wegschaffen will. Sie schlugen auf Kinder zu, bis ihnen das Blut aus Mund und Nase floß. Die Kellerstrafe ist eine alltägliche Sache geworden. —

Im Mai des vergangenen Jahres ist der Typhus ausgebrochen. Da keine Waschmittel vorhanden sind, ist es kein Wunder, daß es von Ungeziefer überall nur so wimmelt. Damals starben 40 bis 50 Personen täglich. Die Toten wurden in Massengräber von 500 bis 700 Leichen geworfen. Zwölf Totengräber sind ständig vollbeschäftigt."

„Hast Du bei deinen Herrschaften in Erfahrung bringen können, ob sich diese unerträglichen Zustände nicht bald ändern könnten?"

Nach ihrer Redensart besteht keine Hoffnung auf eine Besserung. Allem Anschein nach müssen im kommunistischen Machtbereich alle ideologischen Gegner, seien sie deutscher, ungarischer oder slawischer Abstammung, einfach von der Erdoberfläche verschwinden. Weil jedoch die Donauschwaben als Volksgemeinschaft sich einheitlich gegen den Kommunismus gestellt haben, werden sie radikal liquidiert.

Wer kann die großen und kleinen Arbeitslager zählen, wo einige Hunderttausende unserer Menschen den Sklavendienst leisten müssen? Bekannt sind die drei Vernichtungslager des Batscherlandes: Jarek, Gakowa und Kruschiwl. Wie drüben über der Donau, in Syrmien und Slawonien die Lage ist, weiß ich nicht genau. Erfahren habe ich nur von verschiedenen Stellen, daß die Verhältnisse in Mitrowitz, in der gewesenen Seidenfabrik, dem Vernichtungslager in Jarek ganz ähnlich sind. Dorthin werden die Arbeitsunfähigen aus den Arbeitslagern: Kalvarienberg bei Semlin, aus dem Kohlebergwerk Vrdnik, aus der Zementfabrik Beotschin, von den Eisenbahnarbeiten und anderen Kolchoswirtschaften Syrmiens verschleppt, wenn sie aus Erschöpfung zusammen brechen. Traurige Nachrichten sind aus Krndija und Walpach (Valpovo) in Slawonien verbreitet worden, denn auch dort werden die Menschen gewaltsam in den Hungertod getrieben. Über dem Theißfluß, im Banat hat sich die Lage in letzter Zeit so entwickelt, daß jetzt nur zwei Vernichtungslager, Rudolfsgnad und Molidorf, bestehen, wohin die Arbeitsunfähigen dieses Gebietes konzentriert und so den Todesmühlen ausgeliefert werden. Die Zahl der gefangenen Deutschen in unserer Heimat, der Wojwodina, erhebt sich weit über zweihunderttausend Menschen. „Woher weißt Du das so genau?" — „Marie ist doch in der Lagerschreibstube beschäftigt. Alle Schriften gehen durch ihre Hände. Der Kommandant kann doch kaum schreiben." — „Wer ist Marie?" fall ich ihm ins Wort. Jergl schaut mich verwundert an, daß ich diese so wichtige Person noch nicht kenne. Für ihn ist dieses Mädchen alles im Leben. Sie ist seine Auserwählte. Er sagt: „Meines Erachtens ist für uns die einzige Hoffnung, daß wir in die freie Welt abhauen, je eher, desto besser." Der junge Mann, der im letzten Jahr so viel Grauenhaftes sehen mußte, blickte mir in die Augen und setzte bewegt fort: „Raub, Mord und Totschlag hat bei uns so überhand genommen, daß für ehrliche Christenmenschen kein Platz mehr hier vorhanden ist. Es besteht keine Autorität, an die man sich wenden könnte, um Gerechtigkeit zu erlangen. Hat sich nicht der kommunistische Osten mit dem kapitalistischen Westen auf Kosten unserer Lebensexistenz vereinbart? Dabei

Mütter beweinen ihre Kinder, die eines nach dem anderen wegsterben.

„Massengrab in Gakowa". Anfangs haben die Wachtposten in Gakowa übersehen, daß man Kreuze auf den Massengräbern errichtet hat. Später hat man die
Gräber eingeebnet und jedes Zeichen verschwinden lassen.

Die Flüchtlinge verließen ihre Heimat vor dem Einbruch der Kommunisten. Die jedoch in ihren Häusern blieben, Verständnis erhoffend, da sie
doch auch von den Nazisten verfolgt waren, wurden in die Vernichtungslager getrieben.

meine ich nicht nur unser so hart geprüftes schwäbisches Völklein, auch alle unsere zehnsprachigen Nachbarn der Wojwodina, ja, alle Völker des Ostblocks, die man dem Rachen des roten Drachen vom ebenso materialistisch gesinnten Westen her ausgeliefert hat. Erfolgt auf diese unheimliche Sünde gegen diese Völker keine herausfordernde Strafe Gottes?

Wie war es schön als wir in der Christusjugend damals so begeistert die Lieder der Gefolgschaft Christi herunterschmetterten. Heute ist die Nachfolge unseres Herrn eine bittere Wirklichkeit geworden." Wir schüttelten uns die Hände zum Abschied.

Ein Weg ins Ungewisse

Die Züge von Neusatz zur Kreisstadt Sombor gehen nur zweimal in der Woche. Diesmal hatte ich Glück! Sogar einen Platz im Abteil neben dem Fenster hatte ich erwischt, und so ziehen die zerstörten Dörfer meiner Heimat an meinen Augen vorüber. Wie hatte sich doch alles geändert! Wie ist doch alles schweigsam geworden ... Wie sehen die Menschen eingeschüchtert aus ... Was war das früher ein lautes Unterhalten auf den Straßen, in den Wartesälen der Bahnstationen. Das Sprachengemisch, die Klänge der verschiedenen Slawenvölker, der Ungarn und der Deutschen ... wie war das alles so selbstverständlich und natürlich! Anders konnte man sich diese Heimat nicht vorstellen. Jetzt aber sind alle von Angst bedrückt, und sie flüstern nur das Notwendigste. Ein allgemeines Mißtrauen hat die Menschen befallen.

Einzig die neuen Zuwanderer aus den unterentwickelten Gebieten des Landes sind wortlaut. Diese Anhänger Titos und treuen Revolutionäre dürfen jetzt in die Bauernhöfe der deutschen „Kulaken" einziehen. Im Zug breiten sie ihre Pelze aus und lassen sich darauf nieder, wie sie es in den Berghütten Bosniens und Montenegros gewohnt waren. Die Luft ist zum Ersticken von ihrem Tabakrauch, den sie mit ihren Zigaretten in Zeitungspapier reichlich genießen. Während ich in der Ecke die vorbeiziehenden verkommenen Äcker mit der verfaulten Ernte des vergangenen Jahres betrachte, hängt mein Ohr am Gespräch der Partisanenkämpfer, denen Tito dieses gelobte Land für ihre Treue versprochen hat. Sie prahlen mit ihren Heldentaten im Kampf gegen den Faschismus.

Bei Filipowa vorbeifahrend, schaute ich mit Wehmut auf den schlanken Kirchturm meines Heimatdorfes, der zwischen den winterlichen Nebelfetzen plötzlich in Erscheinung trat. Ein Mitreisender, der auch in dieser Richtung die Landschaft betrachtete, sagte so nebenbei: „Den Popen von Filipowa haben wir sitzen lassen. Er ist doch tapfer gegen die Hitleraner aufgetreten."

Den Aufenthalt in Sombor benützte ich, um wichtige Informationen einzuholen, wie es möglich sein würde, ins Lager Gakowa zu kommen. Ich besuchte auch den zuständigen Diözesanbischof Msgr. Lajtscho Budanović in Subotitza. Ich mußte ihm die Zustimmung für die geplante Arbeit im KZ fast abringen; zuviel hatte er von den Kommunisten bisher erlitten, zu groß waren seine Befürchtungen.

Der Zug von Sombor in Richtung Gakowa fährt heute nach Mitternacht ab. Der Warteraum der Bahnstation ist mit Neuankömmlingen aus dem Süden überfüllt. Seit Tagen warten sie auf eine Zugverbindung mit ihrem Bestimmungsort, den ihnen der Staat in den evakuierten deutschen Dörfern zugewiesen hat. Die Fenster des Warteraumes sind wegen der Kälte geschlossen, und so schwebt in der Luft ein betäubender Qualm von Rauch und unerträglichem Gestank. Manche haben sich auf den Boden gelegt und bedecken sich mit ihren Schafpelzen. Kinder wimmeln und krabbeln über die Schlafenden.

Damit mir von der verbrauchten Luft nicht übel wird, gehe ich ins Freie. Im Auf- und Abgehen versuche ich eine Morgenbetrachtung zu halten. Meine Seele ist unsicher und gedrückt, und ich suche nach Gewißheit und Ergebenheit in die väterliche Hand Gottes. Während ich langsam ruhiger werde, erhebt sich im Warteraum ein lauter Tumult. Ein betäubendes Geschrei, ein teuflisches Heulen ist zu hören. Ich gehe wieder hinein, um zu sehen, was da eigentlich geschieht: In der Mitte des Warteraums wälzt sich ein junger Mann in Partisanenmontur auf dem Boden. Mit Händen und Füßen schlägt er um sich, flucht, schreit, verzerrt seinen Mund. Er knirscht mit den Zähnen, Schaum steht ihm auf den blauen Lippen. Männer springen herbei und wollen ihn festhalten, daß er sich nicht wehtue oder jemanden im vollen Saal erschlägt. Er wehrt sich gegen die helfenden Männer mit unheimlicher Kraft und will sich freimachen. So mancher von den herbeigeeilten Männern fällt wie ein Sack durch den festen Schlag des Schäumenden. Einem ähnlichen Bild bin ich nur in der Hl. Schrift bei der Teufelsaustreibung begegnet. Der „Besessene" wird schließlich doch von einigen starken Männern übermannt und zur Ruhe gezwungen. Sein Körper zuckt in Krämpfen, sein Kopf zittert, sein Gesicht ist verunstaltet, sein Haar zerzaust. Durch die schaumbedeckten Lippen stößt er Gotteslästerungen aus. Es scheint, als möchte sich eine mörderische Seele von einer Höllenlast befreien. Er schreit ohrenbetäubend: „Schieße, Sturm ... Sturmangriff ... das Messer ... an die Gurgel ... schlachte ... schlachte ihn ab ... den Schwabo!

Blut ... Blut soll fließen!" — Er will sich mit aller Gewalt erheben, aber die Männer zwingen ihn nieder auf den Boden. „Ersteche, ersteche, Blut soll fließen!" befiehlt er in einem höllischen Ton. Er juckt und zuckt an allen Gliedern. Dicke Schweißtropfen bedecken seine Stirn und sein feuerrotes Gesicht. Der Gepeinigte beruhigt sich allmählich. Er strampelt und schüttelt immer weniger. Die Männer lassen ihn ruhen, halten aber seine Glieder noch fest. Er röchelt wie ein erstochenes Tier. Ein uniformiertes Partisanenmädchen mit zerzausten Haaren eilt herbei und wischt ihm den häßlichen Schaum von den Lippen. Hinter mir flüstert ein Mann durch die Zähne: „Djavolska posla!" (Teuflisches Zeug!) In mir steigen Gefühle des Mitleids auf. So hat man also Menschen bis zum Nervenzusammenbruch gezwungen, für eine Ideologie zu kämpfen, die man „Befreiung" nannte. Hekatomben von Menschen wurden in den Tod, in den körperlichen und seelischen Ruin getrieben.

"Das sind die Sieger!" sagte ein Mann leise hinter mir. „Bei den Partisanen wurde nur jener als vollwertiger Kämpfer und als ganz zuverlässig anerkannt, der kaltblütig den gefangenen Feind erschossen oder abgeschlachtet hat."

Dies ist nicht der erste Fall, daß ich die Anfälle der „Partisanenkrankheit" (Kozaritis) erlebte, die zwar paralytischer Natur ist, aber durch die unmenschliche Überanstrengung in den Revolutionskämpfen durch Nervenzerrüttung, Überforderung der seelischen und körperlichen Lebenskräfte in einem gegen Gott und die menschliche Natur geführten Kampf verursacht wird.

Als wir endlich den Zug besteigen konnten, war meine Unruhe wieder da. Angespannt und gleichzeitig vor Kälte zitternd saß ich im Abteil. Vor mich setzte sich ein junger, blasser Mann in Uniform, der aussah wie ein Bursche von kaum zwanzig Jahren. Aus dem Gespräch und Benehmen gegenüber dem Mädchen, das neben ihm saß, war zu entnehmen, daß beide verliebt oder erst kurze Zeit verheiratet waren. Er sprach von seiner Reise nach Neusatz und deutete an, er wäre nach Nahrungsmitteln für Gakowa unterwegs, aber leider seien alle seine Bemühungen erfolglos gewesen. Erst später erfuhr ich, daß dieser so unernst scheinende, ja noch kindliche Mann mit Namen Gojko als Lagerintendant für die Verpflegung von etwa 20 000 Menschen verpflichtet war.

Der Zug blieb stehen. Die Haltestation Gakowa, ein Dorf, das von hier einige hundert Meter entfernt ist und in ein Vernichtungslager verwandelt wurde. Der Intendant mit seiner jungen Frau stiegen aus. Eine Gruppe von serbischen Männern und Frauen aus den umliegenden Salaschgehöften gingen eng geschlossen durch den Bahnhof. Ich ging hinter ihnen her. Es würgte mich in der Kehle. Mein Herz pochte bis in den

Hals. ,,Warum hast du dieses Abenteuer unternommen?'', machte ich mir Vorwürfe. Mit meinem Gepäck auf dem Rücken folgte ich den slawischen Bauern, als ob ich einer von ihnen wäre. Wir passierten die Kontrollstelle anstandslos. Die Bauern schlugen den Weg Richtung ihres Meierhofes ein. Ich bog ins Vernichtungslager ab, da ich mich unbeobachtet wähnte. Ein dichter Nebel lag über diesem eiskalten Wintermorgen. Kaum ein Meter weit war die Sicht. Der gefrorene Schnee knirschte unter meinen Schuhen. Ich versuchte das Geräusch des brechenden Eises unter meinen Füßen unhörbar zu machen. ,,Stoj!'' Ein schriller Ruf erschreckte mich. Der Wachtposten bemerkte also, daß sich jemand von der Bauerngruppe trennte und in Richtung des Lagers einbog. Was soll ich jetzt anfangen? Soll ich stehen bleiben und mich ergeben? Da ein noch lauterer Ruf: ,,Stoj! Pucam!'' (Halt, ich schieße). Ich schaute angestrengt in die bedrohende Richtung, sah aber nur eine undurchsichtige Nebelwand. Der Vorsehung Gottes mich anempfehlend schritt ich vorsichtig weiter. Ich wollte mich ihnen einfach nicht ergeben. Aufmerksam horchte ich, ob mich jemand verfolgte. Doch alles blieb still. — Beruhigt atmete ich auf, meine Nerven entspannten sich. Es war etwa 4 Uhr morgens, als ich über Äcker und Gärten ins Todeslager kam. Vermummte Gestalten huschten an mir durch den Nebel vorbei. Die ausgemergelten Menschen schienen mir wie Geisteswesen. Sie wußten, daß an diesem Morgen der Zug angekommen war und hofften in ihrer Verzweiflung, daß von irgendwo eine Hilfe gegen den einbrechenden Hungertod käme.

* * *

Todeslager Gakowa

Bei meinen Lieben

Leise trat ich in den halbdunklen Raum. Meine Schwester erblickte mich sofort und umarmte mich krampfhaft. Sie brachte keinen Ton aus ihrer Kehle vor Erregung hervor. Die Tränen rollten über ihre blassen eingefallenen Wangen. Stumm zeigte sie auf die zwei Kinder, die noch auf dem Stroh schliefen. Adam war sieben und Rosi zehn Jahre alt. Schließlich löste sich ihre Stimme: ,,Unsern Vater haben wir vor einigen Tagen begraben ... Mutter ist am Heiligen Abend von uns gegangen ... '' Sie schluchzte und verbarg ihr Gesicht in ihren zitternden Händen. Erschöpft ließ sie sich auf das Strohlager nieder. Auch die Kinder erwachten jetzt. Auf den ersten Blick sah ich nur die großen Augen in einer tiefen Höhle über den völlig verschwundenen Wangen. Aus diesem starren Blick vernahm ich einen wortlosen Ruf nach Hilfe, der aus einem Abgrund bitterster Not kam, aber so laut schrie, daß er einen bis ins Mark erschütterte. Sie standen alle am Rande des Hungertodes. Die Schwester zeigte mir die tiefen Skorbutwunden an den Kindern. Es ist die Folge der Unterernährung und der Avitaminose. So ließ ich mich zwischen beide auf das Stroh nieder und drückte sie umarmend an mich. Den Rucksack hatte ich mit bebender Hand aufgeschnürt. Schüchtern griffen die Kinder nach dem Brot, Kuchen und Zucker. ,,Ach, gibt es das noch auf der Welt!'', rief meine Schwester, und ihre Lippen verzogen sich in ein schon lange nicht mehr geübtes Lächeln. Unwirsch wischte sie sich mit zitternder Hand die Freudentränen aus den Augen, die so reichlich aus dem plötzlich entstandenen Glück zu fließen begannen. Gierig griffen die Kinder nach den schon lange nicht mehr gesehenen Speisen. ,,Langsam, Kinder, wir müssen uns zuerst ans Essen gewöhnen'', ermahnte sie liebevoll die Kleinen.

Nun wollte ich aber endlich etwas Genaueres über das Schicksal meiner Verwandten erfahren. Warum waren sie überhaupt noch da? Die Flucht war geplant und genau besprochen, das Geld dafür lag bereit, der Weg sollte über Ungarn nach Westen führen. Nach einer langen Pause begann meine Schwester zu erzählen:

,,Wir haben auch fest vorgehabt zu fliehen. Der Plan, daß ich bei der kranken Mutter bleibe und der Vater mit den Kindern nach Ungarn flüchtet, war einfach nicht durchführbar. Der Vater konnte es nicht über's Herz bringen, sich mit den beiden Kindern in Sicherheit zu bringen und mir die Mutter allein zu überlassen; sich retten und die Mutter im Lager lassen, das kann und darf ich einfach nicht tun, sagte er immer. Nachdem wir die Mutter am Heiligen Abend zu Grabe getragen hatten, war die Flucht unmöglich geworden.

In dieser Zeit ist die Kontrolle an der Grenze verschärft worden. Unsern Kantorlehrer König, den Schulfreund des Vaters, haben sie in dieser Zeit viermal nacheinander geschnappt, ausgeraubt, bestraft und in den Keller geworfen, so daß der alte Mann kaum sein Leben retten konnte. Noch viele solcher Fälle haben sich herumgesprochen. So haben wir die Flucht Tag für Tag aufgeschoben. Wir gerieten in die Wintermonate, und der Vater wagte es dann nicht mehr, die Strapazen durch den hohen Schnee auf sich zu nehmen.

Dann ist ein furchtbarer Tag über uns hereingebrochen! Es war einer der kältesten Januartage dieses Jahres. Hoher Schnee lag auf den Gehwegen. Am frühen Morgen ging der Trommler durch die Lagerstraßen mit dem Aufruf: ,,Alle Lagerleute müssen sofort vor der Kommandantur erscheinen. Sollte jemand in den Aufenthaltsräumen angetroffen werden, wird er erschossen!'' Anfangs wollte der Vater überhaupt nicht gehen, weil er sich kaum auf den Beinen halten konnte. Schließlich ließ er sich doch dazu bewegen, und ich führte ihn. Nur Schritt um Schritt konnten wir uns der Sammelstelle nähern. Unterwegs blieben wir öfter stehen. Er wollte Atem holen und lehnte sich dabei an die Wand. Ein Wachtposten begegnete uns. Der von Schnee befreite Fußweg war eng, und so machte ich Platz. Stieg in den hohen Schnee, der mir fast an die Hüften reichte, damit der aufgeblasene Wachtposten vorbei gehen konnte. Für den wütenden, aufgebrachten Menschen schien das nicht genug Platz zu sein, und so warf er unseren Vater in den tiefen Schnee und trampelte auf ihn mit seinen eisenbeschlagenen Stiefeln. Der Vater stöhnte, und ich mußte den Vater dort liegen lassen, denn der Partisan trieb mich zur Sammelstelle. Der Vater lag wohl einige Stunden im Schnee, unbeweglich, bis ich zurückkommen durfte. Nachher habe ich ihn aufgehoben und ihn in unsere Behausung zurückgebracht. Bis zu seinem Tod ist er nicht mehr aufgestanden. Als ich ihn dann tot in ein Tuch eingenäht habe, Holzsärge gab es schon lange keine mehr, konnte ich sehen, wie ausgehungert er war. Bloß Haut und Knochen waren an ihm. Von der kargen Wassersuppe hat er sich vom eigenen Mund abgespart, um die Kinder und mich am Leben zu erhalten. Oft hat er von den Nahrungsmitteln, die er mit dem letzten Geld bei den Kutschern anschaffen konnte, überhaupt nichts für sich genommen. Er hat sich für uns buchstäblich aufgeopfert. Wie oft hat er wiederholt: Im ersten Weltkrieg war ich in russischer Gefangenschaft. Dort habe ich viel Hunger gelitten. Die kommunistische Revolution habe ich dort mitgemacht. Aber die Tage der dortigen Not sind kein Schatten von diesem Elend, in das wir in der eigenen Heimat gestürzt wurden!"

Meine Schwester schluchzte und hielt sich vor Trauer ihre Hände vors Gesicht. Wir schwiegen, in Schmerz gehüllt. Vor meinem Geist schwebte die in jeder Hinsicht aufrechte, würdige Gestalt meines Vaters. Eine tiefe Ehrfurcht vor ihm ergriff mich: er ein Opfer ehelicher Treue und selbstloser Hingabe. Diese Festigkeit schöpfte er aus seinem tiefen Glauben. Wie liebte er seine Heimat! Sein ganzes Wesen wurzelte im Heimatland, das durch Fleiß und Schweiß der Vorfahren gesegnet, durch die Leichname seiner Ahnen geweiht wurde. Auch deswegen wollte er nicht vor den einbrechenden Kommunisten flüchten.

Mit dem Wort „deutsch" schwang bei meinem Vater nichts Nationalistisches, Überhebliches, über die anderen Herablassendes mit. Seine Ländereien waren tief in der Gemarkung von Ruski Krstur der Ukrainer und in jener des slowakischen und serbischen Lalitsch gelegen.

Hier hatte sich etwas vom übernationalen Geist des Heiligen Römischen Reiches Deutscher Nation erhalten, das für heutige Mentalität unverständlich ist. Damals aber war es wie ein Symbol des vereinten Europa in Frieden und Eintracht, ein Symbol, dem mein Vater in seinem ganzen Leben in der Gemeinschaft mit anderen Völkern so friedlich und duldsam diente.

Unterdessen suchte ich meine Schwester zu trösten. „Jetzt bleibe ich ständig im Lager", sagte ich ihr, „aber ihr müßt so schnell wie möglich von hier weg. Dafür werde ich sorgen. Hier könnt ihr es nicht mehr lange aushalten." Ich herzte die beiden Kinder neben mir und sagte: „Jetzt wird bald alles gut werden!"

Im Schatten des Todes

Hier in Gakowa gab es einen Mann, der sich bis zur eigenen Erschöpfung um die Ärmsten der Armen kümmerte. Er hatte auch meinen Vater die Sterbesakramente gebracht, obwohl er selbst damals schon hoch fieberte: Kaplan Matthias Johler. Er hatte den Typhus noch immer nicht ganz überstanden. Ihn wollte ich besuchen. Ich mußte vorsichtig sein, niemand durfte mich unterwegs erkennen. Ich konnte unbemerkt bei ihm eintreten. Er war freiwillig hierher mitgegangen, um das Schicksal der Vertriebenen zu teilen. Die Begegnung mit ihm war uns beiden eine freudige Überraschung. Wir umarmten einander; wir fühlten uns verbunden wie nie zuvor.

„Müssen wir uns hier nach so langer Trennung wiedertreffen?" flüsterte ich. Sein Gesicht war bleich, und seine Hände zitterten vor Schwäche. Sein tiefschwarzes Haar war in kurzer Zeit ergraut. „Wir sind auf dem schmerzhaften Kreuzweg Christi gelandet!" Er ließ sich vor Schwäche nieder und fuhr gebrochen fort: „Es scheint, daß dieses Vernichtungslager mit den vielen anderen zum Kalvarienberg unserer ganzen Heimatkirche geworden ist."

Kaplan Johler hatte das Ärgste zwar überstanden, aber gesund war er noch nicht. Er hoffte, in ein paar Tagen seine geheime priesterliche Tätigkeit wieder aufnehmen zu können, die seit Neujahr unterbrochen war. Ich schlug ihm vor, doch nach Filipowa zurückzugehen, wo er sich bei Pfarrer Müller und seiner Haushälterin, der Resi, erholen könnte. Aber ich sah ihm an, daß er mit meinem Vorschlag gar nicht einverstanden war. Er wollte hier bei den Menschen in Gakowa bleiben. Der Kommandant hatte verlautbaren lassen: „Wer in die Kirche geht, wird erschossen." — „Aber die Christen hier brauchen den geistlichen Trost, den nur der Glaube spenden kann", sagte Johler. Und er erzählte, daß erst neulich eine Mutter aus Verzweiflung über das Hinsterben ihrer Kinder Selbstmord begangen habe; in geistiger Umnachtung hatte sie sich in einen Brunnen gestürzt.

Nun konnte ich meinem Freund aber erklären, daß der Oberhirte, Bischof Budanović, mir nach langem Drängen die Erlaubnis gegeben hatte, Kaplan Johlers Stellvertreter zu sein.

„Auf mein Drängen hin, wie auch durch den Hinweis, daß ich auf meine eigene Verantwortung dieses Wagnis auf mich nehme, verlieh er mir schließlich doch die Jurisdiktion."

Die Aussicht, daß ich ihn vertreten würde, ließ meinen Freund dann doch zur Einsicht kommen, daß es besser für ihn wäre, sich einige Zeit zu erholen. Aber zunächst wollte ich von ihm wissen, wie die Zustände im Lager waren und wie ich mich verhalten sollte. Er begann zu erzählen:

„Die Schraube der Verfolgung wurde stufenweise immer mehr angezogen. Aus einer allerdings schwierigen Legalität sind wir jetzt in die Illegalität getrieben worden, wonach uns jede priesterliche Tätigkeit verboten wurde." Mein Freund richtete vorsichtig seinen Blick zum Fenster und zeigte mir mit dem Finger: „Hier hast Du ihn, den abscheulichsten Henkersknecht unseres Volkes! Vor diesem Mann mußt du dich hüten wie vor dem Feuer! — Ich näherte mich dem Fenster, und hinter dem einfachen Vorhang betrachtete ich den jungen, starken, hochgewachsenen Mann mit knochigem Gesicht von etwa zwanzig Jahren. Eine Reitpeitsche hielt er in seiner rechten Hand, und mit der anderen stützte er sich auf die an seinem Soldatenkoppel befestigte Pistole. Er trug auf seinem Kopf eine weiße russische Pelzmütze, an der über der Stirn ein fünfzackiger roter Stern blinkte. Er unterhielt sich lächelnd mit seiner mörderischen Begleitschaft und wedelte vergnügt mit der Reitpeitsche. Bei seinen aufgeblasenen Gebärden mußte er meinen, es wären ihm alle fünf Kontinente untertan. Seine Soldaten waren alle schwer bewaffnet. „Das ist Schutzo, der Kommandant der Wachtposten des Lagers!" flüsterte Matthias leise neben mir. „Er verfügt über Leben und Tod dieser etwa 20 000 Lagermenschen; und es scheint, daß er von niemandem zur Verantwortung gezogen wird."

„Diesen Mann habe ich heute nacht auf dem Bahnhof beim Aussteigen gesehen! Ich ging unter den serbischen Bauern getarnt dem Bilić-Meierhof entgegen, während er mit einem jungen bleichen Offizier redete, der auch mit mir im Zug gekommen ist." — „Das wird der Intendant Gojko gewesen sein. Dieser unfähige Bursche hat den Auftrag von den obersten Parteistellen, die Aushungerung unserer Leute durchzuführen. Er sollte sich nämlich um die Nahrungsmittel kümmern, was ihm aus eigener Schuld, noch mehr jedoch aus Boshaftigkeit seiner Vorgesetzten, nicht gelingt. Unsere Leute haben in der letzten Zeit genau festgestellt, daß die karge Ration des ungenießbaren, schimmligen Maisbrotes von 300 Gramm jetzt schon 40 Tage ausgeblieben ist. Die letzte Verantwortung an allen Greueltaten, die hier verübt werden, hat der Schlosserlehrling Schutzo, Sohn eines Dobrowoljatzen aus Subotitza, ein ungebildeter Grobian, der bei Titos Partisanen während der Revolution im Wald jedes menschliche Empfinden verloren hat. Der Blutdurst schaut ihm aus den Augen! Alle Leute weichen ihm im weiten Bogen aus. Auch ich habe mich niemals auf den Straßen gezeigt. Immer bin ich durch die Gärten aus dem Hinterhaus zu den Kranken gegangen. Wenn du trotzdem einmal die Straße durchqueren müßtest, laß durch jemanden zuerst nachforschen, ob die Luft rein ist. Da der Kirchenbesuch jetzt strengstens verboten ist, bleibt dir nur noch das Spenden der Sakramente für die Kranken. Unsere Leute fühlen es schwer, daß man ihnen den Gottesdienst verboten hat. Sie beten aber in ihren Behausungen viel. Wenn sie dabei erwischt werden, haben sie es mit den Gewehrkolben der Soldaten zu tun. „Ihr betet um die Befreiung und daß unsere Macht zusammenbricht!" schreien sie dann tobend im teuflischen Haß. Die grübelnde Verzagtheit führt zur Verzweiflung, und das ist meiner Ansicht nach der gefährlichste Seelenmörder unserer Menschen, gegen den wir Priester anzukämpfen haben." Mein Freund schwieg. Nach einer Pause aber setzte er erregt fort: „Die Macht ist Gift. Die Macht ist für einen, der an ein höheres Wesen glaubt, nicht tödlich. Das Verantwortungsbewußtsein hält ihn von unmenschlichen, unüberlegten Übergriffen zurück. Aber für Menschen ohne höhere Sphären ist Macht ansteckend wie Leichengift. Rettungslos sind sie dem Blutdurst, wie ein unverbesserlicher Trinker dem Alkohol verfallen. Alle Menschen fest in der Hand halten können, ist das nicht ein teuflisches Nachäffen der Macht Gottes? Wie berauschend ist es, die Macht zu besitzen! Dieser Schutzo ist als Nichtsnutz, Faulenzer und Tölpel überall aus den Werkstätten als Lehrling entlassen worden. Solche Geister begreifen dann schnell, mit diesem höllischen Werkzeug der blutigen Macht umzugehen. Wie hoch ist er gestiegen in seiner berauschenden Kunst! — Hier diese reichen Großgrundbesitzer, diese an Hochschulen geschulten Herrschaften, wie klein sind sie vor dem Schlosserlehrling! Alle hat er, die Pfarrer, die Ärzte, die Professoren, alle hat er — wie ein Marionettenspieler die leichten hölzernen Figuren — in seinen Händen.

Die schönen Frauen und Mädchen nach Belieben wählen und mißbrauchen, alles darf er. All ihr Geld, Gold und Schmuck hat er sich schon angeeignet!" — Matthias schwieg, und wir betrachteten die jungen Männer in der gebügelten Uniform. Wie benimmt sich Schutzo doch so überheblich inmitten seiner Henkersknechte. Seine Kameraden nehmen widerspruchslos sein Wort auf, denn er ist doch aus der höheren Kaste, der Oznaschi, der „unfehlbaren" Mörder. Von oben hat man ihm die volle Verfügung über die Drehscheibe des Seins und Nichtseins dieser 20 000 Menschen gegeben. Je schneller er die Unerwünschten ins Massengrab befördert, desto mehr Medaillen werden auf seiner Brust, desto mehr Sterne auf seinen Schulterstücken blinken. Schutzo steht am Schwungrad in der Todesmühle. Was für ein Gefühl, ein unbegrenzter Herrscher zu sein! Er schiebt die Mütze auf ein Ohr und läßt seine erhobene Stirn mit dem musternden Blick über die vom Arbeitsdienst vorbeiziehenden Sklavenkolonnen gleiten, als wären es überhaupt keine Menschen. Wenn er so im vollen Glanz seines gebügelten Anzugs mit wuchtigem Schritt durchs Vernichtungslager schreitet, dann läßt er es zwar wortlos, aber doch entschieden verlauten: Daß du es weißt, ich bin dein Herrgott und dein alles!"

Matthias stützte seinen müden Kopf mit beiden Ellenbogen. Seine gütigen Augen fieberten, noch immer von der durchlittenen Krankheit, aber sein Geist wollte nicht nachgeben. Dieser starken Seelenkraft war es zu verdanken, daß er den über ihn schon schwebenden Tod verscheuchen konnte, freilich nicht ohne aufopfernde Hilfe: „Stell Dir vor, eine betagte Frau hat sich angeboten, mich Tag und Nacht zu pflegen, als ich fast eine Woche hindurch im hohen Typhusfieber bewußlos dalag. Diese heroische Frau hat dann ihr Leben Gott angeboten, einen Priester für das sterbende Volk zu retten. Sie sagte zu Gott: ‚Herr, nimm mein Leben und schenke das Leben diesem Priester, daß er unser Volk trösten kann!' — Und was geschah? An dem Tag, als ich zum ersten Male wieder auf meinen Beinen stehen konnte, starb die heroische Frau. Der Herrgott hat sie beim Wort genommen! Ich ehre sie als eine Heilige. Jetzt weißt Du, warum ich so schweren Herzens aus dem Lager gehe."

Nun bat ich Matthias, noch weiter auszuholen und mir zu erklären, wieso es überhaupt so weit kommen konnte. War dieser offensichtliche Versuch einer systematischen Ausrottung der Donauschwaben vorauszusehen gewesen?

„Wenn wir gewußt hätten, was zwischen der Besatzung und unseren Nachbarvölkern während des Krieges alles geschehen ist, wenn wir bloß eine Ahnung gehabt hätten, was für ein Haß in den Herzen der slawischen Völker auf dem Balkan entfacht wurde, dann hätte niemand von unserm Volk in der Heimat zurückbleiben dürfen. Alle hätten vor den Roten auswandern müssen. Wer wußte eigentlich genau, was mit den deportierten Juden geschehen ist? Wer hatte eine bloße Ahnung von den Gasöfen in Auschwitz, Dachau und anderswo? Wer wußte etwas von den Vergeltungsmaßnahmen des deutschen Militärs gegen die Partisanen, Tschetniks und andere Freischärlergruppen? Wer hätte geglaubt, daß die Rachsüchtigkeit dieses Volkes, die in ihnen seit Generationen steckt, sich so auf unser unschuldiges Christenvolk auswirken würde? Und schließlich, was hatte unser Schwabenvolk mit dem Bürgerkrieg zu tun, der südlich der Sawe und Donau zwischen Nationalisten und Kommunisten, zwischen Serben und Kroaten, zwischen Tschetniks und Partisanen, zwischen Nedić- und Ljotić-Anhängern einerseits und den bulgarischen, ungarischen, italienischen und deutschen Okkupationsmächten andererseits ausgetragen wurde? Ein unheimlicher Racheakt fiel auf unser einfaches Volk, das wirklich keine Ahnung von all diesen fürchterlichen Missetaten hatte, die sich während des Krieges auf dem Balkan zutrugen. Hätten wir eine Ahnung von all dem gehabt, hätten wir rechtzeitig die Konsequenzen daraus gezogen und wären einfach geflohen. Es war uns klar, daß die serbische Bevölkerung in der Batschka und Baranja von dem ungarischen Okkupator nicht mit Handschuhen behandelt wurde. So auch die Kroaten (Bunjevatzen und Schokatzen), denen man ihren Bischof mit dem Volksführer Blaschko Rajić interniert hat. Wer hätte es sich jedoch nur im Traum vorstellen können, daß unser ahnungsloses Volk für all diese Untaten Sühne leisten müsse? Die ungarische Okkupationsmacht hat massenweise die slawische Bevölkerung

aus unserer Heimat ausgesiedelt und ihre Leute, die ungarischen Csan-
gos, auf ihren Platz angesiedelt. Kommandant Schutzo war ein Opfer
davon, den man einfach über die Donau warf. Darauf schloß er sich den
Titopartisanen an und gewöhnte sich an das mörderische Handwerk,
das er jetzt so geschickt an unserem deutschen Volk anwendet."

Mein Freund geriet in Aufregung, daß seine Hände zu zittern begannen. Er war durch seine Krankheit noch sehr erschöpft. ,,Unsere zehn
Nationalitäten, die vor 200 Jahren im Donau-Theiß-Raum eine neue
Heimat gefunden haben und friedlich 200 Jahre hindurch nebeneinander lebten, wurden durch einen unheilvollen Chauvinismus gegeneinan-
der aufgehetzt. Dieser Zwist wurde von den Kommunisten für ihre verbrecherischen Ziele ausgenützt. Alle unsere Nachbarvölker gerieten in
Sklaverei, und unser Volk wird einfach ins Grab gestürzt. Du wirst hier
Gelegenheit haben, die Gesichter der Partisanen zu beobachten, wenn
der mit Leichen überfüllte Totenwagen vorbeifährt. Welch ein zufriede-
nes Schmunzeln ist auf ihren Gesichtern zu beobachten. — ,Bald werden wir alle liquidiert haben', raunen sie sich zu."

Kaplan Matthias Johler war von der Erzählung erschöpft. Aber er
wollte nun auch von mir hören, wie es mir in Zagreb ergangen war.
Nachdem alles berichtet war, legte er mir noch einmal die Menschen im
Lager ans Herz.

,,Hier in Gakowa wirst Du Landsleute aus der Mittel- und Nord-
batschka antreffen. Da sind einige Tausend Filipowaer Hodschager,
Karpoker, Miltitscher, Brestovatzer, Veprovatzer, Parbuter, Batscher,
viele Apatiner, Sontaer, Koluter, Bereger, Stanischitscher, Regözer, Ku-
laer, Tschervenkaer, Bajmoker und noch aus vielen anderen deutschen
Ortschaften."

Schließlich war es Zeit zum Aufbruch. Nun sollte ich Kaplan Johlers
Stelle einnehmen.

,,Leider muß ich Dir die Speisekammer leer überlassen. Als wir meinen Chef, Pfarrer Dobler, zum Grab begleiteten, haben die Hungernden
alle noch vorhandenen Lebensmittelvorräte davongetragen. Schau, wie
Du zurecht kommst!" Wir verabschiedeten uns.

Christophorusdienst

Die heilige Hostie hielt ich auf der Brust unter dem Wintermantel. Mit
spähendem Blick und eilendem Schritt durchquere ich die Lagerstraßen.
Ein kalter Wind stieß mir ins Gesicht, als ich die mit Schnee bedeckten
Gartenanlagen überschritt. Mühsam kämpfte ich mich durch die von

Schneematsch durchweichte Erde. So kam ich von der Rückseite ins Lagerhaus. Ich klopfte an die Tür. Keine Antwort. Vorsichtig trat ich ein. Ein unheimlich übler Geruch traf mich. Es ist der Todeshauch. In einer gewöhnlichen Bauernstube lagen etwa 20 Personen auf dem ausgebreiteten Stroh. Nur wenige hatten über sich eine Bedeckung gezogen. Alle lagen da in ihren Kleidern und wollen sich dadurch vor der grimmigen Kälte schützen. Kaum jemand erwiderte meinen Gruß. Teilnahmslose Apathie hat diese Menschen ergriffen. Bei der ersten Person ließ ich mich nieder. Halb kniend und halb kauernd neigte ich mich zu einem alten Mann, der ungewaschen, herabgekommen da lag.

„Wie gehts, Großvater?"

„Schlecht! Verhungre muß mr!"

„Mei Weib ist vor paar Tag gestorwa. Mei zwa Kin'der sin nach Rußland verschleppt. Da hab ich zwar Enkelkin'der. Sie hen sich aus dem Lager geschlicha, etwas Brot zu bettla. Awer jetzt hab ich g'hört, daß sie uf'em Rückweg von den Partisanen geschnappt un in Strafkellr geworfa sin.

Das Stückl Kukrutzbrot, das wir kriega, kann mei Mage net vertraga un so bleibt mir nichts iwrich als hinlega un sterwa!"

„Nicht verzagen, Großvater! Habt Gottvertrauen! Weiter ums Leben kämpfen! Könnt ihr nicht jemanden bitten, der euch die Suppe holt. Wenn auch nichts Nahrhaftes drinnen ist, wenigstens etwas Warmes bekommt ihr in den Magen", wollte ich ihn zum Lebensmut aneifern und fügte dann noch hinzu: „Vetter, betet ihr auch?"

„Ja, den Herrgott vergesse m'r net, aber ich mahn, Er hat uns vergessa!"

„Er hat uns nicht im Stich gelassen, hat uns aber auf die Probe gestellt, ob wir auf ihn vertrauen, auch wenn es scheint, daß alles verloren ist."

„Alles hawe wir verlassa müssa in der Heimat, und jetzt sind wir vor dem Sterwa."

„Großvater, wenn es schon so weit zu sein scheint, sollten wir uns nicht auf diesen wichtigen Schritt vorbereiten, daß wir ruhigen Gewissens vor unseren Herrn und Heiland treten können?"

„Er ist unser einziger Retter aus diesem Elend! Er sollte doch mal kumma un mich abhola", meinte der alte Mann.

„Sie haben gesagt, er ist unser Erlöser aus diesem Jammertal! Er allein kann dieses irdische Elend in eine ewige Herrlichkeit umwandeln, wenn wir Vertrauen zu ihm haben."

„Awr (aber) net amol beichta und speisa (kommunizieren) kann m'r vor dem Sterwa. Unsere Pfarrer müssa so viel mitmacha von diesa gott losa Partisan'r. Der Herrgot soll m'r barmherzig sein!"

„Großvater, ich bin Priester! Gerne will ich euch unsern Glaubenstrost spenden!" Den Winterschal hab ich mir vom Hals genommen und der weiße Priesterkragen kam zum Vorschein.

„Ja, wenn das so ist, dann könne m'r das aa gleich macha!" Der Mann hat seine Beichte abgelegt, den Heiland als Seelenbrot des Lebens, als Wegzehrung empfangen. Ruhig und ergeben hat er bald darauf dieses irdische Elend mit einer besseren Ewigkeit vertauscht. In so christlicher Geduld sind die Donauschwaben vor den ewigen Richter getreten, daß ich selbst erschüttert war und erst jetzt die tiefe Religiösität dieses Bauernstammes wirklich kennenlernte. Dieser Beistand zu so einem friedlichen Hinüberwechseln in das andere Leben dieser meiner Landsleute hat mir die ständig bedrohende Gefahr und die dauernde Angst reichlich entlohnt.

Bei den darniederliegenden Nachbarn dieses Großvaters war keine Einführung mehr notwendig. Er sagte mit schwacher Stimme: „Herr Pfarrer, dann beicht ich halt aa! Mein End ist nah ... awer bei mir geht's net so leicht ... Seit dem ersten Weltkrieg hab ich nicht mehr gebeichtet." — „Es ist so 25 Jahre her!" — „Pfarrer, helfa Sie m'r, daß ich es gut mach. Sehr hab ich mich v'nachlässigt!" Dann begann er laut seine Sünden und Fehler herzuzählen. — „Vetter, stiller reden, daß die anderen es nicht hören!", flüsterte ich ihm zu. „Die solla doch mei Sünden höra. Wenn ich mich nicht geschämt hab, sie vor anderen zu begeha, warum soll ich mich schäma, sie zu bekenna? Ist es nicht so? Schließlich sind die anderen net besser als ich!"

So teilte ich allen zwanzig Männern im Zimmer vor ihrem Ableben den Trost der göttlichen Lebensspeise aus.

Im Nebenzimmer lagen auf etwas Stroh über 20 Frauen. Die erste, eine jüngere Person, sprach ich an: „Wie geht's Ihnen?"

„Fragen Sie nicht! Mein Mann ist an der Front gefallen. Mein Kind ist elend gestorben. Was tu' ich noch auf dieser Welt? Hingelegt hab' ich mich zu sterben!"

„Stehen Sie nicht einmal auf, den Maisschrot, den man hier Brot nennt, zu holen?" — „Das ist doch kein Brot! Das ist ein Schweinefutter. Etwas besseres haben unsere Vierfüßler zu Hause bekommen!"

„Etwas Kraft bekommen Sie immerhin. Gehen Sie auch nicht die Suppe holen?" — „Nein! Das ist auch keine Suppe! Eine geschmacklose, salzlose Wasserbrühe! Die Partisanen geben ihren Schweinen sicherlich eine bessere Tränke als uns ... " — „Bedenken Sie doch, eine warme Suppe tut Ihnen sicherlich gut. Sie müssen sich für Ihr Leben wehren, nur so können Sie sich durchringen und am Leben erhalten!" Die

Frau hat auf mein Zureden Lebensmut gefaßt und ihre Apathie überwunden.

Auf manchem Dachboden gab es noch Weizen, den die Räumungsbrigaden nicht gefunden hatten, als die Säuberung aller Lebensmittel zur Vorbereitung des Vernichtungslagers durchgeführt wurde. Es mußte der Egoismus jener gebrochen werden, die daraus durch Gewinnsucht einen Nutzen zogen, ohne daß die Partisanen etwas erfuhren. Die Hungernden mußten von diesem verborgenen Weizen Bescheid bekommen. Tag und Nacht wurden so mühsam mit primitivsten Mitteln die Körner gemahlen und geheim in kräftiges Brot verwandelt. Der Hunger ist ein rücksichtsloser Egoist.

Wie sollte der Kampf gegen die hochgeschraubten Preise des Schwarzhandels der durch die Kutscher hereingeschmuggelten Nahrungsmittel erfolgreich durchgeführt werden?

Eine Märtyrerin

Öfter fragte ich mich: Woher bekommt Mutter Elisabeth, diese körperlich so schwächliche Person, diese unglaubliche Kraft zur Hilfe an den Notleidenden. Sie schöpfte ständig aus der liebevollen Kraftquelle des göttlichen Herzens Christi in einem dauernden Gebet. Wie sehr sie in Friedenszeiten stets mit Gott im Gebet verkehrte, so hat sie in den Tagen der Verfolgung diesen Gebetsgeist noch verdoppelt. Eigentlich war die Eucharistiefeier mit der täglichen Kommunion die Kraftquelle ihrer apostolischen Tätigkeit, wodurch sie sich so hervorragend ausgezeichnet hatte. Wie sie es sich früher auch in den kalten Wintertagen der Adventzeit nicht nehmen ließ, durch Schnee und Eis nach fünf Uhr morgens zur Rorate-Messe zu eilen, so hielt sie auch keine Bedrohung der Partisanen zurück, die verlautbaren ließen: ,,Wer in die Kirche geht, wird erschossen!'' Das Apostelwort, Gott muß man mehr gehorchen als den Menschen, war ihr wohl bekannt. Keine Schwäche oder Ängstlichkeit, schon gar kein Zufall waren der letzte Hintergrund der Hingabe dieser Frau: Elisabeth Wurtzky ist eine Märtyrerin.

Es war am 4. Januar 1946. Durch den kalten Wintermorgen strömten die arbeitsfähigen Internierten zur Kirche, da man die angedrohte Todesstrafe wegen Kirchgang bei diesen Greisinnen nicht anzuwenden gedachte. Die Bänke der Lagerkirche waren mit Personen gebrechlichen Alters voll besetzt. Der Priester Paul Pfuhl, der freiwillig das Schicksal der Inhaftierten teilte, begann mit der Meßfeier. Plötzlich jedoch entstand ein Toben, ein Schreien, ein Fluchen von den hereinstürzenden

Partisanen, die mit Gewehrkolben auf die alten gebrechlichen Leutchen drauflos schlugen, um die Betenden mit Gewalt aus der Kirche zu treiben. Die Mehrheit der Leute verstand nicht gut, weil sie kein Wort serbisch konnten. Wieso der Partisane gerade Mutter Elisabeth aussuchte, um an ihr ein Exempel für den übertretenen Befehl zu statuieren, bleibt ein Geheimnis. „Wer in die Kirche geht, wird erschossen", lautete die Vorschrift, und das Mordkommando schien entschlossen, zu beweisen, daß das todernst gemeint ist. Der Uniformierte schreit Mutter Elisabeth Wurtzky zornig an: „Napolje!" (Hinaus!). Sie rafft Rosenkranz und Gebetbuch zusammen und geht zur Kirchentüre.

Der Partisane folgt ihr. Auf der Straße will sie sich zu ihrer Lagerbehausung begeben, aber der grobe Soldat schreit sie wütend an: „Onamo!" (dorthin) und zeigt mit energischer Hand in Richtung der Massengräber auf dem Friedhof. Jetzt wurde Mutter Elisabeth die Absicht des Mordgesellen klar. Ruhig und würdig ging sie mit etwas geneigtem Kopf dahin und preßte den Rosenkranz und das Gebetbuch in ihrer Rechten auf die Brust. Der gottlose Soldat folgte ihr mit schußbereitem Gewehr. Die Rosenkranzperlen glitten ihr durch die Finger, und sie lispelte betend: „Der für uns das schwere Kreuz getragen hat!" … „Der für uns gekreuzigt worden ist!" … „Heilige Maria, Mutter Gottes, bitte für uns Sünder, jetzt und in der Stunde unseres Todes. Amen." Mutter Elisabeth ist sich bewußt, Christus ihrem Herrn auf dem Kreuzweg folgen zu dürfen. Sie durchschreiten den Toreingang zum Friedhof. Der Partisane zeigt zu den offenen Massengräbern. Elisabeth folgt gelassen und ruhig dem Befehl. Die dort beschäftigten Totengräber müssen auf Geheiß des Mordgesellen für einige Augenblicke die Arbeitsstelle verlassen. Elisabeth wird an den Rand des Massengrabes postiert. Sie packt mit beiden Händen den Rosenkranz und das „Goldene Buch", worin sie seit Jahrzehnten den „Brief über die Freunde des Kreuzes" betrachtete, überdachte, studierte und aneignete. Sie hebt den Blick und die Hände, und da kracht schon der Schuß. Mit durchbohrtem Herzen fällt ihr Leib in das Massengrab und wird der mit soviel Blut getränkten Heimaterde übergeben.

In der darauf folgenden Nacht schlich sich ihr Sohn Josef, aus Ungarn kommend, ins Vernichtungslager, um die Mutter mit der ganzen Familie in die Freiheit zu führen. Für Elisabeth zu spät. Sie erreichte eine erhabenere Freiheit bei Gott.

Den Kindern und Enkelkindern von Mutter Elisabeth sagte ich: „Eure Oma benötigt nicht eure Gebetshilfe. Von ihr könnt ihr durch Gott Hilfe erwarten, denn sie ist eine heilige Märtyrerin. Sie ist nicht zu bedauern, sondern zu beneiden!"

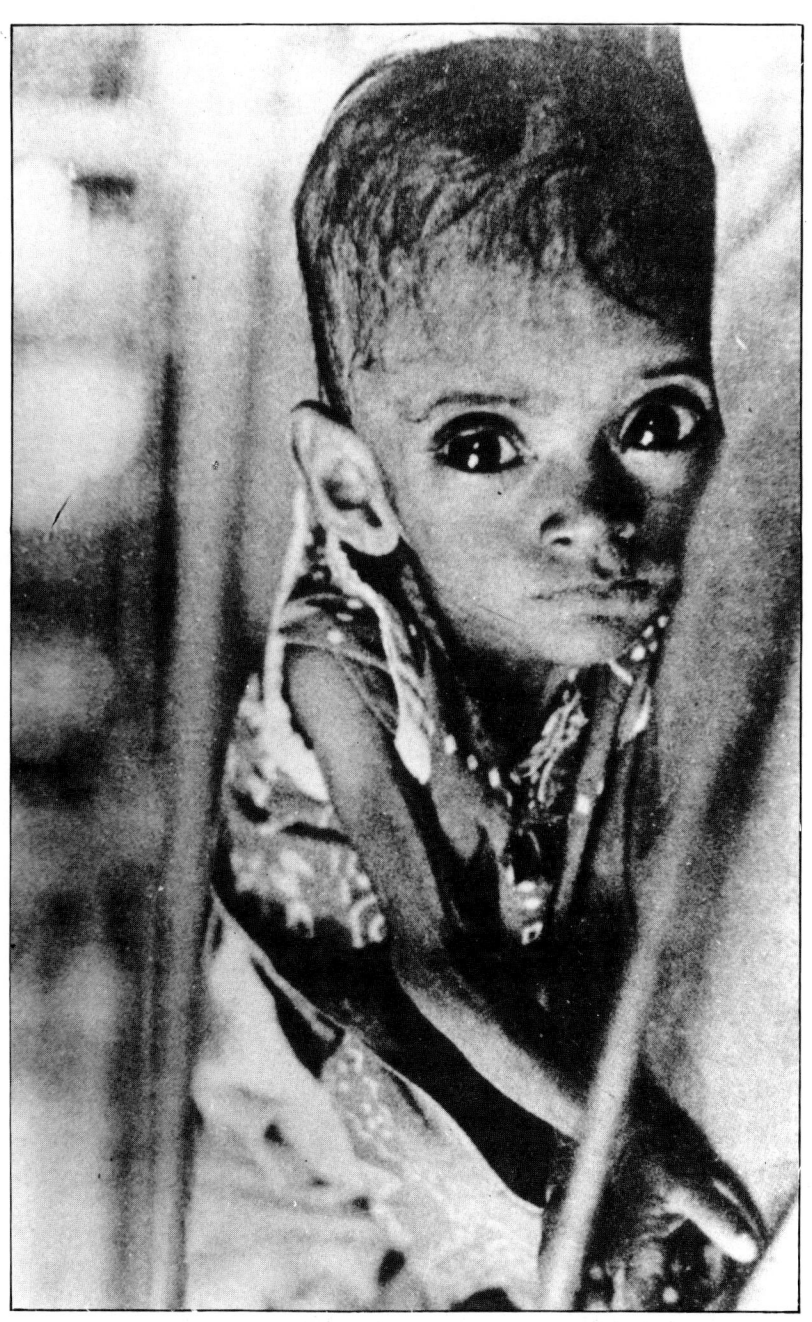

Die ausgehungerten Kinder flehen um Hilfe.

Teil des Massengrabes in Rudolfsgnad. Die Partisanen glaubten, daß das Feldgras und Unkraut über den Massengräbern jede Erinnerung an die 20 000 Toten in Rudolfsgnad verschwinden lassen werden.

Es steht ja geschrieben: Um deinetwillen werden wir getötet den ganzen Tag, werden geachtet wie Schlachtschafe (Ps 44, 23). Aber all das überwinden wir durch ihn, der uns geliebt hat. Denn ich bin gewiß: Weder Tod noch Leben, noch Engel, noch Gewalten, weder Gegenwärtiges noch Zukünftiges, noch Mächte, weder Höhe noch Tiefe vermag uns zu trennen von der Liebe Gottes, welche ist in Christus Jesus, unserm Herrn'' (Röm 8, 35-38).

* * *

Kommandant Schutzo

Bei den Totengräbern

Fast jeden Tag begab ich mich auf den Friedhof. Ein älterer Mann aus Gakowa war der Vorsteher der Arbeitsgruppe von Männern und Frauen, die das Massengrab aushuben und die Toten in Schichten einlegten. Dieser Gakowaer, der schon seine Frau und Kinder der Muttererde übergeben hatte, verwaltete gewissenhaft das Totenbuch, in das er die Namen der Dahingeschiedenen eintrug. Seiner delikaten Pflicht blieb er treu, obwohl die Partisanen schon längst kein Interesse mehr für die Zahl der Verstorbenen zeigten. Seit dem Ableben des Ortspfarrers Dobler und seit der schweren Erkrankung des Kaplans Johler unterblieb jede Eintragung in die Pfarrbücher. Desto wichtiger war die Aufgabe des abgemagerten Mannes in dem Stübchen, das man auch „Sakristei" nennen könnte. Er entzifferte die Zettel, die am Sack angeheftet waren, worin das Todesopfer eingenäht war. Wenn die Friedhofskapelle überfüllt war von Verhungerten, dann schichtete man die Leichen hügelartig vor der Kapelle auf. Stunde für Stunde erschien der breite Leiterwagen, der eigens dazu angefertigt war, viele Leichen aufnehmen zu können und sie auf den Friedhof zu befördern. Wie Weizengarben wurden die Todesopfer auf diesem Wagen aufgestapelt, denn der Sensenmann hielt seine reiche Ernte. Die Totengräber kamen mit dem Ausheben des Massengrabes nicht gut nach, weil die Erde hart gefroren war und die Zahl der Toten immer größer wurde. Die Totengräber schichteten dann etwa 150 bis 200 Leichen wie Holzscheite in die Grube und bedeckten die einzelnen Schichten mit Erde, wobei sie auf Kopf, Brust und Glieder traten, damit sich die toten Menschenleiber besser nebeneinander einklemmten. Die vor Kälte erstarrten, unempfindsam ledernen Gesichtsausdrücke dieser Männer und Frauen schienen völlig abgestumpft.

Während ich den Totengräbern zusah, erblickte ich plötzlich Kommandant Schutzo, wie er gemütlich die Hauptstraße heraufspazierte. Hinter dem Kreuzweg mußte ich mich verstecken. Er näherte sich den Totengräbern. Auch diesen Schergenhäuptling getrauten sich diese groben Arbeiter frech zur Rede zu stellen. Es schien ihnen einerlei zu sein, ob sie heute oder morgen niedergeschossen wurden und hier ins Gras beißen mußten, wie sie sich äußerten. Ruhig stand Schutzo vor dem Riesengrab, an dessen einer Seite die Leichen eingereiht waren. An der anderen Seite wurde noch immer in die Tiefe gegraben und die Erde auf die leblosen Schichten geworfen. Waren diese hinreichend bedeckt, folgte die zweite Reihe. Der junge, vor Gesundheit strotzende Mann schwang vergnügt seine Reitpeitsche. Er lächelte verschmitzt beim Anblick des Haufens der Verhungerten und wackelte bedenklich mit seinem Kopf, als wollte er sagen, die Todesmühle arbeite noch zu langsam. Er begab sich in die Schreibstube neben der Kapelle. Der alte Buchführer war über seine zusammengeklauten Papierstücke gebückt.

„Na, Alter, wie viel Faschisten-Schurken krepieren jetzt täglich?", schrie er ihn an. Der Angesprochene verstand nicht gut serbisch und blickte verdattert auf.

„Denkst du nicht daran, daß auch mal an dich die Reihe kommt?", sagte eine starke Frau, die eben an der Tür vorbei ging. „Alle müssen wir sterben, und niemand kommt am Grab vorbei!"

„Ti jezicava babo! (Du bissige Alte!) Du willst mir drohen? Wie einen Hund schieße ich dich nieder."

„Meinst du, ewig jung zu bleiben und ewig leben zu können?" sagte sie und warf eisige Erdschollen ins Grab, als wenn sie die Worte des Kommandanten nichts angingen. Dieser Berufsmörder wandte sich dann schnell von der Arbeitsgruppe ab und begab sich in Richtung Bahnhof.

„Genosse Kommandant!", schrie ihm ein Mann nach. Schutzo wandte überrascht seinen Blick in die Richtung des Rufenden. Man sah es ihm an, daß es ihm unangenehm war, mit dieser kaltblütigen, abgehärteten und überaus trotzigen Gruppe noch ein Wort zu wechseln, die sich kein Blatt vor den Mund nahm.

„Wir brauchen mehr Brot! Die Erde ist hart gefroren, und wir kommen aus Schwäche nicht nach. Der Berg der Toten häuft sich, und wir schaffen es nicht, sie unter die Erde zu bringen. Sie wissen doch, daß unsere Arbeit eigentlich die wichtigste im ganzen Lager ist. Wir brauchen mehr Brot, sonst brechen wir zusammen!"

„Im Januar hattet ihr noch mehr zu verscharren und es ging, so wird es auch jetzt gehen", lachte er achselschüttelnd, schob seine Titomütze auf ein Ohr und schritt davon.

Sobald er sich vom Friedhof entfernt hatte, kam ich aus meinem Versteck von der anderen Seite zum Vorschein und begab mich in die Schreibstube zum alten Freund. Mich interessierte die Tagesziffer der Sterbenden.

„Der Januar war schlimmer als der Februar. Damals stieg die Zahl nahezu auf Hundert. Jetzt ist die Totenzahl langsam am Absinken", sagte der Schreiber. „Es ist sehr schade, daß die Leute den Zettel mit Namen und Datum nicht immer an den Sack anheften. Bei diesen Unterlassungen ist es mir natürlich nicht möglich, eine Note über die Verstorbenen aufzunehmen. Ganze Familien sind am Aussterben. Es ist leicht möglich, daß man keine Daten von den Verstorbenen mehr einholen kann."

Ein zehnjähriges Mädchen schob eine kleine Leiche auf dem Schubkarren daher. ,,Es ist mei Brüderle!" sagte es und versuchte abzuladen. Der Größe nach konnte er fünf Jahre alt gewesen sein. ,,Hast du ihn ins Tuch eingenäht?", wollte ich wissen.

,,Ja! Aber dem Totenwagen wollte ich ihn nicht übergeben. Die Männer sind so grob und grausam. Mutti hat's auch gesagt. Deswegen habe ich ihn selber hierher gebracht. Meine zwei anderen Schwestern brachte Mutti."

,,Wann hat Mutti sie mitgebracht?", forschte ich sie aus.

,,Vorgestern! Marie war immer gesund und hat gearbeitet. Auf einmal konnte sie nicht mehr aufstehen. Pater, Ihr wart doch bei uns und habt ihr die Sterbesakramente gebracht", sagte sie mir zutraulich. Wirklich, ich erinnerte mich noch an das kräftige Mädchen von 17 Jahren mit roten Wangen, wie es auf dem Stroh lag. Niemand hätte geglaubt, daß dieses blühende Geschöpf am Sterben wäre. Ein sanftes Lächeln schwebte ihr auf den Lippen. Ihre Mutter sagte mir, die Lagerkrankheit hätte sie überfallen! Plötzlich sind junge Leute dahingestorben, wofür ich mir keine Erklärung geben konnte. Der Hunger schien mir nicht die letzte Ursache bei diesen Todesfällen zu sein. Oder hat mich ihr Äußeres getäuscht? War ihr Gesichtsausdruck aufgeschwollen?

Das Mädchen hat ihr totes Brüderlein neben die anderen Leichen gelegt und jammerte: ,,Franzl, Franzl, jetzt hast auch Du mich verlassen! So habe ich keine Geschwister mehr. Mutti ist auch krank! Alle habt ihr mich verlassen! Was wird jetzt aus mir werden?" Ich segnete das tote Kind ein und legte meine Hand auf den Kopf des schluchzenden Mädchens. ,,Kind, bete zu Gott, er wird dein Vater sein!"

Ich ging in die Schreibstube zurück. Unterdessen traten einige Totengräber in die Stube, um sich vor dem kalten Wind zu schützen. Sie schüttelten den Schnee von ihren nassen Schuhen ab und schimpften über Tod und Leben voll Gehässigkeit.

,,O, da ist ja unser Pfarrer! Da muß man das Maul halten!" Sie ließen sich auf die breiten Holzklötze nieder, die als Hocker dienten. Ich sprach sie ruhig an: ,,Über euch hört man von allen Seiten klagen. Ihr habt die Ehrfurcht vor unseren Verstorbenen verloren. Ihr wollt mit eurer Arbeit schnell fertig werden und bedenkt nicht, daß ihr durch euer grobes Benehmen so vielen Trauernden einen neuen Schmerz zufügt."

Sie schwiegen und richteten den Blick zur Erde. Sie fühlten sich betroffen und versprachen mir, meine Worte zu Herzen zu nehmen. Wir gingen zum Massengrab hinaus. ,,Diese Opfer des Kommunismus, die ihr Leben durch eine gottlose Revolution lassen mußten, verdienen, daß wir vor ihnen die Kappe ziehen.'' Alle taten es, und über ihr zerzaustes Haar strich der kalte Wind. ,,Wir stehen vor unsern dahingeschiedenen Märtyrern, die Gott für ihre christliche Haltung reichlich im Himmel belohnen wird.'' Wir beten gemeinsam das Vaterunser. Über die Leichen spendete ich den Segen. ,,Herr, gib ihnen die ewige Ruhe!'' Mit rauher Stimme antworteten sie: ,,Und das ewige Licht leuchte ihnen!'' — ,,Herr, laß sie ruhen in Frieden!'' — ,,Amen.''

In eine Nebengasse einbiegend, begegnete ich dem Totenwagen. Zwei Männer schleppten eine Leiche. Einer den Sack am Kopfende, der andere am Fußende haltend, schleuderten sie die Leiche auf den Wagen hinauf. Vor dem nächsten Haus lag auch eine eingenähte Person. Eine Frau kam dazu mit einem toten Kind in den Armen.'' Es war in ein weißes Kleid gehüllt und mit einem grünen Zweig der Hoffnung geschmückt. Unter Tränen bat sie die Leichenführer, ihr Kind rücksichtsvoll auf den Wagen und auch pietätvoll ins Grab zu legen. Da stand ich neben dem bärtigen Mann, der das Kind aus den Armen der Mutter nahm ,,Fühlen Sie doch, Vetter, mit den Leuten ihren Schmerz und seien Sie nicht hartherzig. Erlauben Sie mir das zu sagen!'' Er bohrte seinen erschrockenen Blick in mich und legte langsam das Kind auf die anderen Leichen im großen Leiterwagen. Der Kutscher trieb die Pferde mit der Peitsche an und fuhr weiter. Die Frau wischte sich die Tränen und stöhnte!: ,,Mein Kind, bald komme ich dir nach!''

Wie kann Gott das zulassen?

Anfang März kam das Tauwetter. Die hohe Schneeschicht begann zu schmelzen. Über die naßmatschigen Gartenfelder ging ich Tag für Tag durch das Hinterhaus in die Lagerwohnungen, wo auch die Pferde- und Viehställe für die Vertriebenen als Wohnung dienen mußten. Im hohen Winter hatten die Heimatlosen den Dachboden wegen der grimmigen Kälte verlassen. Sie hatten sich in die leeren Ställe zurückgezogen, die zwar säuberlich gereingt und mit Stroh belegt wurden, aber doch ein Herd für Ungeziefer, Mäuse, Flöhe und Wanzen geblieben sind. Da keine hinreichende Waschmöglichkeit vorhanden war, so wurde die Ungezieferplage zu einer tödlichen Gefahr. Die Kinder, besonders die Mädchen mit langem Haarwuchs, bekamen eine Kopfhautentzündung. Es bildeten sich große eitrige Wunden durch diese gefräßigen Insekten.

Auch die Typhusseuche hat dadurch schnell überhand genommen. Junge, gesunde Personen verloren rasch die Kräfte, sei es durch Hunger, oder Krankheit.

Ein Pferd war dieser Tage verendet. Der Hunger hat keine Augen. Man hatte sich an den Kadaver herangemacht und in Eile Fleischstücke losgeschnitten, gebraten und dabei gebetet, daß es nicht schaden möge. In dieser Zeit traf man weder Katzen noch Hunde, alle waren sie schon von den Hungernden geschlachtet und gegessen worden.

Im Hinterhof des Hauses der Wachtposten befanden sich Fässer für die Müllabfälle, die für den Schweinebestand der Partisanen bestimmt waren. Kinder standen um die Fässer und fischten aus dieser abscheulichen Brühe einen Bohnenkern, einen Knochen, den sie abnagten. Ich konnte diese traurigen Bilder nicht sehen. Dennoch habe ich sie nicht ermahnt, das zu unterlassen. Immer mehr kleine, halbwüchsige Kinder wurden nachts von den Eltern über die Lagergrenze geschickt um bei den kroatischen, ungarischen und serbischen Familien Kleidungsstücke für Nahrungsmittel einzutauschen. Man hat allmählich gewußt, daß in solchen Fällen die Partisanen nicht so grausam mit den Kindern umgehen, wie sonst mit den Erwachsenen. Wenn dann in der folgenden Nacht so ein Kind für ein Hemd einen Laib Brot mitbrachte, gab es ein Familienfest in der Lagerstube. Sein Freund und Begleiter war auf dem Rückweg unglücklicherweise von den Posten geschnappt und in den Strafkeller geworfen worden. Alles, was sie erbettelten, kam in den Schweinetrog. Manchmal hungerten sie dann Wochen hindurch im dunklen Strafraum, der feucht und naß, stickig und voll üblem Geruch von der Notdurft war. Von Zeit zu Zeit kamen die groben Wüstlinge, wahre Bestien in Menschengestalt und holten sich die Mädchen und jungen Frauen heraus. Entblößt wurden sie zu Turnübungen gezwungen, verspottet und vergewaltigt.

Mutter Anna hat sich zu den Arbeitskolonnen gemeldet. In der Nähe vom Nachbardorf Stanischitsch wird das Feld für die Frühjahrsaat bestellt. Mutter Anna hat ihre große Kinderschar durch den Winter am Leben halten können. Ihr kleinster Liebling ist krank geworden. Er kann den Maisschrot nicht vertragen. Sie hoffte, draußen durch die Nachlese beim Hacken einige Kartoffeln aus der Erde ergattern zu können, die sie dann in den verborgenen Taschen ihrer breiten Röcke zu verstecken wußte. Beim Eingang ins Lager wurden die Arbeiter genauestens untersucht. Auch die Kostbarkeiten von Mutter Anna wurden ausfindig gemacht. Der wütende Partisan schoß die Frau nieder und sie brach blutüberströmt zusammen. Das alles beobachteten die Kinder aus der Ferne, wo sie ihre Mutter erwarteten. Das älteste Töchterlein lief herbei und warf sich auf die tote Mutter. Der wilde Partisan fuhr sie an, sie solle die Tote mit einem Karren auf den Friedhof schaffen. Das Mädchen verschaffte wirklich schnell einen wackligen Schubkarren, worauf die tote Mutter befördert wurde. Lahm hingen die Hände und Füße vom Karren und schleiften auf der Erde bei der Fahrt des kreischenden Rades. Das älteste Kind, geschwächt und erschöpft durch den ewigen Hunger, strengte alle Kräfte an, die Last über den holprigen Weg zum Friedhof zu befördern. Ihre kleineren Geschwister folgten ihr auf dem Fuß. Durch das Stoßen des primitiven Karrens kam die angeschossene Mutter zu Bewußtsein und erkannte sofort ihre Situation. Wie sie die Augen auftut, spricht sie mit gebrochener Stimme: ,,Kind, was machst du da mit mir?"

,,Er hat dich erschossen, und ich muß dich auf den Friedhof bringen", und die Elfjährige bricht in herzzerreißende Tränen aus. Sie umarmt die Sterbende. Mutter Anna faßt sich an die Brust, woher das Blut so reichlich fließt. Röchelnd bringt sie noch die Worte hervor: ,,Für euch sterbe ich ... vom Hungertod wollte ich Euch retten!" — Der Partisan sprang herbei, ließ das Kind die immer noch lebende Mutter bis ans Massengrab schieben. Durch einen zweiten Schuß blieb das noch lebende Mutterherz für immer stehen. Sie wurde ins Massengrab gestoßen.

Durch meine Seele zogen tobende Stürme des Zornes. Ein Haß gegen die Missetäter bäumte sich in mir auf. Ist je ein Volk in der Weltgeschichte so schuldlos in die Misere gestürzt worden? Im Geist schwinge ich eine Peitsche gegen das Böse, gegen etwas Grauenhaftes, das sich meines Erachtens immer mehr an dieses Volk heranmachte und mit seinen höllischen Krallen das letzte Lebewesen hier erwürgen möchte. Mit der Abwehrpeitsche focht ich im Geiste über meinem Kopfe wie von einer Halluzination getrieben, die sich meinem Geiste unwiderstehlich aufzwang. Die Trauer um das Volk wollte mich ersticken. Dann wieder schämte ich mich wegen meines töricht aufwühlenden Gefühls in mir, das mich so bitter in der Brust würgte, wogegen ich mich nicht erwehren konnte.

Betend und mit Gott um Hilfe ringend, ging ich von Zimmer zu Zimmer, wo die Sterbenden lagen. Überall schlägt mir der Todeshauch entgegen.

In ein Haus trat ich ein: Schon vom Hof aus bemerkte ich, daß alles still und öde war und niemand sich hier rührte. So klopfte ich an die Tür ... warte ab ... kein Laut war zu vernehmen. Leise betrat ich das Zimmer. Der erste Raum war völlig leer. Auf dem Boden lag das zerrüttete Stroh in Unordnung. Hier ist ein Topf, dort ein Löffel, in der Ecke liegt ein Kleidungsstück. Hier lagen sie vor 14 Tagen. Der Raum war damals überfüllt. Wohin sind sie denn verschwunden? Durch dieses Zimmer gelange ich in eine andere Stube. Ein würgender Todesgeruch will mich ersticken. Hier in der Ecke, was ist dort? Da bewegt sich etwas. Auf den ersten Blick glaubte ich, es wäre bloß ein Bündel alter Fetzen. Aber nein, es bewegt sich etwas darunter. Vor dieser geheimnisvollen Gestalt schrecke ich zurück. Nicht so sehr vor dem sterbenden Menschen habe ich Angst, sondern vor einem unerträglichen Gestank. Wie elend ist doch der Mensch! Meine Abneigung und den Ekel überwindend, trete ich ganz nahe heran. Mit zitternder Hand hebe ich das Tuch, richtiger den Fetzen, mit dem die Person zugedeckt ist. Starrende, offene Augen, die gläsern mich durchbohren möchten, bleiche, tiefeingefallene Wangen! Aus dem weit aufgerissenen Mund ein Röcheln des Todeskampfes. Es sind die letzten Atemzüge eines jungen Mannes. Im Gebet falte ich die Hände: ,,Herr über Leben und Tod, steh dieser Seele im letzten Kampfe bei! Führe ihn in dein Reich der Erlösung! Verzeihe ihm seine Schuld! Schau auf diesen Menschen herab, der so viel gelitten hat! Um deines Namens willen rette ihn vor dem ewigen Verderben." Durch ein lautes Rufen will ich ihn auf meine Anwesenheit aufmerksam machen. Vielleicht kommt er noch zu sich, daß ich mit ihm die Reue erwecken kann. Alles Mühen ist vergebens. Während ich ihm die Absolution spende, haucht er seinen Geist aus. ,,Herr gib ihm die ewige Ruhe!" Ich mach ein Kreuzzeichen auf seine runzelige Stirne und erhebe mich. Auch er ist im fruchtbarsten Land Europas verhungert. Es war ein Bauer, der jährlich für Hunderte das tägliche Brot im Schweiße seines Angesichtes vermittelte. Eine tiefe Trauer überfiel mich. Zu spät bist du diesmal gekommen!

Im anliegenden Zimmer traf ich etwa 15 Personen auf dem Stroh liegen. Ich fragte sie, wo die vielen Menschen wären, die ich noch vor 14 Tagen hier antraf. ,,Alle sind sie gestorben!" sagten sie mir. Beinahe 60 Tote hätte man in den letzten zwei Wochen hier aus dem Haus getragen. — Die Leute bedankten sich für meinen Besuch. ,,Viel leichter schreitet man über die Schwelle der Ewigkeit, wenn man den Stellvertreter Christi, den Priester bei sich hat", meinte eine ältere Frau. ,,Nicht einmal im letzten Lebenskampf wollen uns die Feinde den Glaubenstrost gönnen", stöhnte eine andere in der Ecke.

In der benachbarten Wohnung finde ich eine Mutter, die erschöpft, krank neben ihrem sterbenden Kind auf dem Stroh liegt. Gleich nach meiner Begrüßung erwidert sie mit hartem Ton: ,,Wenn es einen Herrgott gibt, wie kann er es zulassen, daß ich mit meinen Kindern so elend zugrunde gehe? — Sehen Sie, der Totenwagen hat schon drei meiner

Kinder auf den Friedhof gebracht. Nur eines blieb mir noch übrig. Für mich und mein Kind habe ich jede Hoffnung verloren! Wir alle werden unschuldig spurlos verschwinden!"

„Das Leid in unserem Leben ist nicht immer nur Strafe! Es kann auch Prüfung unserer Liebe sein. Im Leiden können wir den Höhepunkt der Liebe erreichen, das Martyrium, das eigentlich nichts anderes als Zeugnisablegung der Liebe bedeutet. Haben Sie in ihrem großen Schmerz auf das Kreuz Christi geschaut?" Sie lag auf dem Stroh und umarmte ihr sterbendes Kind. Mit den gläsernen Augen der Hungernden schaute sie auf mich und lauschte jedem Wort. Ich zeigte ihr mein Kruzifix, das ich auf der Brust trug. „Sehen Sie den unschuldigen Heiland, der niemals im Leben eine Schuld auf sich geladen hat. Er hat immer nur Gutes getan. Freiwillig ging er in den grausamsten Tod! Freiwillig umarmte er das lang ersehnte Kreuz und lud es auf seine Schultern. Er war das unschuldige Opferlamm. Als menschgewordener Gottessohn war er imstande, für die Schuld der Menschheit Genugtuung zu leisten. Keinem Menschengeschöpf ist es möglich, für seine Sünden würdig Sühne zu leisten. Was uns unmöglich war, hat er aus Liebe zu uns getan und unsere Schuld getilgt. Ohne seinen bitteren Tod am Kreuze müßten wir nach diesem irdischen Leben in ewiger Gottesferne schmachten. Sein Verdienst ist es, daß wir aus der ewigen Verdammung befreit werden konnten. Sehen Sie, leiden müssen wir alle in unserm Leben. Alle müssen wir früher oder später die bittere Todesqual über uns ergehen lassen. Es kommt auf uns an, wie wir unser Kreuz auf den Kalvarienberg tragen. Jedem Menschen hat die Vorsehung ein Kreuz gezimmert, das er schleppen muß. —

Ihren Mutterschmerz um ihre Kinder kann ich gut verstehen. Als Frau und Mutter sollten Sie ihren Blick auf Maria unterm Kreuze Christi richten. Diese Mutter der Schmerzen stand aufrecht unter dem Kreuz, wo er als Verbrecher betrachtet sein Leben für uns hingab. Maria, die so tapfer ihr Leid getragen hat, wird auch Ihnen die nötige Kraft bei ihrem göttlichen Sohn erbitten, wenn Sie sie darum anflehen!"

Schweigsam betrachtete ich die Dulderin auf dem Stroh. Stille Tränen flossen über ihre eingewelkten Wangen. Zerknirschten Herzens legte sie dann ihre Lebensbeichte ab. Die Eucharistie, das Brot der Stärkung als Wegzehrung für den wichtigsten Schritt in die Ewigkeit, empfing sie und betete in Ergebung. Mit Vertrauen erwartete sie den Heimgang zum Vater.

Es war Abend geworden. Die letzten Hostien aus der goldenen Kapsel, die ich an der Brust trug, hatte ich den Sterbenden ausgeteilt. Beim Eintritt in meine Wohnung erwartete mich vor dem Eingang ein junger

Mann. Er stellte sich vor; er käme eben aus Parbut. Einen Buben führte er an der Hand.

„Hochwürden, ich hätte ihnen etwas zu übergeben. Hierher ins Lager habe ich mich geschlichen, um meine Familie zu besuchen und ihnen Nahrungsmittel zu bringen. Mit zwei Kindern war meine Frau nach hier verschleppt worden. Nach dem Tode eines Kindes, im Hunger und Schmerz hat sie wahrscheinlich eine geistige Umnachtung erlebt. Man spricht, sie wäre nachts davon, und später fand man sie entkleidet und erfroren im Teichwasser. Ich kann mir nicht erklären, wie das mit meiner Frau so weit kommen konnte." Der Mann wischte sich die Tränen aus den Augen. Seine Stimme stockte unter dem Schluchzen.

„Noch ein Geheimnis muß ich ihnen mitteilen!" flüsterte er dann. „Bevor ich mich auf diesen gefährlichen Weg hierher begab, bekam ich von unserem Herrn Pfarrer die hl. Hostie mit auf den Weg. Die Anwesenheit des Herrn unter der Brotsgestalt war für mich eine stützende Kraft, gegen Kälte, Sturm und Angst. Übergeben möchte ich Ihnen jetzt diesen heiligen Schatz." Er nahm das weiße Tüchlein mit der Hostie aus seiner inneren Tasche, in der Nähe des Herzens, und überreichte mir in Ehrfurcht die Eucharistie. Er verabschiedete sich mit seinem Büblein und ging in die Nacht. Auch er war ein Christophorus- ein Christusträger.

Vor gezogenen Pistolen

Die Abenddämmerung hat sich auf das Vernichtungslager Gakowa niedergelassen. Niemand von den über 16.000 zum Hungertod verurteilten Menschen durfte sich auf den Straßen dieser Stätte des Grauens in den Abendstunden zeigen. Den ganzen Tag hindurch habe ich bei den Sterbenden den Todeshauch eingeatmet, und so zog ich mich müde und erschöpft in mein einsames Stüblein zurück. Immer noch war ich der tiefen Überzeugung, daß ich meinen priesterlichen Dienst an den Verzweifelten unbemerkt vollziehe. Tief betrübt, nicht noch mehr für diese unschuldigen Kinder, Mütter und betagten Greise tun zu können, ließ ich mich auf den einzigen Schemel in meiner Bude nieder. Ich griff nach dem Brevier. Voll Dankbarkeit war ich, wieder einen Tag bei den Verbannten verbracht zu haben, ohne in die engen Maschen der Spionagenetze der kommunistischen Mordtrupps gefallen zu sein. Es sind jetzt schon drei Wochen her, seit ich mich nicht ohne Todesgefahr in dieses Todes-KZ hereingeschlichen habe. Jetzt bin ich tief beschämt, diesen Sprung ins Ungewisse nicht schon vorher gewagt zu haben. In diesen Nachtstunden des Gebetes fand ich nach dem aufwühlenden Krankendienst meine innere Ruhe und mein seelisches Gleichgewicht wieder.

Aus dieser stillen Gebetsstimmung rüttelte mich ein unerwartetes Poltern an der verriegelten Eingangstür. Es war nicht das übliche Klopfen, wenn ich nachts zu den plötzlich Sterbenden gerufen wurde. Es war ein gewaltiges Stoßen mit Gewehrkolben, Schloß und Riegel krachten: „Das sind keine Lagermenschen, das sind Partisanen!" ging es mir blitzschnell durch den Kopf. Die Tür meines Zimmers brach auseinander, daß die Fensterscheiben klirrten. Im Augenblick war ich von etwa sechs Uniformierten mit gezückten Pistolen umzingelt.

„Tu si ti, pope!" (Da bist Du, Pfaffe!) schreit mich der Kommandant Schutzo an. Wie versteinert, bleich vor Angst erhebe ich mich von meinem Schemel. Es gelingt mir im ersten Augenblick nicht, über meine Nerven Herr zu werden; ein eiskaltes Beben beginnt alle meine Glieder unheimlich zu schütteln. Keinen Laut bringe ich aus der Kehle. Mein Brevier ist mir aus der Hand gefallen. So stehe ich in der Mitte dieser sechs bewaffneten Männer, die mit ihrem wütenden Blick unter der Roten-Stern-Kappe mich gleichsam durchbohren möchten. Mit einer Flut von Fluch- und Schimpfworten werde ich überschüttet.

„Wer bist du? Woher kommst du? Was suchst du hier im Lager? Wie lange bist du schon hier versteckt? Du übler Spion!"

Jetzt darfst du nicht deinen Kopf verlieren, dachte ich mir. Zeige dich kaltblütig und versuche, dich freundlich zu stellen.

„Dobar vecer, drugovi! (Guten Abend, Genossen!) erwiderte ich mit einem freundlichen Lächeln auf den Lippen. Meine Gegner jedoch wollten mich mit ihren haßüberladenen Blicken wie festnageln. Schutzo stand vor mir mit auseinandergespreizten Beinen und fuchtelte noch immer mit seiner geladenen Pistole. Als er aber meine völlige Ruhe bemerkte und ich kein Zeichen des Widerstandes gab, zog er die Waffe von meiner Brust. Er herrschte mich an: „Du bist doch ein Pope!" — „Ja, ich bin ein Priester!" erwiderte ich gelassen.

„Woher kommst du?" —

Darauf überlegte ich, was ich sagen sollte. Als Antwort boten sich mir verschiedene Möglichkeiten. Meinen Personalausweis hinreichend, sagte ich: „Von Zagreb komme ich!" —

Der Kommandant erhob frech seine Stirne und fuhr mich kreischend an:

„Du bist ein Spion des Stepinac, unseres Hauptfeindes, der im Dienste des Papstes steht!" —

In diesen Tagen brachte die kommunistische Presse gehässige Verleumdungsartikel gegen den Erzbischof Stepinac, den Vorsitzenden der Bischofskonferenz von Jugoslawien, nachdem er einem lebensgefährlichen Angriff der roten Funktionäre durch einen Steinhagel entkommen konnte.

„Was suchst du hier unter den Internierten? Warum hast du dich hier hereingeschlichen?"

„Als Priester bin ich hier im Auftrag des zuständigen Bischofs. Jede Pfarrei muß doch einen Pfarrer haben!"

„Hier ist kein Pfaff notwendig, verstehst du? Die Kirche haben wir geschlossen. Überflüssiges Zeug! Zu was beten? Dummheit! In unserem sozialistischen Staat wird gearbeitet und nicht gebetet. Wir bauen hier auf Erden das Paradies auf, weißt du! Den Himmel überlassen wir den Spatzen!" —

Der junge Mann mit dem fünfzackigen roten Stern auf der Stirn beruhigte sich etwas und fuhr fort: „Du hast dich ohne Erlaubnis ins Lager geschmuggelt und du wirst die Konsequenzen ziehen müssen. Euch Pfaffen werden wir alle noch entlarven. Ihr seid nichts anderes als Schwindler, Betrüger und Ausbeuter des Volkes. Ihr lebt nur fürs Geld. Ihr laßt euren Betrug vom einfachen Volk für schweres Geld bezahlen. Unsere Revolution macht für immer Schluß damit! Verstehst Du? Wir haben das Volk aus den Krallen der Kapitalisten und ihrer Helfershelfer befreit. Jeder Betrug wird vom Volk gerecht bestraft! Die Volksfeinde werden von uns einfach liquidiert!"

„Genosse Kommandant, erlauben Sie mir, daß wir ruhig über diese Dinge sprechen. Wir haben doch Zeit. Vor allem der Staat hat das Eigentum der Kirche noch nicht enteignet ..."

„Wieso nicht? Die Ländereien sind nationalisiert!"

„Aber die Kirchenbauten und Pfarrhäuser gehören noch dem Bischof, dem Vertreter der Kirchengemeinde, und in dessen Auftrag bin ich hier. Sie behaupten, daß wir Priester unseren angeblichen Schwindel vom Volk gut bezahlen lassen. Sagen Sie mir, Genosse, ehrlich und aufrichtig, kann man hier in dieser Todesstätte Geld gewinnen? Kann man hier arme Menschen ausbeuten, wie Sie sagen?" Bei der Einlieferung dieser zehntausend unschuldiger, zum Hungertod verurteilten Menschen war es Schutzo, der die strenge Untersuchung der einzelnen Personen unternommen hatte und jedem das letzte Geld, alle Wertsachen und Schmuckstücke, Uhren und Goldringe von den Fingern riß, in Säcken davontrug und sich bereicherte. Nach dem kommunistischen Gesetz sollte er es dem Staat abliefern. Dieser durch vier Revolutionsjahre im Blutrausch hartgesottene Mörder schwur mürrisch:

„Boga mi, (bei Gott), hier kann man nur den Tod gewinnen!"

„Sehen Sie, Genosse!" wandte ich mich sehr liebenswürdig an ihn.

„Sie sagen, daß wir Priester bloß fürs Geld leben. In diesem Sammellager bekommt man kein Geld, und dennoch bin ich hierhergekommen. Wir Priester glauben an eine unsterbliche Seele im Menschen, wir glauben an ein Leben nach dem Tode, und deswegen kam ich hierher in dieses Elend.

Wenn ich Geld gewinnen möchte, hätte ich besser als Advokat, Arzt oder sonst etwas studiert und hätte nicht das Theologiefach gewählt. Schließlich sollten Sie wissen, daß ich im Auftrage meiner Obrigkeit hier bin. Wie ihr vom Militär, müssen auch wir unseren Vorgesetzten Gehorsam leisten."

Schutzo hatte seinen Gesichtsausdruck sichtbar gewechselt. Er starrte mich an, wurde zurückhaltender und wegen seiner Gewissensbisse sichtlich unruhig. —

Jetzt ist mein Augenblick gekommen, dachte ich und ging zum Gegenangriff über.

„Heute Abend habe ich hohe Gäste bekommen. Das muß gefeiert werden!" — Die Gastfreundschaft ist auf dem Balkan eine geheiligte Sitte, die auch die Kommunisten nicht so leicht verneinen können. Ich ging also zu meinem Rucksack in der Ecke und zog eine große Likörflasche heraus, die „Arznei der Kommunisten", wie mir ein guter Arzt in Zagreb ins Ohr geflüstert hatte, als er mir die nötigen Arzneien für die Kranken zusteckte. Die bauchige Flasche mit französischer Etikette wurde entkorkt, einen Schluck nahm ich als Zeichen, daß es kein Gift war, und reichte sie dem Kommandanten. Alle ließen ihre Waffen in die Ledertasche gleiten, und so ging die Flasche von Mund zu Mund. Die finsteren Mordgesichter erhellten sich im Handumdrehen. Auch die gute Tabakware konnte ich meinen Gästen reichen, während das Zaubergetränk die zweite und dritte Runde machte und in den rauhen Gurgeln gluckerte. Zufrieden aufatmend dachte ich: „Gott sei Dank!" Beim letzten Tropfen sagte Schutzo zu seiner Mannschaft: „Genossen, wir gehen. Jeder an seine Stelle!", und sie wackelten aus meiner Bude. Diese einfachen Menschen hatten kaum einmal im Leben so ein süßschweres Getränk genossen.

„Laku noć!" (Gute Nacht!), rief mir als letzter Schutzo trotzig zu und fügte ein unverschämtes Fluchwort gegen Priester hinzu. Meine Uhr zeigte Mitternacht an. Besorgt ließ ich mich auf mein einfaches Bettlager nieder und dachte über das Gespräch nach. Was haben diese Menschen eigentlich mit mir vor? Haben sie ihre Hinrichtungsabsichten nur auf einen anderen Tag verlegt? —

Über diesen Gedanken grübelnd, konnte ich die ganze Nacht kein Auge zudrücken.

Im Morgengrauen schlich ich mich durch den dichten Nebel in die

Kirche. Vor dem Allerheiligsten ließ ich mich nieder. Mein Gebet glich einem Ringen mit Gott. Vor den Stufen des Altares war ich hingestreckt wie bei meiner Priesterweihe. Ein Priester-Dasein bedeutet ein totales Opferleben. Wie ein unnützer Knecht, wie ein treuer Schäferhund vor den Füßen seines Herrn fühlte ich mich. Was ist eigentlich ein sündiges Geschöpf anders vor dem allmächtigen Schöpfer als ein Staubkörnlein. „Herr und Gott, nimm mich hin! Dein treuer Schäferhund will ich sein im Dienste meiner Brüder, und kämpfen will ich gegen den einbrechenden Wolf. Nichts anderes will ich vor Dir sein ... Wenn es sein soll, nehme ich freiwillig alles Leid und jede Not auf mich, aber rette dieses Volk aus der bedrängnisvollen Prüfung. Es soll in Zukunft Dein Volk sein. Du aber sei ihm rettender Herr und Vater! Tilge mich aus Deinem Buch, lade auf mich die sühnende Strafe, verschone jedoch das von so vielen falschen Ideologien verführte Volk!"

Einsam und allein feierte ich dann die heilige Messe. Nach der Wandlung brachte ich mit dem göttlichen Opferlamm allen Schmerz, alles Leid, Verzweiflung und Todesangst des hier im Vernichtungslager büßenden Volkes gemeinsam mit Maria, der Schmerzhaften Mutter, die unter dem Kreuze stand, dem himmlischen Vater als Genugtuung dar.

So geistig gerüstet, begab ich mich nach acht Uhr in den Verwaltungsbau der Lagermiliz. Schüchtern klopfte ich an die Kanzleitür. Keine Antwort. Nach einer Weile versuchte ich es wieder, aber nichts rührte sich. So begann ich an den Fensterladen zu pochen.

„Wer ist draußen?" Es war die Stimme des Kommandanten.

„Ich bin es, der Pope!"

„Was willst Du?"

„Den Nachtbesuch wollte ich erwidern!"

„O, das ist nobel! Gut, kann man machen ... Warte etwas!", murmelte er. Es dauerte nicht lange, er öffnete die Tür und lud mich ein, einzutreten.

„Nimm Platz!", und er zeigte auf einen bequemen Polstersessel, den er sich in einem deutschen Haus durch Plünderung angeeignet hatte.

„Über euch Kuttenträger hatte ich bisher eine ganz andere Auffassung" sagte er, als ich ihm eine der besten Sorten von Zigaretten hinreichte. Ein seliges Lächeln überzog sein wildgeschnittenes Gesicht, als er sich im Fauteuil bequem ausstreckte und blaue Ringe in die Luft paffte. „Es ist ein Elend mit den Zigaretten heute. Man kann nichts bekommen, bloß schimmliges Zeug, das man in Zeitungspapier einwickeln muß."

„Als Nicht-Raucher darf ich Ihnen diese Schachtel schenken?" — Er machte große Augen, und ein Freudenstrahl überzog sein verschmitztes

Gesicht. Ich lenkte das Gespräch vorsichtig auf die Not der vor Hunger sterbenden Häftlinge im Internierungslager. Er mußte mir zugeben, daß diese über 10 000 Mütter und Kinder, etwa 80% aller Lagerinsassen, keine Ahnung von Politik und antikommunistischem Kampf hatten und demnach unschuldig in den Tod geschickt werden. Er schwieg einige Augenblicke, dann erst sagte er: „Das ist der Befehl von oben, wir müssen die Richtlinien unserer Parteiführung einfach ausführen!" —

„Genosse, warum hat man den Leuten verboten, in die Kirche zu gehen? Kam auch das von oben. Das ist doch gegen das Grundgesetz." Er fühlte sich beleidigt und fuhr mich an: „Was? Ich handle gegen das Gesetz?" —

„Genosse", erwiderte ich ihm besänftigend, „Genosse, kennen Sie nicht das neue Gesetz, die Konstitution des jugoslawischen Staates, die unlängst im neugewählten Parlament in Belgrad verabschiedet wurde? Da steht doch in einem der ersten Artikel: Jeder jugoslawische Bürger kann sein Glaubensbekenntnis frei und ungestört ausüben. Haben Sie das nicht gelesen?" —

Er nistete sich überrascht in seinem weichen Polsterstuhl zurecht um seine peinliche Lage zu überbrücken, und stotterte dabei verlegen:

„Was ... Was sagst du? Was steht dort im Gesetz?"

„Haben Sie das nicht gelesen? In allen Zeitungen ist doch das Grundgesetz veröffentlicht worden!"

„Weißt du, ich habe erst während der Revolution im Wald lesen gelernt. Das Buchstabieren fällt mir so schwer ..., ein langweiliges Geschäft." Mit anderen Worten, der junge Mann, der über Leben und Tod von mehr als zehntausend Menschen entscheidet, kann nicht lesen. Im Mordrausch der Kriegsjahre hat er sich hervorgetan. Dadurch hat er diese verantwortungsvolle Stelle im kommunistischen Staatsapparat erworben. Seine Stärke ist nicht sein Verstand, sondern sein Blutdurst. So war er also auf unsere Diskussion nicht vorbereitet. Er fühlte sich gar nicht wohl, da er nicht mitkam, und fragte mich verlegen: „Konstitution? Was ist das?" —

„Das ist das Grundgesetz, worauf der ganze Staat mit allen seinen Gesetzen aufgebaut ist. Das ist die Grundlage der neuen Entwicklung nach der siegreichen Revolution", erklärte ich dem wissensdurstigen jungen Mann.

„Wir bauen eine großartige Zukunft unserer Völker auf. Deswegen mußte so viel Blut fließen!", machte er sich wichtig. „Mit dem Blut unserer Helden ist das Fundament unseres sozialistischen Staates zementiert worden", zitierte der rote Funktionär seinen Staatschef Tito wortgetreu. —

„Und dieses Grundgesetz garantiert jedem Staatsbürger freie Ausübung seiner Menschenrechte und damit auch die freie Ausübung seiner religiösen Überzeugung", fügte ich hinzu. — Mein Gesprächspartner geriet wieder in Verlegenheit und rutschte nervös auf seinem bequemen Polsterstuhl.

„Aber ..., warum wird dann uns in den Parteistunden immer gesagt, daß die Kirche, ja, die Popen volksfeindlich eingestellt sind? Warum werden wir dauernd angeleitet, sie als Reaktionäre zu behandeln? Warum sagt unser Lehrer Lenin: Religion ist Opium fürs Volk?" Jetzt wurde die Diskussion für mich immer peinlicher, und zwar nicht deswegen, daß ich in Verlegenheit geraten wäre, sondern weil es jetzt nicht klug gewesen wäre, mit der ganzen Wahrheit herauszurücken. Mein Partner schlug ein Bein über das andere und klopfte ungeduldig mit der Faust auf die breite Lehne des Polsterstuhls: „Da stimmt doch etwas nicht? Sind sich Lenin und Tito nicht etwa einig?" — Auf den Lippen ist mir das Wort: Lenin, Stalin und Tito verführen die Volksmassen und stürzen die Arbeiter in eine elende Versklavung! Aber das darf ich jetzt nicht sagen. Der junge Mann ist zu tief im Irrtum verstrickt. Für den Augenblick war die folgende Bitte für mich wichtig: „Genosse, Sie können doch ohne Schwierigkeiten, den Leuten erlauben, in die Kirche zu gehen. Sehen Sie, Tag für Tag sterben so viele, lassen Sie ihnen doch ihren letzten Wunsch in ihrem Leben!" —
Schutzo machte große Augen und betrachtete mich staunend.

„Ja, dann gehen sie in die Kirche und wollen nicht arbeiten!"

„Die Mehrheit von ihnen ist doch arbeitsunfähig. Sie können sich doch vor Erschöpfung kaum mehr bewegen. Lassen Sie doch die alten Leutchen in die Kirche. Sie setzen den Staat dadurch keiner Gefahr aus!", redete ich ihm gut zu. —

„Gut! Nach der erfüllten Arbeitspflicht können sie meinetwegen am Sonntagabend in die Kirche gehen!"

Erleichtert atmete ich auf und fügte hinzu: „Auch mit den Glocken dürfen wir läuten?" Er schwieg. —

„Dir aber verbiete ich jede Propaganda! Du darfst mit den Leuten keine Verbindung aufnehmen. Wenn du mit ihnen hier krepieren willst, hab ich nichts dagegen. Keine Propaganda, das heißt keine Predigt und keinen Gottesdienst darfst du gestalten!" Wir verabschiedeten uns mit einem Händedruck und ich dachte bei mir: Erlaube mir nur hier zu bleiben, alles andere besorge ich selber.

* * *

Haufenweise sterben die Kinder vor Hunger und Not.

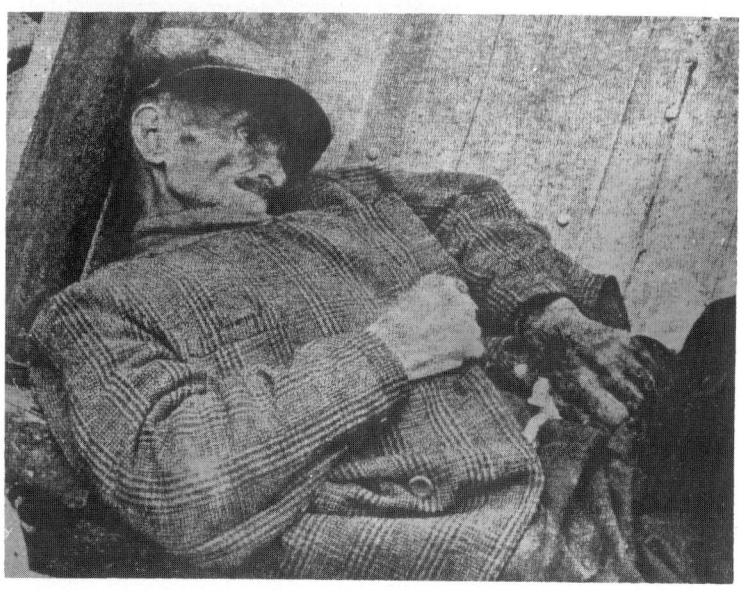

Die vor Hunger Sterbenden im Vernichtungslager Rudolfsgnad.

Eine von den Kommunisten zerstörte Kirche.

Bei der Sühneprozession in Altötting beteiligt sich das Volk mit den Priestern mit brennenden Kerzen. Es ist bereit, für die Gottesbeleidigungen der Kommunisten Genugtuung zu leisten.

II

LICHT IM DUNKEL

Gelöbnis und Hoffnung

Offene Kirche

Es war Sonntag, der 24. März 1946. Wie ein Lauffeuer ging die Nachricht durchs Vernichtungslager von Mund zu Mund: ,,Morgen, am Sonntagnachmittag, ist die Kirche offen. Es ist erlaubt, der hl. Messe beizuwohnen.''

Am frühen Sonntagmorgen standen schon die Arbeitskolonnen auf der Straße marschbereit. Mit Hacken, Schaufeln, Rechen und anderen landwirtschaftlichen Geräten ausgerüstet warten einige hundert Frauen auf den Befehl, daß sie in Vierer-Reihen auf die Felder ziehen, das Land zu bestellen. Die Männer, als Kutscher mit dem Wagengespann, zogen von einem anderen Sammelplatz in derselben Richtung aus. Die kommunistischen Aufsichtsposten mit geschultertem Gewehr begleiten die Sklavenreihen rechts und links. Diese Arbeitskräfte hat man im Lager der arbeitsunfähigen Gefangenen herausgefischt und ihnen eine etwas kräftigere Suppe mit der Zulage einer Maisbrotration versprochen. So erschöpfte sich so manche Mutter in harter Arbeit noch mehr, um ihrem Kinde ein Stücklein schimmliges Maisbrot zu verdienen, dessen sie selbst bedürfte. Die Soldaten schrien die Sklavinnen mit frivolen Ausdrücken an, um sie zur Eile anzutreiben.

Als am Nachmittag um 4 Uhr die Glocken am Kirchturm im Vernichtungslager Gakowa läuteten, durchzog ein fröhlicher Jubel das ganze Dorf. Die Leute rafften sich zusammen. Die Arbeitsschürzen wurden abgelegt. Man eilte, sich zu waschen. Auch zu den vielen Schwerkranken und Tausenden vor Hunger Sterbenden ist diese frohe Nachricht gedrungen und man faßte Mut. Der frohe Glockenton an diesem warmen Frühlingstag war wie ein Anruf zu neuem Leben. Es läutet zum dritten Mal als Zeichen des Messebeginns. Die Kirche war überfüllt. Vor allen drei Kirchentüren standen noch Menschen aneinandergepreßt, wie ein Bienenschwarm. Noch immer strömen geistig Hungrige herbei in ihrer Not und suchen den Trost von oben. Die Orgelklänge haben so manchem Freudentränen entlockt. Diese gedrückten Seelen fühlen sich durch den Gesang wie zu einem himmlischen Glück erhoben. Als ich mich zum Gruß: ,,Der Herr sei mit Euch!'' dem Volke zuwandte, kam mir das freudige Strahlen dieser hellweiß leuchtenden, ausgemergelten Gesichter klar und eindringlich zum Bewußtsein. Dieses geprüfte Volk ist wie neu belebt.

Ich las die Verkündigungsbotschaft aus Lukas zum Festtag. Die Worte: ,,Fürchte Dich nicht, Maria, denn Du hast Gnade gefunden bei Gott!'' klangen in den Ohren der Anwesenden wie eine Heilsbotschaft nicht aus einer fernen Zeit, sondern greifbar nahe. ,,Das Heilige, das von Dir geboren werden soll, wird Sohn Gottes genannt werden.'' Maria ist es, die uns Jesus, den Erlöser schenken wird. Was für eine Freudenbotschaft aus diesem heiligen, zweitausendjährigen Buch. Mein Blick glitt über die Köpfe in der dichtgefüllten Kirche, die sich in meinen Augen wie ein eigenartiges Mosaikbild gestaltete: Ein lebendes Abbild Christi ist die Christengemeinde, die mit Christus wirklich kämpfende und leidende Kirche! Männer, Frauen, Burschen, Mädchen, Kinder noch auf ihrem üblichen Platz, wie das noch immer in den donauschwäbischen Dörfern Sitte war.

,,Meine lieben Brüder und Schwestern!'', begann ich. ,,Morgen ist das hohe Fest Mariae Verkündigung. Es ist der Tag, an dem die auserwählte Jungfrau von Nazareth ihr Ja-Wort zum Angebot Gottes aussprach, Mutter des von den Propheten vorausgesagten Erlösers zu werden. Maria sprach zum Engel, dem Botschaftsträger Gottes, bewunderungsvolle Worte: ,Siehe, ich bin die Magd des Herrn, mir geschehe nach deinem Worte!' — Maria wußte, was ihr im zukünftigen Leben als Mutter des Messias bevorstand. Sie kannte wohl die Worte der Alten Schrift, die Voraussagungen des Propheten Isaias, der von Christus als dem Sohn der Jungfrau spricht, aber auch vom Mann der Schmerzen. Es war ihr klar und offensichtlich, daß sie als Mutter des Erlösers sein Schicksal teilen und so auf dem Leidensweg ihrem Sohn folgen müsse. Dennoch sagte sie mutig: ,Es geschehe mir nach deinem Wort!' Sie wußte, daß sie neben dem Mann der Schmerzen auch die Schmerzens-Mutter sein wird. Es geschehe mir nach deinem Wort, sprach sie tapfer aus, obwohl sie wußte, daß auch ihr Herz das Schwert durchbohren wird. Die größte Jungfrau und größte Mutter der Weltgeschichte hat eben dadurch ihre volle Würde und ihr ganzes Heldentum durch ihr entscheidendes Ja-Wort der Hingabe an ihren Schöpfer erreicht, daß sie niemals rückgängig machen wird, auch damals nicht, als es hieß, in Bethlehems Stall zu ziehen; und auch dann nicht, als sie ihren zu Tode gemarterten Sohn unter dem Kreuz auf ihren Schoß nahm.

Liebe Schwestern! Liebe Mütter!

An Euch ist heute ein ähnliches Wort, eine unheimliche Einladung von Gott gerichtet. Über euch sind heute Kalvarienstunden hereingebrochen. Auch euer Herz zerbricht vor Schmerz, sobald ihr ein Kind nach dem anderen auf euren Mutterarmen vor Hunger dahinsterben seht. Könnt ihr, wollt auch ihr mit der heroischen Mutter Maria das Ja-Wort zur Nachfolge Christi auf dem Kreuzweg aussprechen? Könnt ihr das Wort Mariens: ‚Es geschehe mir nach deinem Wort‘ von Herzen wiederholen? Könnt ihr das Wort der vollen Hingabe sagen, auch wenn es euch das Liebste und Teuerste auf der Welt kosten sollte? Wenn nämlich der göttliche Lebensspender euer Leben oder das Leben eures geliebten Kindes wieder abberufen sollte? Bringt ihr in solchen Stunden das Hiobswort über eure Lippen: ‚Der Herr hat's gegeben, der Herr hat's genommen, sein Name sei gepriesen!‘ Jesus, unser Herr und Heiland, der gekreuzigte Gott und Mensch, sieht, ja kennt auch euer Leiden.

Seid auch ihr Makkabäer-Mütter der heutigen Zeit, die sieben Söhne in den Tod ziehen sah und nicht verzweifelte, nicht die Henkersknechte und schon gar nicht den Schöpfergott beschimpfte, sondern ihren Söhnen Mut im Todeskampf einflößte. Ihr habt von den Erscheinungen Mariens in Fatima sicher schon gehört. Es war damals, als die rote Oktoberrevolution in Rußland begann. Maria verlangte in Fatima Gebet und Buße, das heißt Rückkehr zu Gott, wenn die Welt sich nicht noch in ein größeres Unglück stürzen will. Dieser zweite Weltkrieg und die Ausweitung der gottlosen Macht war dieses größere Unglück. Wir wenden uns deshalb an Maria, die Gnadenmittlerin, mit dem Gelöbnis und sagen:

Wenn wir am Leben bleiben, wollen wir jährlich aus Dankbarkeit wallfahren. Wenn wir Hab und Gut in der Heimat zurückerhalten, wollen wir eine Marienkirche als Wallfahrtskirche in Dankbarkeit errichten, zu der wir dann pilgern wollen, um uns der Befreiung im Dank an Maria zu erinnern. Jetzt schon wollen wir versprechen, daß wir ein christliches Leben, ein Leben der Treue zu Gott und seinen Geboten führen wollen.

Brüder und Schwestern, erinnert euch an das Wort: es ist noch nicht gehört worden, daß jemand, der zu Maria seine Zuflucht nahm, von ihr verlassen worden wäre. Von diesem Vertrauen beseelt, nehmen wir unsere Zuflucht zu dir, o Jungfrau der Jungfrauen. Zu dir kommen wir heute, o Mutter des ewigen Wortes, dir übergeben wir unser Versprechen, überreiche es deinem göttlichen Sohne. Amen.‘‘

Das laute Schluchzen in der Kirche verlor sich erst allmählich, als das Lied: ‚Meerstern ich dich grüße, Gottesmutter süße ... o Maria Hilf!‘ ausgeklungen war.

Mit den Opfergaben von Brot und Wein wurden Leid, Bedrängnis und Todesangst Gott dem Vater dargebracht. — Bei der Wandlung und Anbetung Christi in der Brotsgestalt schlug man sich auf die Brust und sagte: ,,Jesus, dir leb ich, Jesus, dir sterb ich, Jesus, dein bin ich im Leben und im Tod.'' —

Eine heilige Ehrfurcht mit einer ergreifenden Stille erfaßte die große Gemeinde. Man war sich bewußt, daß das heilige Meßopfer nicht nur eine Wiederholung des Abendmahles, sondern eine geheimnisvolle Erneuerung des Kreuzesopfers als Sühne für die sündige Menschheit ist.

Durch den Glaubensgeist war dieses Lagervolk wieder aufgerichtet worden. Von Christus strahlte Kraft in die bis zur Todesnot bedrückten Seelen.

Sie zogen dann in ihre Behausungen und vermittelten dieses stärkende Vertrauen ihren Kranken. Durch diesen sanften Schein, das getroste Lächeln auf den bleichen, eingefallenen Gesichtern, konnte man den Umschwung in der Seele verspüren. Das mit Christus getragene Leid gewährte diesen Menschen eine außerordentliche Kraft. Der in Ehrfurcht mit Christus getragene Schmerz ist ihnen etwas Ehrwürdiges geworden. Es war der Märtyrergeist, von dem sie beseelt wurden.

Hoffnungsstrahlen

Nach dem Gelöbnis ist zwar kein sichtbares Wunder geschehen, aber das Gebet vor Gott aus der Tiefe der Herzen, begleitet mit Schluchzen und Tränen, die Bitte an Maria, die Gnadenvermittlerin, bei ihrem göttlichen Sohne erzeugten einen belebenden Trost und einen staunenswerten Mut im Kampf ums Dasein.

Kurz darauf folgte eine trostvolle Nachricht der anderen. Die Ehepartner aus Mischehen werden sofort freigelassen. Ehepaare, wo ein Teil deutsch, der andere ungarisch oder serbisch, kroatisch, slowakisch, rumänisch ist oder sonst einem der zehn Woiwodina-Völker angehört, dürfen mit ihrer Familie nach Hause. Sie bekommen zwar ihr Hab und Gut nicht mehr zurück, ihr Heim ist ja schon ausgeplündert, aber sie dürfen sich frei bewegen. Wer aber von diesem fleißigen Volk wird in Hungersnot darben, wenn er auf freiem Fuß steht?

Am folgenden Sonntag konnte ich von der Kanzel eine andere trostvolle Neuigkeit melden. ,,Jetzt ist erlaubt, Pakete zu empfangen! Wir sind auf unserm Kreuzweg vom Herrn nicht im Stich gelassen. Es gibt noch gute Leute unter unsern Nachbarn, die in seinem Namen sich bereit erklären, uns liebevoll beizustehen. Mitteilen kann ich euch auch, daß unsere deutschen Christen-Brüder im weiten Nord- und Südamerika von unserer Not erfahren haben, daß auch unsere Kirche durch eine Caritasaktion alles in Bewegung gesetzt hat, uns schnellstens beizustehen. Die Hilfe ist im Anlaufen ... fassen wir Mut und Gottvertrauen! Bald werden unsere Freunde, die Kroaten, die Bunjevatzen, die Schokatzen, die Ungarn, die Rusnjaken, die Slowaken und sogar die Serben, aus Nah und Fern kommen und helfen."

Im Laufe dieser Woche kam ein Arzt zu mir, der von der Provinzregierung beauftragt wurde, die Typhusepidemie in Gakowa und im benachbarten Kruschiwl zu isolieren. Diese Maßnahmen folgten nicht so sehr aus Mitleid mit den Gefangenen, sondern um die freie Bevölkerung in der Umgebung zu schützen, denn auch einige Wachtposten waren schon vom Typhusbazillus angesteckt und an den Rand des Grabes gebracht worden. — So wurden die von Typhus Angesteckten im nördlichen Teil der Hauptstraße in Isolation gebracht. Eine gute, aber ungenügende Anordnung. Wer war nicht angesteckt? Die Kranken in dieser Absonderung waren dann ohne die nötige Pflege vielfach sich selbst überlassen. Sie durften wegen der Ansteckungsgefahr von den Angehörigen nicht besucht werden. Das Pflegepersonal fehlte. So hat man nachher auf der Trennung nicht mehr scharf bestanden.

Der Arzt besuchte mich. Es erfolgte eine offene Aussprache. „Nichts zu machen, Pater", sagte er verzweifelt. „Die beste ärztliche Kunst hilft nichts, wenn einfach die Medikamente fehlen. Ich kann nur zusehen, wie die Menschen dahinsterben. Noch wichtiger als Arzneien ist die Nahrung. Ein gutes Stück Brot ist die beste und notwendigste Medizin für diese Verhungerten. Arzneien habe ich in der Hauptstadt Neusatz angefordert, aber fast nichts kommt an. Wie wäre es, wenn Sie nach Belgrad zum Internationalen Roten Kreuz gingen?" — „Alles nur Mögliche werde ich tun, wenn es nur gelingt!"

Der Arzt schrieb eine Liste von den notwendigsten Arzneien auf. Das Desinfektionsmittel DDT ist natürlich das Notwendigste, das die Leute vor dem mörderisch überfallenden Ungeziefer befreien kann.

Am späten Nachmittag kam ich nach dem Krankenbesuch wieder in meine Bude zurück. Vor dem Zimmer warteten bereits stundenlang eine Schar von Männern und Frauen. Als ich erschien, atmeten sie erleichtert auf. Sie baten mich um Arzneien. Der letzte Vorrat ging zu Ende. Lebensmittel konnte ich besten Willens nicht schenken. Der Herrgott soll uns helfen, daß wir einen Rettungsweg finden. Die meisten von den Besuchern zogen einen Brief aus der Tasche. „Pater, können Sie uns nicht eine Briefmarke besorgen?" war ihre Bitte. Diese Hilfe war nicht schwer. Mehr Zeit nahm das Briefschreiben für die vielen anderssprachigen Freunde in Anspruch, an die sich die Lagerleute um Hilfe wenden wollten. Am Abend hatte ich einen hohen Stapel von Briefen, die aus dem Lager geschmuggelt und in die Stadt Sombor zur Post befördert werden mußten. Eine tiefe Freude überwältigte mich bei diesem Postmeisterdienst, da ich auf diese Weise auch meine Hilfsbereitschaft den evangelischen Christen erweisen konnte. Ein Vertrauensverhältnis war so möglich geworden.

Nur ein Rosenkranz

Die tiefe stille Nacht hat sich über die Todesschatten von Gakowa gelegt. Der Gebetsgedanke des Psalmisten, der mit Gott ringt, spricht so tief mein Herz an:

> „Bekämpfe, Herr, die mich bekämpfen!
> Nimm Schild und Wehr!
> Steh auf zu meiner Hilfe!
> Daß meine Todfeinde vor Scham erröten,
> Mit Scham zurückgetrieben werden,
> die auf mein Unheil sinnen,
> Wie Spreu im Winde seien sie!
> Des Herrn Engel scheuchen sie!
> Sie legen ohne Grund mir insgeheim ihr Unglücksnetz!
> Sie graben für mich grundlos eine Grube" (Ps 34).

Da weckte mich ein schüchternes Klopfen. „Herein!" Ich begebe mich zur Tür. Ich erschrak, als ich die Mütze mit dem roten Stern des Uniformierten erblickte. Ein junger Partisan mit einem milchigen Kindergesicht tritt ein. Blitzschnell geht es durch meinen Kopf: Kontrolle! Spionage! Nimm dich jetzt zusammen! —

„Grüß dich, Genosse!" — „Was bringt Sie zu mir in dieser späten Stunde?", kam ich ihm gezwungen freundlich entgegen.

„Gelobt sei Jesus Christus! Guten Abend!" und er reicht mir die Hand. Mit der linken hielt er das Gewehr an der Schulter. Der Mann brachte mich in Verlegenheit.

„Darf ich Sie, Hochwürden, um etwas bitten?" Der Bartlose war liebenswürdig und freundlich. Seine Augen leuchteten.

Ist das eine Maske? Will der mich in eine Falle bringen? Kommt mir unwillkürlich in den Sinn, und ich bringe kein Wort über meine Lippen. Die Angst würgte mich plötzlich.

„Sicherlich dürfen Sie bitten? Was kann ich für Sie tun?" brachte ich endlich heraus und versuchte, eine freundliche Maske aufzusetzen.

„Hochwürden, ich habe meinen Rosenkranz verloren, und jetzt kann ich dieses schöne Gebet nicht mehr verrichten. Haben Sie einen Rosenkranz für mich?" — Seine Aussprache verrät einen Slowenen. Meine Neugierde stieg. Er bestätigte, ein katholischer Slowene zu sein, und sein Name wäre Janez.

Hören Sie mal, Janez, wie kommen Sie dazu, den Rosenkranz zu beten?", wollte ich wissen.

„Als meine Mutter vor zwei Jahren starb, übergab sie mir ihr eigenes Erbgeschenk, den Rosenkranz. Mein Vater ist schon in meiner frühen Kindheit gestorben. Die Mutter rief mich an ihr Sterbebett und sagte: „Kind, wir sind arm. Nichts kann ich dir hinterlassen. Mein größter Reichtum ist dieser Rosenkranz, den ich dir vor meinem Tod schenken will. Bete jeden Tag zur himmlischen Mutter Maria, und du gehst nicht verloren." Darauf starb sie. Diese teure Erinnerung an meine Mutter ist mir abhanden gekommen. Haben Sie einen Rosenkranz für mich?"

„Sagen Sie mal, wann beten Sie eigentlich den Rosenkranz? In der Wachtstube doch nicht?"

„Nachts auf dem Wachtposten habe ich vollkommene Ruhe. Niemand stört mich!"

„Wie können Sie das Gebet mit der Parteiideologie vereinbaren?", versuchte ich in die Gesinnung dieses jungen Menschen einzudringen.

„Ich bin kein Kommunist. Als die Partisanen durch meine Heimat zogen, nahmen sie mich einfach mit. Für mich gab es kein Zurück mehr. Wenn ich meine religiöse Überzeugung offenbaren wollte oder die Partisaneneinheit verlassen würde, hätte ich mein Leben aufs Spiel gesetzt. Deswegen habe ich mich so spät nachts bei ihnen hereingeschlichen. Es darf niemand wissen, daß ich von ihnen einen Rosenkranz erbeten habe. Demnächst werde ich sowieso demobilisiert, und dann bin ich frei."

„Sie waren auch dabei, als man mich damals in Begleitung von Schutzo hier nachts überfallen hat?"

„Ihre Haltung von damals hat mir Mut gemacht, jetzt hierher zu kommen. Meine Kollegen haben als Kommunisten da viel Respekt vor Ihnen bekommen."

„Und wie kannst du das Schießen auf unschuldige Lagerleute mit dem Rosenkranz vereinbaren, auf Menschen, die nachts in die Umgebung gehen, um sich ein Stück Brot zu erbetteln?"

„Niemand habe ich noch erschossen und werde es auch nicht tun. Ich schieße höchstens in die Luft, wenn es sein muß."

„Diese Leute sterben vor Hunger. Du hast doch den Totenwagen und die Massengräber gesehen? Meinst du, daß diese Mütter und diese Kinder, diese alten Leute schuldig in den Tod gehen müssen?"

„Daran bin ich nicht schuld!" Er fühlte sich betroffen und getraute sich nicht, die Augen zu erheben, denn ich muß rot geworden sein im Gesicht, und meine Augen funkelten von innerem Feuer. Ich fuhr mit gedämpfter Stimme fort:

„Den Rosenkranz besorge ich dir unter der Bedingung, daß du auf die alten Leute nachts auf deinem Wachtposten nicht schießest und sie auch nicht hinderst, wenn sie auf ihren Bettelweg ausziehen. Wo ist dein Wachtposten?"

„Auf dem Weg nach Bezdan. Immer nach Mitternacht stehe ich dort."

„Janez, laß die Leute ziehn!"

„Wenn aber meine Kontrolle, die Patroullienstreife, erscheint? Was dann?"

„Es ist Nacht, du hast nichts gesehen, du hast nichts gehört! Du wendest deine Blicke von den Flüchtlingen ... und laß sie nicht in den Keller werfen!"

„Geht das?", und er lächelte dabei.

„Janez, ich sag dir, das geht! Unschuldigen Menschen muß man helfen. Dann steht dir auch Gott immer bei."

Wir verabschiedeten uns.

Am nächsten Tag besuchte ich die Kranken im nördlichen Teil der Hauptstraße und kehrte in der Antoniuskapelle ein. Sie war schwer beschädigt. Am Weihwasserbecken sah ich einen Rosenkranz.

„Den fand mir der heilige Antonius!" und ich nahm ihn zu mir. Jetzt wagte ich es, mich auf die Straße zu begeben. Wenn mich ein Partisan behelligen wollte, konnte ich ruhig antworten: Der Kommandant hat es mir erlaubt. Natürlich, gefährlich wäre es, wenn sie mich bei religiösen Handlungen antreffen würden. —

An der Kaserne begrüßte ich die Wachtposten jovial, machte Spaß mit ihnen im militärischen Jargon. Wir lachten alle. Meine Augen waren auf der Suche nach Janez. Er war da in einer Ecke und las die Zeitung. Unbemerkt konnte ich ihm den Rosenkranz in seine Hand gleiten lassen. Er dankte vorsichtig. Seine Augen leuchteten unter der Partisanen-Kappe mit dem roten fünfzackigen Stern.

Dieser Rosenkranz hat uns jede Nacht für zwei Stunden die sonst lebensgefährliche Lagergrenze geöffnet. Durch diese befreiende Öffnung haben sich viele aus der Stätte des Todes durch Flucht über die Staatsgrenze retten können. Umgekehrt sind auf diesem Weg die so notwendigen Nahrungsmittel hereingeschmuggelt worden.

Junge Helden

Über zwei Mädchen hat sich herumgesprochen, daß sie es fertig gebracht haben, ihre Mutter und Geschwister durch staunenswerten Opfermut am Leben zu erhalten. Diese beiden ließ ich zu mir rufen. Zwei rotbackige Mädchen von 12 und 13 Jahren standen schüchtern vor mir. Anfangs konnte ich es selbst nicht glauben, daß diese zwei Geschöpfe zu so einer Heldentat fähig waren.

„Wie heißt ihr denn?", fragte ich sie.

„Ich bin Katl." — „Ich heiße Resl", lächelten sie.

„Wir gehen kaufen, handeln, tauschen Kleider für Eßwaren, betteln, wie es eben kommt. Wenn wir etwas unterwegs erwischen, nehmen wir es einfach für die Hungernden mit ... Mutter sagte, es wäre keine Sünde!" sagten beide in einem Durcheinander.

„Sicherlich, in Hungersnot dort holen, wo Überfluß ist, ist keine Sünde. Vielmehr ist es eine gute Tat, wenn man dadurch Mutter und Geschwister am Leben erhält."

„Wir holen ja nur, was sie uns Deutschen weggestohlen haben!", meinte eine von ihnen.

„Sagt mal, Kinder, hat man euch auch schon mal erwischt?"

„Das ist uns schon passiert! Alles haben die Partisanen genommen, was wir gesammelt hatten. In den Strafkeller haben sie uns geworfen. Dort haben wir etliche Tage gehungert. Sie haben uns dann freigelassen."

„Wie ging es euch im Keller?"

„Uns Kinder haben sie nicht hart geschlagen. Die Erwachsenen wurden mit der Peitsche mißhandelt. Eine Frau haben sie unlängst auf dem Bettelweg erwischt. Das letzte Kleidungsstück haben sie ihr vom Leib genommen. Im Graben am Wegrand hat man sie tot gefunden ... Deshalb schickt uns die Mutter. Für sie wäre es zu gefährlich!"

„Wie schleicht ihr euch durch die Wachtposten?"

„Jetzt im Winter, da ducken sich die Soldaten in die Windstille und schützen sich vor Schneesturm, ziehen dabei die Mützen über die Ohren. Das ist für uns günstig."

„Könnt ihr nicht zwei Kinder, Rosi und Adam, mitnehmen und sie bis Sombor begleiten? Wann geht ihr wieder?"

„Heute erwarten wir eine dunkle Nacht. Wenn kein Mondschein ist, kann man am besten durchbrennen!"

„Nehmt ihr Rosi und Adam mit? Ihr sollt die Kinder bis zur Kirche mit den zwei Türmen führen und dort einfach abgeben. Wenn jemand in der Kirche fragen sollte, sagt, daß ich die Kinder abholen werde."

„Da müssen wir zeitig abhauen. Die Kinder können nicht gut über die Erdschollen der Äcker gehen. Bis zum Morgengrauen müssen wir am Ziel sein. Sonst werden wir erwischt."

„Recht so, Kinder, aber erst nach Mitternacht am Bezdaner Posten vorbeigehen. Verstanden? Gott behüt euch! Betet zum Schutzengel!"

„Das tun wir immer!" Sie grüßten und gingen.

Resl und Kati waren reisebereit und warteten im letzten Haus der Straße, die nach Bezdan führt. Hier mußte man bloß durch den Garten gehen, und schon erreichte man die Lagergrenze.

Am späten Abend kam meine Schwester mit dem achtjährigen Adam und der elfjährigen Rosi zu dieser Sammelstelle. Die Kinder mußten am Nachmittag schlafen, damit sie der Strecke von 18 km bis Sombor gewachsen waren. Schüchtern treten sie über die Schwelle des Zimmers. Männer und Frauen liegen da auf dem Stroh. Resl und Katl gingen den Ankömmlingen entgegen, begrüßten sie freundlich und nahmen sie bei der Hand.

„Komm Adam! Komm Rosi! Setzt euch hier aufs Stroh neben uns und ruht noch aus. Wir haben noch einige Stunden Zeit bis zum Aufbruch!" Rosi hatte ein Kopftuch auf, das ihr tief über die Stirn hing. Katl wollte es ihr bequemer richten, dabei bemerkte sie aber, daß dem kleinen Mädchen das Haar bis auf die Haut abgeschnitten war. Man sah hier und dort auf dem Scheitel größere Wundflecken.

„Alles haben sie mir abgeschnitten", sagte Rosi wehmütig und verzog ihr Gesicht noch immer beleidigt.

„Daß die Wunden schneller heilen", meinte Katl gutherzig. „Das war eine große eitrige Wunde vom Ungeziefer", und Rosi fuhr mit ihrer Hand über den Kopf, um zu zeigen, wie groß diese krustige Wunde war.

Katl und Resl unterrichteten die beiden Kleinen, wie sie sich auf dem Weg benehmen sollten. Sie flüsterten ihnen ins Ohr, um die Schlafenden im Zimmer nicht zu stören. „Alles müßt ihr tun, was wir euch sagen! Weinen dürft ihr nicht, und sollte der kalte Wind noch so blasen und eure Hände und Füße noch so frieren. Wir dürfen keinen Laut von uns geben, denn sonst können uns die Partisanen hören. Stehen bleiben und ausruhen dürft ihr auch nicht, denn so könntet ihr in der kalten Nacht erfrieren." Die Kleinen nahmen sich diese Worte zu Herzen und nickten nur mit dem Kopf.

„In der Stadt dürfen wir auch kein Wort sprechen. Die Feinde könnten dadurch erfahren, daß wir deutsch sprechen und Flüchtlinge aus dem Lager sind", fuhr Katl ernst fort. „Wir gehen immer voran, und ihr zwei kommt uns nach", erklärte Resi weiter. „Wenn sie uns erwischen sollten, dann duckt ihr euch irgendwohin! — Wenn sie aber euch fangen sollten, dann dürft ihr uns nicht rufen. Ihr müßt euch dann verhalten, als ob wir nichts miteinander zu tun hätten."

„Auf, es ist zwölf vorbei!", sagte Resl: „Wir gehen jetzt los! Unser Schutzengel soll uns begleiten!" — Katl nahm Rosi an der Hand, und Rosl führte Adam, und so gingen sie in die dunkle, kalte Nacht hinein. Ein eisiger Windstoß pfiff durch die kahlen Baumäste. Die vier Kinder verschwanden auf den schneebedeckten Ackerfeldern. Nach zwei Stunden zeigte sich allmählich die Müdigkeit. An die Schuhe hatte sich ein schwerer Klumpen von Schnee und gefrorener Erde befestigt. Adam brachte die gefrorenen Füße nicht mehr nach. Er wollte sich setzen und ausruhen.

„Nein, Adam, wir müssen eilig vorwärts!", sagten die beiden Führerinnen. „Hier ausruhen wollen, bedeutet im kalten Wind einfach erfrieren!" Sie zerrten ihn auf. Der Kleine weinte. Seine heißen Tränen waren sofort an die vor Kälte blau gewordenen Wangen angefroren. An beiden Seiten halfen ihm die beiden Mädchen beim Laufen. Es war kein Gehen, sondern mehr ein Mitzerren auf der Flucht vor dem Tode. Das Morgengrauen erschien am weiten Horizont. In den dunklen Konturen erblickten die Kinder die herannahende Stadt. Dann konnten sie auch die Kirchtürme in der Ferne unterscheiden. „Gott sei Dank!", stöhnte Resl.

Resl und Katl, die diesen Weg bei Nacht schon des öfteren gemacht hatten, konnten sich jetzt gut orientieren. Als sie das Ackerland verließen, schlugen sie sich die schweren Schneeklumpen von den Schuhen, und jetzt ging auch Adam ganz tapfer neben ihnen her. Als sie die Straßen der Stadt betraten, war es 5 Uhr, und alles schien wie ausgestorben. Als sie die Treppen der zweitürmigen Kirche bestiegen, machte ein Mönch die Kirchentüre auf. Die braune Kapuze zog er über den Kopf und schien den Kindern wie eine Gestalt aus der anderen Welt. Als die Kinder stumm vor ihm standen, wußte der Pater genau, woher sie kommen. Solche Flüchtlinge aus der irdischen Hölle, Gakowa genannt, sah er fast jeden Morgen, wenn er die Kirchentür aufschloß. „Kommt nur herein, Kinder!", sagt er freundlich zu ihnen auf Deutsch. Der gute Priester führte die Kinder in ein warmes Zimmer. Er besorgte für sie einen warmen Kaffee mit Brot. Resl und Katl gingen dann weiter auf ihren Bettelweg. Rosi und Adam warteten im warmen Zimmer. Nach einigen Stunden kam ich an. Im Wartezimmer des Klosters fand ich die beiden Kinder wie ein Häufchen Elend dasitzen und warten. Als ich herein kam, strahlten ihre Gesichter vor Freude.

„Seid ihr glücklich angekommen? Wie habt ihr den weiten Weg überstanden?" — Rosi wurde gesprächig und erzählte: „Alles ging gut! Nur Adam ist so müde und steif von der Kälte geworden, daß er sich auf die gefrorenen Ackerschollen niederlassen wollte. Wir haben ihn aber hochgezerrt und mit uns weiter geschleppt."

„Der Schutzengel hat euch geholfen! — Wir gehen jetzt weiter! Für jeden von euch habe ich einen Platz gefunden, wo ihr euch bei guten Christenmenschen aufhalten, erholen könnt, bis ihr genug Kraft zur großen Flucht nach Österreich bekommt." — Wir stiegen auf einen Wagen und fuhren nach Sentivan zu guten Leuten. Am Abend kamen wir an. Nach einem entlausenden Bad wurden die Kinder gespeist und ins Bett gesteckt. Wie wohl fühlten sie sich in der molligen Wärme.

Meiner Schwester konnte ich die frohe Nachricht bringen, daß die Kinder versorgt sind. Auch für sie habe ich einen Sallasch (Meierhof) ausfindig gemacht, wo sie eine Arbeitsstelle erhalten könne. „Am besten, du gehst schon in der nächsten Nacht über Flur und Acker und übernimmst dieses Angebot eines Serben. Der Arbeitgeber ist zufrieden, wenn er dem Staat keinen Taglohn für dich abgeben muß. Es ist zwar ein Schwarzhandel auf dem Sklavenmarkt. Dein Vorteil dabei ist, du bist nicht registriert und du kannst die erste beste Gelegenheit für die Flucht nach Ungarn ausnützen." — Meine Schwester war sofort einverstanden und bat mich, ihr zu helfen, etwas von ihren Kleidern mitzunehmen, weil sie nicht so viel schleppen konnte. — Sie ging ihren Weg nachts, und ich schlug einen anderen Weg am hellen Tag ein. An der Grenze des Lagers stand plötzlich Schutzo vor mir. Es verschlug mir den Atem. Kalt ging es mir über den Rücken. Alle Seelenkraft wandte ich an, mich kaltblütig zu zeigen. „Grüß Dich, Genosse!", warf ich ihm freundlich zu. — „Ich will wissen, Pope, was du im Rucksack trägst. Aufmachen!" — Mir wurde es dunkel vor den Augen. Was dann, wenn er die hundert Briefe der Gefangenen entdeckt, die ich in die Stadt zur Post befördern wollte? Den überfüllten Rucksack ließ ich langsam vor seinen Füßen nieder und begann ihn mit zitternder Hand aufzuschnüren. Es gelang mir einfach nicht die Angst, von der ich gepackt wurde, zu überwinden. Seine Augen begleiteten mich bei jeder Bewegung. Er zog dann einen Frauenrock heraus. Es folgte eine Frauenjacke. Er schaute mich fragend an:

„Damit beschäftigst du dich, Pope? Du handelst mit alten Lumpen? Ein Lumpenjude geworden, he?"

„Es geht nicht anders, Genosse! Das Leben ist heutzutage hart!" Er vergaß auf einmal alle seine Disziplinarvorschriften. Warf die Frauenkleider in den Rucksack zurück und wühlte nicht weiter. „Gehst nach Sombor einkaufen?" — Ich nickte nur verlegen mit einem Gebet, daß er das letzte Kleidungsstück nicht emporhebe, denn dann würde er den Haufen Briefe sehen. Er winkte ab und entfernte sich.

Im Stich gelassen

Die Hilfe kommt nicht durch

Vor der Karmeliterkirche in Sombor begegnete ich Dr. Konrad Schmidt, Rechtsanwalt, und führender Mann im kirchlichen und öffentlichen Leben der donauschwäbischen Volksgruppe. Er hatte eben die schwarze Pelzkappe abgezogen und wollte ins Gotteshaus eintreten. Es war im frühen Morgengrauen. Im Dunkel hatten wir uns kaum erkannt. Wir begrüßten uns als alte Freunde herzlich und zogen uns in einen Nebenraum der Kirche zurück. Daß ich diesen klugen, erfahrenen, tief religiösen Politiker plötzlich hier treffen konnte, betrachtete ich als Geschenk Gottes. In dieser verworrenen Zeit sehnte ich mich nach einem weitblickenden Ratgeber, und der Schutzengel stellte ihn vor mich hin.

„Sie sind frei, Herr Doktor?", fragte ich überrascht.

„Dieser Tage erst konnte ich mich mit schwerer Not aus dem Lager frei bekommen. Meine serbischen Kollegen haben bei der Partei Einspruch erhoben und auf meinen harten Kampf gegen den Nationalsozialismus hingewiesen." —

„Werden Sie hier in der Heimatstadt Sombor bleiben können?"

„Nein. Das ist zu gefährlich für mich. Meinen Beruf als Rechtsanwalt darf ich sowieso nicht ausüben, und so habe ich hier keine Lebensexistenz. Es bleibt mir nichts anderes übrig, als mich irgendwo aufs Land zurückzuziehen und durch Landwirtschaft meine vielköpfige Familie zu ernähren." —

Schnell kamen wir in unserem Gespräch auf die Vernichtungslager. Wie diesen schwergeprüften Menschen eine Hilfe zukommen lassen? Gibt es jemand auf dieser Erde, der erfolgreich einspringen könnte, um diese Unschuldigen vor dem Hungertod zu retten? Sind wir wirklich von der ganzen Welt im Stich gelassen?"

„In Jajce am 29. November 1943 wurde ein Bekenntnis zu den Minderheiten des zukünftigen Jugoslawien abgegeben, wobei vereinbart wurde, daß allen zahlreichen Minderheitsvölkern dieses Landes die nationalen Rechte gewährleistet seien, außer den Donauschwaben", erklärte mein Freund Konrad.

„Moises Pijade, Titos Parteiideologe, setzte jedoch in einer Parteisitzung durch, daß man ihm die Vertreibung und Vernichtung der Deutschen überließ. Er stieß auf keinen Widerstand seiner Parteifreunde, obwohl man so die besten Landwirte und Brotproduzenten des Landes verlieren würde. Die sachverständigen Ökonomisten wußten genau, woher das Brot für die südslawische Bevölkerung kam. Das neue Parlament hat unlängst wieder einstimmig das Problem der Deutschen in Jugoslawien von der Tagesordnung gestrichen. Sie benehmen sich also an den Regierungsstellen, als würde dieser seit 200 Jahren bestehende Volksstamm der Donauschwaben hier nicht existieren.

Von den Westmächten können wir nicht viel erwarten. Diese sind jetzt mit dem Nürnberger Kriegsverbrecherprozeß beschäftigt. Sie werden wahrscheinlich zu spät zur Einsicht kommen, was sie sich mit der Hilfeleistung an Stalin eingebrockt haben. Jugoslawien ist dem Kommunismus ausgeliefert. Die Engländer nehmen keine Vertriebenen in ihre Österreichische Besatzungszone mehr auf. Volle Züge mit ausgehungerten Deutschen wurden nach Jugoslawien zurückgeschickt. Die Siegermächte haben sich in Nürnberg wegen Kriegsverbrechen und Massenmord zu Gericht gesetzt. Zu derselben Zeit laden sie sich eine kaum kleinere Schuld auf.''

Nach diesem Gespräch reifte in mir der Entschluß, nach Belgrad zu fahren, um alle Möglichkeiten einer Hilfe auszukundschaften. Ich wollte nichts unversucht lassen, um auf die Lage in den Vernichtungslagern aufmerksam zu machen und Unterstützung zu mobilisieren.

Auf den Straßen von Belgrad blies mir der Wind schneidend ins Gesicht. Meinen Hut mußte ich festhalten, daß er vom Sturm nicht genommen wurde. Den Kopf im Wintermantel eingezogen, ging ich dahin und sprach mir selbst Mut zu.

Auf dem Weg zur Nuntiatur schaute ich vorsichtig um mich, ob man mich nicht von irgendwoher beobachtete. — In tiefer Erschütterung schilderte ich dem päpstlichen Delegaten, dem Vertreter des Hl. Stuhles, die Lage der Sterbenden in den Vernichtungslagern. Er interessierte sich für alle Einzelheiten, die kraftlose Suppe, die Unterkunft, die Behandlung wie auch für die Ursache dieser unmenschlichen Mißhandlung, da doch die Lage in Ungarn, Rumänien und der Tschechei nicht so schlimm erschien, wie hierzulande. Da die Westmächte keine Heimatvertriebenen mehr in ihre Verwaltungszone aufnehmen, könnte vielleicht die Kirche ihren Einfluß auf gewisse amerikanische Staaten geltend machen und die Auswanderung dorthin ermöglichen. Brasilien hat doch einen großen Lebensraum, und nach meinen Informationen ist man dort bereit, Arbeitskräfte, aufzunehmen.

,,Ob man von Jugoslawien eine Auswanderung nach Brasilien organisieren könnte, bleibt sehr problematisch'', meinte Bischof Hurley, der diplomatische Vertreter des Papstes. ,,Aber der Heilige Vater wird auch weiterhin alles versuchen um eine Hilfe zu vermitteln!''

„Und die versprochenen Nahrungsmittel der Internationalen Caritas?", fragte ich leise.

„Ein großes Schiff, voll beladen mit Nahrungsmitteln und Kleidungsstücken, ist im Hafen von Rijeka eingelaufen. Alles war für die Notleidenden in den Lagern bestimmt. Eine freie Gabe der amerikanischen Katholiken. Die Regierung hat nicht erlaubt, diese Gaben den Sterbenden in den Lagern zukommen zu lassen." Der Diplomat zuckte mit den Schultern und zog in Verlegenheit seine Hände auseinander. Alle seine Bemühungen waren gescheitert. Wie zerschlagen ging ich davon ...

Ich versuchte es beim Internationalen Roten Kreuz. Es lag im entgegengesetzten Teil der großen Donaustadt. Man führte mich in einen großen Raum. „Bitte, was ist Ihr Wunsch?" — „Sie sind der Vertreter des IRK?" Er nickte. Ich schaute mich um, ob noch jemand im Raum wäre. In einer Ecke saß ein Fräulein an der Maschine. „Kann man hier vertraulich sprechen?", fragte ich leise. Er schaute mich erstaunt an. „Sprechen Sie sich nur ruhig aus", versicherte er mir mit Schweizer Akzent.

Ich begann, ihm in kurzen Zügen von der Verschleppung, von den Lagern der arbeitsunfähigen Menschen, von den Vernichtungslagern zu sprechen, die zum Hungertod verurteilt sind. — Er unterbrach mich und meinte, er kenne die Lage der Kriegsgefangenen. „Es handelt sich hier nicht um Kriegsgefangene, nicht um entwaffnete Soldaten, auch nicht um die zahlreichen Arbeitslager, sondern um die sieben Hungerlager von Frauen, Kindern, alten Leuten in der Woiwodina. Es sind meistens kranke, erschöpfte Menschen, die vor dem Tod stehen, weil sie kein tägliches Brot bekommen und auch keine Arzneien. Menschen, die durch eine ungenießbare Kost vielfach vergiftet werden."

Ich überreichte ihm die Liste der Medikamente, die mir der Lagerarzt übergeben hatte. „Es ist uns gelungen, ein gewisses Kontingent von Arzneimitteln in die Lager der Kriegsgefangenen zu liefern, aber für die Lager der Volksdeutschen, von denen Sie sprechen, ist es uns untersagt worden, irgendwelche Hilfe zu leisten. Der Bereich dieser Lager untersteht dem jugoslawischen Roten Kreuz. Deshalb dürfen wir dorthin keinen Schritt machen!"

Ich wußte, was das bedeutet. Wir standen einander stumm gegenüber. Ich war wie niedergeschmettert von dieser Nachricht. Der Direktor fügte noch hinzu: „Wir werden bemüht sein, den serbischen Kollegen die Situation zu schildern. Diese Typhusherde im Land sind ja für die ganze Bevölkerung gefährlich. Sie müßten doch schon aus Liebe zu sich, wenn schon nicht aus Rücksicht auf die Gefangenen, eingreifen." Ganz gebrochen ging ich zum Bahnhof zurück.

An den Massengräbern der Märtyrer

So sicher war ich meiner Sache, daß ich zuversichtlich und innerlich beruhigt nach Belgrad gefahren war. Jetzt aber bei der Rückkehr waren alle Hoffnungen wie weggefegt. Immer nur leere Worte, unsichere Versprechungen an allen Stellen. Verzweifelt stand ich da. Unsere Sterbenden brauchen doch jetzt, sofort, das Brot, die Arzneien. Jede Lust hatte ich verloren, nach Gakowa ins Lager zurückzukehren. In Hodschag entschied ich mich, den Zug zu verlassen. Vielleicht finde ich Trost im Heimatdorf Filipowa. Der Heimatpfarrer, ein Mann Gottes, ist ja noch da, wenn auch alle seine Schäflein von dort vertrieben wurden. In einer Aussprache mit ihm erscheint mir vielleicht ein neues Licht in dieser dunklen Auswegslosigkeit.

Bis am Morgen einen Zug nach Filipowa abwarten? — Nein, ich lege diese 7 km zu Fuß zurück. Es war Mitternacht, als ich den Bahnhof verlassen hatte. Eine sternenlose, stockfinstere Nacht ließ mich kaum die Eisenbahnschienen erkennen. Aber diese Eisenspur gab mir Sicherheit, den Weg nicht zu verfehlen. Der frische Nachtwind beflügelte meine Schritte, um die nötige Körperwärme zu bewahren. Wie ein dahinschweifender Schatten kommt mir mein Leben vor. Bin ich nicht wie ein Blatt vom Baum gerissen und jetzt vom Wind ziellos hin und her getrieben? ,,Denn alles Fleisch ist wie Gras, und alle seine Herrlichkeit wie des Grases Blume. Das Gras verdorrt, und die Blume fällt ab'', zitierte ich, was mir heute aus dem Breviergebet im Gedächtnis hängen geblieben war.

In diese Gedanken versunken, den Hals tief in den Wintermantel eingezogen, die Hände in die Taschen vergraben, hatte ich eben die Linkskurve erreicht und ging schnurgerade der ersehnten Heimat zu. Mein Gesicht vor den Windstößen schützend, richtete ich meinen Blick stets nach links. Schon dort war die Weidefläche voll mit Gräbern von hingerichteten Männern. Dieses grausame Schicksal von 212 Männern packte meine Phantasie. Meine Jugendfreunde, meine Schulkameraden, meine Verwandten waren dabei. Ein Schaudergefühl, ein kaltes Zittern durchzuckte mich, als ich jetzt diese Bluttat in meinem Geiste miterlebte. Wie es mit den 180 Männern aus Hodschag war, die ihre eigenen Gräber hier am selben Ort zwei Tage vorher aushoben, so geschah es mit meinen Freunden. Ende Oktober 1944 zogen die Sowjets in dieses Gebiet, und schon am 25. November 1944 erschienen die Mordhyänen. Das Dorf von 5 000 Seelen wurde umzingelt. Keiner darf sich entfernen. Es wird verlautbart: ,,Alle Bewohner männlichen Geschlechts von 16 bis 60 Jahren vor dem Gemeindehaus antreten! Wer nicht erscheint, wird erschossen!" Etwa 350 Männer versammelten sich und wurden in den umzäunten Kirchhof getrieben. Eine Trennung, eine Sortierung nach einem unerklärlichen Maßstab wurde durchgeführt. Jeder wird nach seinem Beruf, Bildungsgrad und Vermögen befragt. Dann werden einige rechts, die anderen links postiert. Die Gruppe rechts an der Kirchenmauer wird immer zahlreicher. Es hat den Anschein, daß diese ein besseres, kräftigeres, mutigeres Aussehen, höhere Bildungsstufe und auch bessere Kleidung tragen und so zur kapitalistischen oder Kulakenklasse gehören. Wie man auf der einen Seite der Kriegsfront einer auserwählten Rasse huldigte und die Nicht-Arier in die Gasöfen trieb, so huldigte man auf der anderen Seite der Kriegsfront einer auserwählten Klasse, und denen, die ihr nicht angehörten, ließ man das Grab schaufeln.

Als der am Tisch, der die Eintragungen vollzog, innehielt und 212 Namen auf der Liste gezählt hatte, schrie er plötzlich: ,,Dosta!" (genug), und er erhob sich selbstherrlich. Diese 212 Jungen und Männer mußten sich in Viererreihen aufstellen. Sie wurden umzingelt und weggeführt. Auf Tragbahren nahm man eine große Anzahl von Schaufeln und Spaten mit. Die andere Gruppe wurde für eine Nacht in der verschlossenen Kirche festgehalten.

Erst nach Monaten sind Einzelheiten von einem Jungen aus der Nachbargemeinde Hodschag durchgesickert, der entkommen konnte. Er erzählte: ,,Wir alle mußten uns splitternackt ausziehen und dann mit den Spaten unsere Gräber ausheben. Als diese tief genug waren, wurden wir überfallen, erschlagen oder erschossen, wie es kam. Ich machte einen Sprung und entfloh in die Nacht. Keiner der Schüsse hat mich getroffen." Der Bursche flüchtete auf den Salasch seiner Eltern, wo er sich eine Zeit aufhielt und dann bei Nacht zurück in sein Elternhaus kam und bis zur Vertreibung der Gemeinde Hodschag erst wieder zum Vorschein kam.

Diese Greueltaten durch Massenliquidierung, wie sie hier und an allen Orten Jugoslawiens verübt wurden, schauderten mich in dieser finsteren Nacht. — ,,Kriegsverbrechergerichte!", sagten später die Mörder. Tatsächlich aber waren es jene Männer, die aus ihrer christlichen Gesinnung bis zuletzt dem Druck widerstanden haben, sich von der Waffen-SS mobilisieren zu lassen.

Ein Partisan, der bei der Ermordung anwesend war, konnte das Geheimnis dieser Greueltaten später nicht mehr in seiner Seele verbergen. Nach einem Jahr gestand er: ,,Schrecklich und abscheulich war das! Diese Männer müssen sehr fromm gewesen sein. Sie haben sich gegenseitig Trostworte zugesprochen. Sie haben gebetet", sagte er, von Gewissensbissen gepackt.

Das ist der Märtyrergeist aus der ersten Christenzeit. Wie die christlichen Legionen, die zeitweise unter Nero, Diokletian und Julian Apostata, sei es auf dem Trierer Marsfeld, in Ägypten oder in Persien, wie uns die Martyrologien berichten, ihr Leben wegen ihres Glaubens an Christus lassen mußten, so ist auch dieser mein Heimatboden so reich mit Märtyrerblut getränkt.

Die Frage nach der Schuld

Ich hatte den Rand meines Heimatdorfes erreicht, wich der Bahnstation aus und bog in eine Nebenstraße. Die Häuser standen noch alle da, wie vor der Vertreibung. Wie ausgestorben schien mir alles in dieser frühen Morgenstunde. Kein Licht war zu sehen, kein Laut zu vernehmen. Von Zeit zu Zeit pfiff der Wind durch die kahlen Äste der Maulbeerbäume, die sich gespensterhaft zum Himmel reckten. Ihr Ächzen und Krachen durch die Kälte kam mir wie ein Wehklagen um etwas Verlorenes vor.

Neben dem Schwesternkloster und der Schule vorbei bog ich in den Kirchhof ein und schritt dem Pfarrhaus zu. Erst langsam, dann heftiger klopfte ich an die Eingangstür. Niemand rührte sich. Dann ächzt das Fenster, und es zeigt sich eine kleine Spalte.

,,Keine Angst! Ich bin's!'' rief ich vorsichtig. Die Res, die Haushälterin, hat ihren ersten Schreck überwunden und flüsterte: ,,Sofort mach ich auf!'', und verschwand. Als ich über die Türschwelle trat, schlug die Turmuhr dreimal.

,,Entschuldigung, daß ich so ungelegen komme!''

,,Das sind wir gewohnt! Unsere heimatlosen Lagerleute kommen immer nur nachts ... Gleich ist das Bett fertig.'' Müde und erschöpft bin ich ins Federbett gefallen.

Meine ersten Schritte am Morgen gingen zum Herrn Pfarrer. Ihn möchte ich begrüßen. Unter seinen Augen und unter seiner führenden Hand bin ich groß geworden. Diese Hände konnten manchmal zwar fest zugreifen, aber für jeden pädagogischen Eingriff bin ich ihm noch heute dankbar. Pfarrer Peter Müller war ein Priester patriarchalischen Schlages. Er liebte seine Pfarrkinder, wie ein Vater seine Kinder liebt, wie ein Hirt seine Schäflein zärtlich betreuen kann. Manche haben diese Liebe mit seiner konsequenten Strenge vielfach mißverstanden. Es waren die Unvernünftigen, die es in einer Pfarrgemeinde immer gibt. Seine aufopfernde Hingabe hat sich diesen später offen gezeigt, als er für alle seine Leute in den Kerker und in den Tod ging.

Pfarrer Müllers sonst zu jedem Witz und Ulk bereite Zunge und seine sonst so schelmischen Augen waren jetzt mit einem sorgenvollen Schatten überzogen. Über alles wollte er informiert sein. Seine Sorge ging um die einst widerspenstigen wie um die treuen Pfarrkinder. Für alle war er gütiger Vater.

,,Wissen Sie auch, Herr Pfarrer, was die Partisanen über Sie denken?'' Er schaute mich fragend an.

,,Sie haben ein hohes Ansehen bei ihnen!''

,,Woher weißt du das?''

,,Als ich unlängst im Zug am Dorf vorbei fuhr, da saßen auch Partisanen, Serben, im Abteil und diskutierten erregt über Filipowa. Mit gespitzten Ohren hörte ich zu. Die Schwaben haben wir alle weggeschafft. Jetzt können die Leute von Titos Garde einziehen und ein bequemes Leben in den Bauernpalästen der Deutschen führen. Es blieb der Pope Müller übrig.''

,,Unerforschlich ist das Gericht Gottes! Erst am Tage des Gerichtes wird der Vorhang vor unseren Augen fallen, und wir werden volle Einsicht in die Gerechtigkeit bekommen. Gott webt ein Meisterwerk, das wir erst am letzten Tag erkennen werden. Jetzt dürfen wir den Teppich, das Meisterwerk Gottes in dieser Welt, nur von der verkehrten Seite sehen. Im Jenseits wird alles aufgedeckt, was uns heute wie verwirrte Fäden der Kehrseite erscheint. Der jetzt Kleine wird dann groß erscheinen, und der hier Mächtige wird winzig klein vor Gott werden.'' Mein betagter Lehrer, in dessen sonst rundem Gesicht jetzt der Schmerz und die Sorge so manches Merkmal gezeichnet hatte, richtete seine gütigen Augen auf mich: ,,Schau, Wendl!'', klang seine Stimme wie in meinen Kinderjahren, ,,auch das Böse hat seine tiefe Bedeutung im Leben. Das Böse ist in unserem Leben mit dem Guten verschlungen. Auf dem Getreidefeld wächst neben dem Weizen auch das Unkraut und erstickt den Weizen. Auf das Drängen der Schnitter erlaubte der Meister nicht, daß das Unkraut sofort aus dem Weizenfeld entfernt werde. Es bleibt uns nichts anderes übrig als bis zur Ernte, bis ans Ende der Welt zu warten. Dann erst wird das Unkraut gebunden und verbrannt. Der Weizen kommt in die Scheune des Herrn'' (Mt 13, 29).

An dem Nachmittag begab ich mich mit gemischten Gefühlen auf die Straßen, die mir leer und unbevölkert schienen. Ich näherte mich dem Elternhaus. Von einem unaussprechlichen Heimatgefühl gepackt, drückte ich auf die Türklinke des Toreingangs. Der Birnbaum, den der Vater in meiner Kindheit gepflanzt hatte, steht noch da, wie immer. Der Rebstock, der sich elegant an den Flursäulen entlang windet und im Sommer den milden Schatten vor dem Hauseingang abgibt, ist jetzt seines grünen Laubes beraubt. Vater hat ihn mit Stolz gepflegt, und jedes Jahr hat er saftige Trauben mit dicken, länglichen, süßen Perlen geerntet. Mutter hat es kein Jahr versäumt, mir davon die schönsten Trauben in meinen Studienaufenthalt in ferne Lande zu schicken. Sie wollte mich immer etwas von der süßen Heimat fühlen lassen. Da stehen neben dem Treppengang rechts und links die beiden Oleanderstöcke. Von der zarten Mutterhand wurden sie so treu gepflegt, Einer blüht weiß, der andere rot, wie immer, solange mein Gedächtnis reicht. Der Haushund Azohr springt mir aber nicht entgegen.

Eine Frau im mittleren Alter, eine Serbin, niedrig und beleibt, kam zur Zimmertür heraus. Sie sah erschrocken aus. Am Priesterkleid war ich zu erkennen, und sie dachte sicher bei sich: Was sucht der „Pop" hier?

„Guten Tag!", begrüße ich sie in ihrer Sprache.

„Zdravo (grüß dich), was wünschen Sie?" stottert sie allmählich in ihrer Angst.

„Mein Elternhaus wollte ich für einen Augenblick ansehen."

„Das ist Ihr Elternhaus?", und sie machte große Augen.

„Ja, hier bin ich geboren. Dieses schöne Haus hat mein Vater mit schwerer Mühe und Entsagung selbst gebaut." Man sah ihr die Verlegenheit an. Sie schwieg eine Weile und biß sich auf die Lippen.

„Der Staat, unser Genosse Tito, hat es uns geschenkt. Mein Mann ist im Krieg gegen die Faschisten gefallen!" — Ich ging langsamen Schrittes ins Zimmer. Ob noch wenigstens eine Erinnerung anzutreffen ist? Dort im Glasschrank war die Hausbibliothek und auch das Familienalbum. Was für ein kostbarer Schatz wäre das für mich! Ich öffnete den Schrank, aber alles war verschwunden.

Die Frau begleitete mich Schritt für Schritt. Sie war zurückhaltend und gewährte mir alles.

Aber dann brach sie plötzlich heraus:

„Die Schwaben hatten große und schöne Wohnungen, wollten aber keine Kinder haben!" Mir schoß es durch den Kopf: Woher weiß diese einfache Frau aus der Lika diese für uns Deutsche so traurige Tatsache? Hatte man dieses sonst einfache, ehrliche, slawische Volk mit solchen Argumenten bewogen, in ein fremdes Heim einzuziehen? Es kochte in mir wegen des Angriffes auf meine Mutter, und ich konnte mich nicht beherrschen. So platzte es aus mir heraus:

„Ich bin das sechste Kind meiner Mutter! Hier bin ich geboren und aufgewachsen!", und verließ mit schnellen Schritten das Elternhaus, nicht verärgert, aber in bitterer Wehmut. Es ist sehr hart, keine Heimat mehr zu haben!

Das Wort der Partisanin hat sich tief in meine Seele geprägt. Pfarrer Müller hat vor Jahren gegen das Übel des Ein-Kind-Systems gewettert. Filipowa war weit und breit die kinderreichste Gemeinde. Aber es gab Ortschaften, die im Reichtum und Wohlstand erstickt sind und durch Kinderlosigkeit im Aussterben begriffen waren. War das bloß ein Zufall, daß jene Ortschaften zu Vernichtungslagern bestimmt wurden, wo dieses Übel in der Mentalität der Menschen Oberhand gewonnen hatte? Ich wehrte mich gegen diese in mir aufkommenden Gedanken: Um Gerechtigkeit bei Gott ringend, vergaß ich im ersten Augenblick, daß wir alle vor Gott mit Schuld beladen sind. Dem ewigen Richter allein steht es zu, die Menschenherzen zu durchforschen und Schuld von Unschuld gerecht zu trennen.

Der Abschied von meinem Pfarrer war herzlich. Nur einmal noch im Leben werden wir uns flüchtig und bloß aus der Ferne sehen, er im Häftlingskittel und ich mit gefesselten Händen.

Auf Selbsthilfe angewiesen

Bedrückt, ratlos, wie geschlagen ließ ich mich nach dieser Reise nach Belgrad in meiner Bude in Gakowa nieder. Bis tief in die Nacht war ich in der Kirche und betete vor Christus unter der Brotsgestalt. „Ich bin das lebendige Brot", hat er gesagt. Er hat jedoch auch die hungrigen Volksmassen mit fünf Gerstenbroten gesättigt. Die körperliche und die seelische Not dieses Volkes brachte ich vor den Herrn.

Am nächsten Tag entschloß ich mich, nach Kruschiwl, in die Nachbargemeinde, zu gehen. Angeblich waren dort nur halb so viele Gefangene untergebracht. Dort war Pfarrer Jakob Schwerer tätig. Vielleicht können wir mit vereinten Kräften einen Rettungsplan ausklügeln.

Durch Wasser und Schlamm näherte ich mich der Schwestergemeinde in Unglück und Not. Die Frühlingssonne verscheuchte langsam den Nebel, der sich auf Feld und Flur niedergelassen hatte. Durch meinen Kopf ziehen düstere Gedanken ... Was werde ich sagen, wenn der Wachtposten mich aufhält, zur Rede stellt, oder sogar zum Kommandanten führt? Dort bin ich ja noch nicht bekannt.

Der allgemein nachlässige Schlendriandienst dieser zum Massenmord gezwungenen Soldaten der Woiwodina-Brigade, die ihre Demobilisierung sehnsüchtig erwarten, kam uns immer noch zugute. Was dann, wenn du einem überzeugten Kommunisten in die Hände fällst? Am Wachthäuschen spaziert ein junger Uniformierter auf und ab. Erleichtert hörte ich, daß der Posten ungarisch vor sich hin sang.

Die Ungarn von hier sind erst in den letzten Monaten des Krieges von der Revolution mitgeschleppt worden. So ist ihnen das Mörderblut noch nicht so sehr in den Kopf gestiegen. Als ich den Wachtposten ungarisch begrüßte, überzog ein Freudenschimmer sein Gesicht. Nach dem Weg ins Lager fragend, ließ er mich ziehen.

Im Pfarrhaus saß ich dann mit meinem Amtsbruder zusammen. Er schilderte die Schikanen, die an ihm bisher ausgeübt wurden. Seine Pfarrei ist von etwa 1 000 Seelen auf 6 000 Hungernde gestiegen. Täglich werden etwa dreißig Tote zu Grabe getragen. Der Schmerz und die Sorge um die Leute haben in seinem Gesicht tiefe Furchen gezeichnet.

„Was können wir tun? Von den internationalen Stellen in Belgrad kann man nicht viel, ja fast nichts erwarten. Die bereitgestellte Hilfe vom Ausland wird von den Partisanen einfach unterschlagen. Es ist ihre Absicht, unsere Leute restlos zu vernichten."

Dann schlug ich meinem Amtsbruder vor, nach Möglichkeit auch in diesem Lager mit dem Volk das Gelöbnis der Treue zu Gott und Maria im Sinne der Botschaft von Fatima abzulegen. Er erklärte sich bereit, wies aber auf die Schwierigkeit hin: Der Lagerkommandant ließ die Leute nicht in die Kirche.

Wir sprachen über die Verpflegung. „Der Brei des ungenießbaren Maismehls bringt die Älteren unter die Erde. — Es kommt nicht bloß auf die unbekümmerte Sorglosigkeit eines 20jährigen Intendanten an, wie das einfache Volk meint. Dahinter steht ein Ausrottungssystem. Jetzt sind die Gefangenen aus Jarek angekommen. Das Lager ist dort aufgelöst. Die Vernichtung durch Hungertod wird hier genauso fortgesetzt wie dort", meinte er.

„Die Rettung unseres Volkes besteht einzig in der Flucht. Die ungarische Grenze ist nahe. Durch eine Flüsterpropaganda sollte man die Leute zum illegalen Grenzübergang bewegen", war mein Vorschlag.

„Es ist der einzige Rat, den wir ihnen geben können. Viele jedoch werden aufgefangen und müssen schreckliche Strafe im Keller abbüßen. Das schreckt die Leute zurück".

Der gemeinsame Beschluß wurde gefaßt, die Leute nicht mehr auf eine bessere Zukunft in Jugoslawien zu trösten, sondern ihnen die Flucht nach Ungarn anzuraten. Waghalsige und wegkundige Leute müßten ausfindig gewacht werden, die dann Nacht für Nacht Menschengruppen in die Freiheit führten.

Wir legten uns gegenseitig das Beichtbekenntnis ab und empfahlen uns der Vorsehung Gottes. Beim Lagerausgang begrüßte ich freundlich den Wachtposten. Er erwiderte den Gruß. Der Mann kennt mich anscheinend. Für mich war klar, daß ich meine priviligierte Position jetzt zu Bettelgängen ausnutzen mußte. Ich richtete meine Schritte also in das benachbarte Dorf Stanischitz, um mit dieser neuen Hilfsaktion zu beginnen. Das Dorf beherbergte neben der deutschen auch eine ungarische und serbische Bevölkerung. Die Serben hatten sich vielfach, wenigstens äußerlich, auf die Seite der Kommunisten geschlagen, die jetzt in einem Siegesübermut Racheakte gegen die beiden anderen Nationen des Dorfes ausübten. Auf dem Gehsteig begegnete mir ein junger Serbe von etwa 18 Jahren. Er brüllte mich an und verlangte von mir, das Pflaster zu verlassen und mich auf die Fahrbahn zu begeben. Gefügig mußte ich der Macht weichen. Was sah ich da vor mir? — Ein Menschenstrom, schwer beladen mit Bündeln, in denen alle ihre Habseligkeiten zusammengeschnürt sind, wälzt sich langsam daher. Meistens sind es alte Leute mit kleinen Kindern, die sich an den Röcken der Großmütter festhalten. Diese Entrechteten sind umgeben von Uniformierten, die ihre schußbereiten Waffen in den Händen halten. Die verzweifelten Gesichter, die Tränen in den Augen, die zitternden Lippen schreien dröhnend laut zum Himmel. Die abscheulichen Fluchworte gegen Gott aus den Kehlen der unmenschlichen Treiber, die rücksichtslosen Hiebe mit Gewehrkolben auf die Zurückbleibenden, scheinen ihre Grausamkeit in einer Teufelsschule gelernt zu haben. Hinter dem dichten Grün, das den Gehsteig von der Fahrbahn trennt, beobachtete ich diesen Kreuzweg der Christen, die auf den Kalvarienberg nach Gakowa getrieben wurden, um dort die Räume wieder nachzufüllen, die durch das Hinsterben in den letzten Wochen leer geworden waren.

Im Pfarrhaus mußte ich lange warten, um meinen Amtsbruder treffen zu können. Vorsichtshalber hatte sich mein Kollege Paul auch diesmal bei der Aushebung in ein Versteck begeben. Als die Gefahr vorüber war, erschien er wieder. ,,Das Dorf wird immer wieder durchgehechelt'', sagte er, da die Gefangenen aus Gakowa und Kruschiwl von dort entfliehen und bei den Ungarn Unterschlupf finden. So kommt es immer zu neuen Aushebungen und Verschleppungen.''

Wir setzten uns zusammen und klügelten einen Plan zur Selbsthilfe aus. Da die Tito-Regierung die Hilfe der Internationalen Caritas wie auch des Internationalen Roten Kreuzes unmöglich gemacht hat, müssen wir aus eigenen Kräften eine Hilfsaktion starten. Gemeinsam gingen wir zum ungarischen Bäckermeister. Seine Bäckerei steht unter Kontrolle. Alle Betriebe sind verstaatlicht. Er versprach jedoch, durch List etwas von dem Weizen, den die Leute selber produziert hatten, für die vor Hunger Sterbenden bereit zu stellen. Meine Aufgabe wäre es nun, das Weißbrot bei ihm abzuholen. Unter welchen Lebensgefahren für ihn und für mich?!

Aufbruch der Kinder

Die Not der Kleinen

Säuglinge und Kinder unter zwei Jahren waren in den letzten Monaten fast restlos dem Hunger und der Kälte zum Opfer gefallen. Es schien jedoch, daß die heranwachsenden Kinder mehr Widerstandskraft als ältere Menschen hatten. War ihre Lebenskraft noch unberührt, oder konnten sie den Maisschrot besser vertragen als ihre Mütter? — Im April, nach dem Massenmord im Winter, gab es so viele elternlose Kinder unter dem zehnten Lebensjahr, daß mich die Sorge um ihre Zukunft schwer beschäftigte. Eines Tages begegnete ich Schutzo, dem Kommandanten, auf der Straße und ließ mich mit ihm über die Zukunft dieser Kinder in ein Gespräch ein.

„Diese Kinder sind doch schuldlos. Wenn ihr schon die Erwachsenen als schuldig betrachtet ...", begann ich listig, mit der Einleitung mein Ziel erreichen zu können. „Genosse, was würden Sie sagen, wenn ich für diese Kinder, sei es in Kinderheimen oder bei Familien, für ein besseres Dasein sorgen würde?" — Dadurch wollte ich meine Hilfsaktion, die im Anlaufen war, durch Herausschmuggeln von Kindern und Hereinschmuggeln von Nahrungsmitteln irgendwie legalisieren.

„Hände weg! Unser Staat wird für die Zukunft dieser Kinder sorgen und aus ihnen rechte Bürger machen. Uns ist es klar, daß die Kinder unschuldig sind." — Dieses Wort verursachte in mir einen tiefen Schreck. Die Kommunisten hatten also vor, die Kinder körperlich zu retten, besser zu ernähren, um ihre Seele mit einer unmenschlichen Ideologie zu vergiften!

In den darauffolgenden Tagen wurden Fuhren von elternlosen Kindern aus Kruschiwl gebracht. In die neuerrichteten Kinderheime sind auch Kinder von Gakowa überführt worden. Sie bekamen wirklich bessere Kost, obwohl nicht hinreichend.

Nachmittags ging ich in die Kinderheime, die in größeren Bauernhäusern untergebracht sind. Da liegen die Kinder zu zwanzig bis dreißig in einem Zimmer auf dem Stroh und sind nur dürftig bedeckt. Haut und Knochen an ihnen ... krank ... voll Skorbutwunden und Krätze ... Niemand hat sie gepflegt. Die Kleinen weinen und schreien erbärmlich. Es ist der Hunger, der ihnen aus den Augen schaut. Andere wieder, Burschen und Mädchen liegen da, bewegungslos. Sie haben keine Kraft mehr zu weinen. Bis aufs äußerste sind sie erschöpft. So gehe ich von einem Zimmer ins andere; immer das gleiche Bild. Mit großen Augen schaut man zu mir hinauf. Sie haben keine Ahnung, wer ich bin. Eine Frau, die den Dienst als Kinderpflegerin übernommen hat, führt mich bis ins hinterste Zimmer. Vorsichtig zieht sie die Bedeckung von dem Kinderhaufen. Was habe ich da zu sehen?

„Leben die noch?", frage ich erschüttert. Ich beugte mich zu ihnen nieder. Fast nackt liegen diese Kleinen da in einer Reihe auf einen Fetzen gelagert. Vielleicht ist ein zerlumptes Hemd noch am einen oder andern. Wirklich nur Haut und Knochen an ihnen. Mit aufgerissenem Mund schnappen sie noch nach Luft, dem Letzten was ihnen die Welt noch bieten kann.

„Diese da haben wir gesondert, da sie keine Nahrung mehr annehmen können und die ersten Todeskandidaten sein werden." Grauen und Ekel überwindend, neigte ich mich wieder zu ihnen herab, machte das Kreuzzeichen auf die Stirne jedes einzelnen und spendete ihnen meinen Priestersegen. Ich stöhnte: „Unschuldige Kinder müssen den Hungertod sterben, einzig darum, weil die Welt herzlos geworden ist!"

Um diese Kinder aus der Not zu reißen, bleibt mir nichts anderes übrig, als selbst den Bettelweg in die ungarischen, kroatischen und serbischen Ortschaften der Umgebung zu unternehmen. Ein Fahrrad konnte ich zum Glück auftreiben. Einen Rucksack hatte ich, und jetzt: Glück auf!

Ich versuchte zuerst mein Glück in dem 18 km entfernten Dorf Bezdan. Aber wie hatte ich mich getäuscht. Dieses ungarische Dorf lag in den letzten Kriegswochen lange Zeit im Brennpunkt der sowjetischen Angriffe, fast nichts war unbeschädigt geblieben, keine Familie war nachher von Plünderungen verschont worden. Nichts gab es zu kaufen.

Betrübt radelte ich aus Bezdan in Richtung Gakowa zurück. Da lief mir eine Schar halbverhungerter Buben und Mädchen über den Weg. Sie hatten sich aus dem Lager geschlichen, um betteln zu gehen, und wollten in der Nacht wieder zu ihren Müttern heimkehren. Etwas weiter das gleiche Bild: Kinder auf dem Feldweg, die eilends auseinanderstoben, als sie mich kommen sahen. Sie meinten, ein Partisan würde sie aufgreifen und in den Strafkeller werfen lassen. Als sie mich aber erkannten, faßten sie Vertrauen. Ich schärfte ihnen ein, nicht vor Mitternacht ins Lager zurückzukehren und dann die Seite der Bezdanergasse zu versuchen. Aber sie wußten es schon: „Dort ist ein guter Partisan", sagten sie.

Ich fuhr zurück, traurig, weil ich nichts mitgebracht hatte — kein Stück Brot und keinen Tropfen Milch für die Kleinen.

Kampf an zwei Fronten

Nach dem Krankenbesuch am Morgen machte ich mich auf den Weg, die Hilfsaktion in der südwestlichen Richtung in Bewegung zu setzen. Die christlich gesinnten Ungarn in Tschonopl zeigten ein aufgeschlossenes Herz. So eine karitative Sammlung muß vorsichtig im geheimen durchgeführt werden, um sie nicht schon frühzeitig scheitern zu lassen. Die Mithelfer verstanden das und versprachen, umsichtig vorzugehen. Wenn ein Wagen bereits voll sein sollte, würden sie es melden. — Mit erleichtertem Herzen radelte ich nach Svetozar Miletić. Dort, wo ich sicher erwartet, in christlicher Liebe empfangen zu werden, bin ich auf harte und kalte Abweisung gestoßen. „Die Schwaben haben ihr Schicksal verdient!" war das letzte Wort des dortigen Pfarrers. Dieser Priester war während des Krieges verhaftet gewesen, und seine kroatischen Landsleute waren von der ungarischen Besatzungsmacht verschleppt worden. Diesen Leidensweg hatte er nicht verkraftet.

Erschrocken bin ich bei der Feststellung, daß der nationale Haß ein Menschenherz so verblenden könne. Wer kein Herz für die Not des andern hat, kann sich nicht Christ nennen. Das ist einfach ein Widerspruch. Es war, Gott sei Dank, der einzige ablehnende Fall in dieser Hilfsaktion.

Vom Feldweg bog ich in die Landstraße. Bald bereute ich, das getan zu haben, denn der Weg war so uneben, voll mit Erdschollen, daß die Fahrt für mich eine wahre Pein wurde. Eine Gruppe von drei Wagen holte mich ein. Der letzte von ihnen hatte eine runde Zeltbedeckung aufgespannt, wie das bei den hiesigen Zigeunernomaden üblich ist. Nebenan hing ein Eimer, der für die Pferdetränke gebraucht wird. „Wohin geht diese Zigeunergruppe?" geht es mir durch den Kopf. Als ich an ihnen vorbeikommen wollte, bemerkte ich auf dem zweiten Wagen schwäbische Frauen und Mädchen in ihrer Tracht.

„Grüß Gott, Landsleut, wohin, wohin?" Die geduckten, eingeschüchterten Frauen streckten jetzt ihren Hals aus dem wollenen Schultertuch. Man hört von einigen „Grüß Gott!" rufen. Unterdessen bin ich am ersten Wagen angelangt. Ein Mann in den Fünfzigern sitzt vorn und lenkt die Pferde.

„Grüß Gott, Vetter, wo geht denn diese Karawane hin?", wollte ich wissen. Der Weg ist so schlecht geworden, daß mein Fahrrad abrutschte, und nur im letzten Augenblick konnte ich es verhindern, in den kotigen Schlamm zu fallen.

„Werfen sie das Fahrrad hinten auf den Wagen! Setzen sie sich hierher!" sagte der Kutscher.

Unterdessen ist ein Mädchen vom Wagen abgestiegen, nahm das Fahrrad und fuhr voraus. Sie wußte, daß auf dem Wagen kein Platz für ein Fahrrad war. Ich setzte mich vorne neben den beleibten Mann, der seine korpulente Statur behielt, die sonst unter den Gefangenen so selten zu begegnen war.

,,Ihr seid doch Lagerleute? Wo kommt ihr denn her?"

,,Vom Koluter Hotter. Jetzt im April sind wir mit der Kukuruzernte fertig geworden, und jetzt fahren wir zurück."

,,Wohin denn?"

,,Da in die Nähe, da ist ein Salasch (Meierhof), unser Aufenthaltsort, unsere ,,Kolchose".

,,Könnt ihr so frei herumfahren?"

,,Wir haben einen Aufsichtsposten. Dieser möchte sich auch mal in die Wirtschaft einmischen, aber alles ist verkehrt, was er sagt. Wir sind etwa dreißig Personen auf einem einsamen Bauernhof und bearbeiten das umliegende Feld. Sehen Sie dort!" Er zeigte in die Ferne mit der Peitsche, ,,dort ist eine größere Staatswirtschaft im Aufbau. Dort sind etwa hundert unserer Landsleute untergebracht. Sie verrichten eine Sklavenarbeit einzig für die Kost. Natürlich, wie wir bezahlt werden, so arbeiten wir auch!" Er lachte höhnisch unter seinem dicken, schwarzen Schnurrbart.

,,Warum geht ihr nicht durch? Die Staatsgrenze ist doch so nahe", fragte ich ihn.

,,Ja, durchbrennen ... das ist so eine Sache!" Er wies mit seiner Peitsche auf die linke Seite: ,,Sehen Sie da in der Ferne, hinter dieser Baumgruppe ist mein Sallaschhaus, 100 Joch bestes Land. Das kann man nicht so leicht verlassen." Er schaute mit einem wehmutsvollen Blick in diese Richtung. ,,Nichts zu machen! ... Die andern bearbeiten es, wie ich fremdes Land für den Staat bestelle. Ich denke schon längst daran zu flüchten, aber ..."

,,Warum zögern Sie? Je eher, desto besser!"

,,Sehen Sie. Keine Familie hat das tägliche Brot. Aber wir Schwaben sind jetzt eine große Familie geworden. Uns alle, mehr oder weniger, bedrückt das gleiche Schicksal, und da heißt es zusammenstehen. Man kann nicht einfach fliehen, man muß helfen. Wir haben Möglichkeiten, denen im Lager immer etwas zuzustecken. Im Winter ging es zwar schlecht. Wenn jetzt die Feldarbeit beginnt, da geht's wieder viel besser. Sie untersuchen zwar die ins Lager einfahrenden Wagen. Durchstöbern das Futter. Viel geht zwar verloren, was wir hineinschmuggeln. Die Leute setzen sich großer Gefahr aus, trotzdem gelingt uns viel." Er trieb seine Pferde an und bog in einen Nebenweg in Richtung der Kolchose.

„Eine große Familie sind wir geworden!" setzte er fort. „Wir Männer und Familienväter müssen mit viel List und Kraft die Frauen und Mädchen vor diesen Schweinehunden verteidigen. Immer sind sie da, wollen angeblich Aufsicht und Kontrolle durchführen, tun aber nichts anderes als Frauen belästigen. Wenn wir, der Rest von den wenigen Männern, flüchten, was gibt's dann? ... Sehen Sie, das hält mich eigentlich zurück, sonst wäre ich schon längst über Ungarn nach Österreich abgehauen."

Beim Sallaschhaus angekommen, stellte ich mich den Leuten vor. Sie zeigten ihre Behausung. Kein Bett, kein Tisch ... in den Zimmern war auf dem Boden Stroh ausgestreut ... jeder Schlafplatz mit Backsteinen umsäumt. Die älteren Frauen kochen, backen Brot. Diesbezüglich fehlt ihnen nichts.

„Die Hühner sind gezählt ... Es ist unser Glück, daß unser Aufseher nicht gut zählen kann", meinte eine von ihnen. Die andere fügte hinzu: „So manches Huhn bricht das Bein und so gibt's Fleisch für uns!"

„Ihr nützt jede Möglichkeit, denen im Lager etwas zu schicken?" frage ich.

„Ja, das tun wir! Und sorgen, daß wir dorthin nicht verschleppt werden. Was für eine List müssen wir anwenden, wenn die Razzia durchgeführt wird!"

„Vergeßt den Herrgott nicht, so wird er auch euch nicht verlassen", fügte ich hinzu.

„Man verwildert in dieser Einsamkeit ohne Kirche und Predigt. Unsere Jugend hat die religiöse Belehrung jetzt schon sehr notwendig", sagte eine Mutter. „Wäre es nicht möglich, auch bei uns einmal eine Messe zu feiern?" —

Ich stieg mit vollem Rucksack auf das Fahrrad und rief ihnen zu: „Ich komme bald wieder. Vergelt's Gott!" — „Kommen Sie nur öfter!" war die Antwort.

Als ich beim Lagereingang den Wachposten begrüßte, fuhr er mich frech an und verlangte eine Untersuchung meines Rucksackes.

„Wie dürfen Sie das? Was würde Genosse Schutzo dazu sagen?", wehrte ich ab. Der Name des Kommandanten beruhigte ihn wie durch ein Zauberwort. Er betrachtete mich respektvoll, und ich bewunderte meine Einfälle.

Über Seitenwege ging ich in Richtung des Kinderheimes. Ein Rucksack voll mit Weißbrot, was ist das für so viele? Alle sind sie krank. Sie leiden an Durchfall. Eine offene Latrine hat man für sie ausgegraben. Nebenan eine Stange, da sitzen sie drauf, wie Vöglein auf dem Ast.

Ich verwickelte die Pflegerin, die mir gut gesinnt war, in ein Gespräch. Von Kostaufbesserung für die Kinder war noch nicht viel zu spüren. Aber Kommandant Schutzo war sichtlich bestrebt, seine Leute im Kinderheim zu beschäftigen. Wer von den Frauen den Partisanen gefügig war, durfte mit Arbeit im Innendienst rechnen. Damit wußte ich Bescheid: Man wollte diese Kinder zwar vor dem Hungertod retten, aber seelisch dem Geist des roten Regimes ausliefern. Ich blieb also bei meinem Plan, möglichst christliche Pflegerinnen hierher zu bringen, damit die Grundlagen des Christentums gelegt werden konnten. Und mit Schwester Gertrud vereinbarte ich eine List. Wenn nun im Zuge unserer Hilfsaktion ungarische und kroatische Helfer mit Paketen kommen würden, sollte sie elternlose Kinder bereithalten, die dann von den Helfern als ihre eigenen weggeführt werden konnten. So begann der Rettungskampf um die Kinderseelen.

Ein verhängnisvoller Frühling

Die Bäume haben zu grünen begonnen. Ein Frühlingsduft zog durch das Todeslager Gakowa. Die Sonne erstrahlte jeden Tag wohltuender ihre Wärme aus und zog die Leute aus ihren vermoderten, ungesunden Lagerbehausungen. Unerträglich, erstickend und verpestet war die Luft in den Krankenzimmern geworden. Jetzt hat man die bisher vor Angst und Kälte dauernd geschlossenen Fenster aufgerissen, um die gesunde Luft und den belebenden Sonnenstrahl einströmen zu lassen.
Die Seelsorgearbeit im Lager und die weitere Entwicklung der Hilfsaktionen bei unsern Nachbarvölkern konnte ich nicht mehr allein bewältigen. Auf meine Bitte kam Kaplan Matthias Johler zurück. Wir saßen wie zwei brüderliche Strategen beisammen und berieten, klügelten und schmiedeten Pläne für die unmittelbare und weitere Zukunft aus. Wir zwei paßten gut zusammen: Ich als impulsiver Motor, der vorantreibt und wagemutig immer zu neuen Taten drängt, und er als zurückhaltender, vorsichtiger, kluger Taktiker, der immer auf die Anwendung der Notbremse bedacht ist, um ja kein gewonnenes Terrain zu verlieren. Matz war ein Jahr älter als ich, und so fügte ich mich seiner Führung.
Wir fürchteten beide, daß man die Kinder bald wegführen könnte. Die plötzliche Sorge um das leibliche Wohl der Kinder von seiten der Partisanen ist sehr verdächtig. ,,Früher haben sie die erbettelten Eßwaren der Leute ihren Schweinen vorgeworfen, jetzt werden diese Sachen den Kindern übergeben'', bemerkte Matthias. ,,Das führt zu keinem guten Ende! So sehr wir diese Kinder am Leben erhalten wollen, muß es

uns klar sein, daß nach der körperlichen Erholung der eigentliche, der seelische Kinderraub erfolgt.''

,,Wir müssen uns mit vereinten Kräften beeilen, geheim diesen Kindern den Religionsunterricht zu erteilen. Die Kleinen sind jetzt in der Frühlingssonne aufnahmefähiger geworden. Sie kommen in Scharen. Wir müssen neue Versammlungsräume ausfindig machen!''

Wir teilten uns das Lager in zwei Arbeitsgebiete ein. Hier ein Kuhstall, dort ein Roßstall und wieder eine Scheune waren die Schulräume. Hilfskräfte aus der katholischen Jugendbewegung und den Müttervereinen wurden herangezogen. Wenn eine Hilfsperson keine Fähigkeit hatte, Katechese zu erteilen, aber die Kinder zu bestimmten Stunden durch Spiel und Gesang beschäftigen und zusammenhalten konnte, war es für uns schon ein vorteilhafter Zeitgewinn. Alles mußte versteckt, verborgen, vorsichtig, mit eigens von uns dazu aufgestellten Wachtposten, durchgeführt werden. Etwa 700 Kinder waren so in Gruppen erfaßt. Das Augenmerk wurde in dieser schulischen Arbeit besonders auf jene Kinder gelegt, die noch keine erste heilige Kommunion empfangen hatten. Die Grundwahrheiten des Glaubens sollten in diese Kinderherzen gelegt werden.

Vom ,,Vaterunser'' bis zu den Zehn Geboten Gottes, von der Gerechtigkeit bis zur Barmherzigkeit des Schöpfers sollten den Kindern Begriffe beigebracht werden, die in einer Atmosphäre der mörderischen Grausamkeit und herzlosen Ungerechtigkeit der Gottlosen aufwachsen müssen. Das Kind schaut von Natur aus immer zum Großen und Starken empor. Das Beispiel der Erwachsenen zieht so ein schwaches Menschenwesen mit suggestiver Kraft an. Diese Mächte sind jetzt die gottlosen Partisanen, die Gott so abscheulich verfluchen und ihre frommen, gottesfürchtigen Eltern verhöhnen, schlagen, quälen. Was für eine Verzerrung der Menschlichkeit entwickelt sich in diesen zarten Kinderseelen!

Die Kinder saßen um mich im leeren Futterschuppen auf der Erde. Alle hingen sie mit ihren Augen gespannt an meinem Mund. Aufmerksam nahmen sie jedes Wort von meinen Lippen. Niemand rührte sich. Die mächtige, die gütige Gestalt des Heilands erschien vor ihrer Phantasie. ,,Er ist der Kinderfreund'', haben sie mit Freuden vernommen. Er allein kann jemand glücklich machen. Als die Katechetin nervös in den Schuppen kam um zu warnen, daß Partisanen unterwegs wären, verschwand ich durch die verwilderten Gärten in entgegengesetzter Richtung und sagte schnell: ,,Spielen Sie mit den Kindern!'' — Der Uniformierte kam dann auch in den Schuppen und wunderte sich, wie die Kinder diszipliniert seien. — Es hat sich herausgestellt, daß dieser Wüstling eigentlich nur Ausschau nach der Kinderpflegerin gehalten hat.

Tito als Widerstandskämpfer in den Wäldern in den
Jahren 1942-1944. Josef Broz Tito starb 1979 im
86. Lebensjahr. Er ist nach dem Urteil von Einge-
weihten für etwa eine Million Todesopfer während
der Revolution verantwortlich. Nach dem zweiten
Weltkrieg führte er ein kommunistisches Regime
ein, das durch Säuberungen in den eigenen Reihen
unzählige Todesopfer verursachte. Tito hat seine
Popularität durch ein luxuriöses Leben gewonnen,
das er durch ausländische Anleihen deckte. Fach-
leute sprechen von einer Staatsverschuldung von
20 Milliarden Dollar. Tito ließ das Erbe eines unlös-
baren Finanzbankrottes zurück.

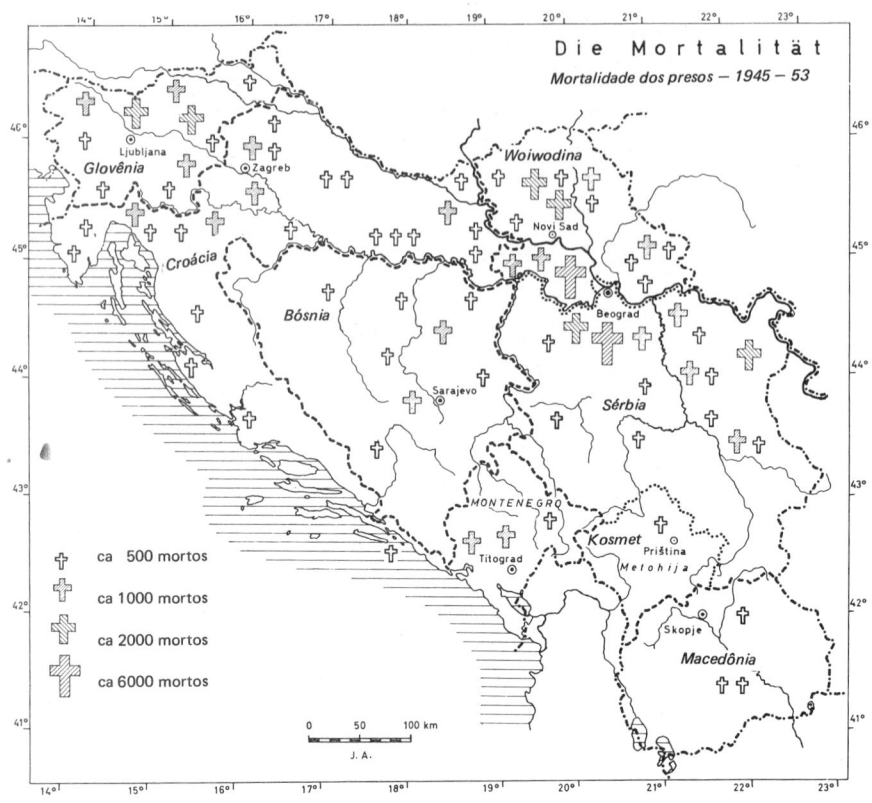

Die Massengräber der Gefangenen 1943 - 1953

ca. 500 Tote
ca. 1 000 Tote
ca. 2 000 Tote
ca. 6 000 Tote

Die sieben Vernichtungslager: 1. Gakowa; 2. Kruschiwl; 3. Iarek; 4. Rudolfsgnad; 5. Molidorf 6. Mitrowitza; 7. Tenie.

Auf der Landkarte lauten die Inschriften der Länder in Deutsch: 1. Slovenien;
2. Kroatien; 3. Bosnien; 4. Serbien; 5. Mazedonien (von links nach rechts).

Partisan Lazo hatte die verpflegerische Obsorge für diese Kinderheime. Er stellte nur Frauen an, die sich seiner wüsten, geilsüchtigen Gesellschaft gefügig zeigten. Für dieses Pflegepersonal hat man bequeme Federbetten eingerichtet. Wie aber die noch treuen Seelen dort vor Gefahr beschützen? Wie sie vor der Flucht aus dem Kinderheim bewahren, da ihre Hilfskraft in der religiösen Erziehung jetzt unbedingt notwendig ist?

Geknickte Blumen

Im Vorzimmer des Kinderheims hat sich ein Frauenzimmer in mittleren Jahren mit viel Schmeicheleien und in auffälliger Aufmachung an Lazo herangemacht. Sie war als Wahrsagerin und Städterin überall bekannt geworden. Alle Begünstigungen der bequemen Wohnung und der guten Kost hatte sie genossen und scherte sich nicht um die sterbenskranken Kinder. Mein Erscheinen im Kinderheim war dieser Städterin immer ein Dorn im Auge. Meinte sie vielleicht, ich schmälere ihr den Geschäftsverdienst? Sie flüsterte dem Lazo ins Ohr: ,,Der Pope erscheint hier und hat auch einige Pflegerinnen hierher geschickt!''

,,Was hat dieser Pop im Kinderheim zu suchen?'' platzte er nervös heraus und biß sich auf die Lippen. ,,Will der die Kinder zu seinem Gott, der nicht existiert, um Hilfe beten lehren? Da müssen wir dahinter kommen!''

Maria, ein bildhübsches Schwabenmädchen, erfuhr von diesem Gespräch durch ihre Freundin und blieb die kommende Nacht nicht im Kinderheim. Die guten Pflegerinnen verriegelten nachts die Türen. Sie verlangten das auch von den leichtfertigen und flatterhaften Mitarbeiterinnen.

Es vergingen Tage. Lazo und seine schmutzigen Gesinnungsgenossen witterten einen Gegenwind und vermuteten die Ursache der neuen Haltung: ,,Der Pfaff hat seine Finger im Spiel!'' Früher waren die Genossen liebenswürdig, wenn wir einander zufällig begegneten. Jetzt wandte man den Blick von mir ab. Meine Lage wurde jeden Tag gefährlicher. Ich mußte ihnen aus dem Weg gehen.

Die Partisanen bauten ein Spitzelsystem auf, ein Netz von Verrätern unter den Gefangenen, denn nur so konnten sie diese Dinge erfahren. Was dann, wenn die so fieberhafte Kommunionvorbereitung vereitelt würde? Beim Unterricht durfte ich die Kinder nur noch durch den Garten versteckt besuchen. Die dauernde Haltung eines Illegalen, eines Verbrechers oder Räubers, der ständig auf der Hut sein muß, nicht ertappt zu werden, setzte meinen Nerven sehr zu.

Am frühen Morgen beim Krankenbesuch kam ich in ein Zimmer. Eine Anzahl von Frauen lag auf dem Stroh. Es ist das alltägliche Bild. Eine ältere Frau stöhnte und schluchzte erbärmlich. Ich ging zu ihr. Kaum kann sie im Stöhnen einige verständliche Worte hervorbringen.

„In der Nacht kommt ein junger Soldat daher. Er springt auf mich los ... er versetzt mir Rippenstöße mit seinen Stiefeln ... die mit Eisen beschlagen sind ... er steigt auf mich mit der Wucht seines ganzen Körpers." Die Frau jammert vor Schmerzen und bringt kein Wort mehr heraus.

In der Wohnung nebenan begegne ich einer gebrechlichen Großmutter. Vor Hunger erschöpft, kommt sie ganz wackelig daher. Auch sie hat ihr Leid von der vergangenen Nacht zu klagen: „Da kam im Finstern ein Unmensch daher, und brach in unser Schlafzimmer ein. Er packte mich, die Älteste von allen. Er trieb mich hinaus in den Hof. Er nahm noch die Bettdecke mit. Er quälte mich, schändete mich ..." Die alte Frau brach in Tränen aus.

„Warum gerade mich? Wie stehe ich vor Gott?" Sie zitterte vor Erregung und Stöhnen.

Als die Schändung der Frauen und Mädchen schon zu arg geworden war, entschloß ich mich, beim Kommandanten Schutzo vorstellig zu werden. Was dann, wenn er der unmittelbare Urheber von allem jetzt auch moralischem Übel ist? Ist da für mich nicht zuviel gewagt?

Bei der Haustür begegnete ich einer aufgeputzten jungen Frau. Ihre vollen roten Wangen verrieten, daß sie als Lagerinsassin noch nichts von dem Leid der Verhungerten gespürt hat. Bei meinem Anblick ist sie mit den anderen, die so zahlreich in der Küche beschäftigt waren, erschrocken. Da standen sie in blühender Gesundheit mit offenem Mund vor Staunen. — „Ist der Kommandant zu sprechen!"

„Sie meinen Genosse Schutzo?", wollte eine wissen.

„Jawohl!" Sie zeigte auf eine Tür. Ich klopfte an und trat in den geräumigen Speisesaal ein, wo Schutzo mit seinem Stab der Getreuen sich mit Wein vergnügte. Leere und volle Flaschen standen auf dem Tisch, der mit einem weißen Tischtuch bedeckt war. Es war etwa 10 Uhr vormittags. Mit trüben Augen bestaunte mich diese so früh beschwipste Gesellschaft. Sofort merkte ich, hier zu einer sehr ungelegenen Stunde in meiner Angelegenheit erschienen zu sein. Es gab aber keinen Rückzug mehr. Um eine Auseinandersetzung zu vermeiden, die doch in meiner Angelegenheit mehr zerstört als geholfen hätte, schnitt ich nach den üblichen Grußworten ein Gesprächsthema an, das ohne große Spannungen verlaufen könnte. Bei unserer letzten Begegnung gab Schutzo zu, daß die Kinder unschuldig seien.

„Der Kummer um die Kinder bringt mich hierher, Genosse Kommandant!" Dabei brachte ich die letzten Worte kaum mehr über meine Lippen, weil sie mir widerlich und heuchlerisch erschienen.

„Ohne Sorge, Genosse Pop! Alles kommt in Ordnung! Unser sozialistischer Staat sorgt für die Kinder. Keine Angst, die werden jetzt hinreichend gefüttert, und dann werden sie alle in unseren staatlichen Kinderheimen untergebracht. Eine fortschrittliche Kindergärtnerin ist schon angekommen. Diese wird jetzt die Verantwortung für eine gute Erziehung übernehmen. Ja, was meinst du, Pfaffe, daß wir für die Zukunft dieser Kinder nicht Sorge tragen? Diese Kinder werden Titos Pioniere und dann tapfere Kämpfer im Sinne unserer Befreiungsrevolution. Aus diesen faschistischen, kapitalistischen Kindern werden, du wirst es sehen, musterhafte und selbstbewußte Mitglieder der befreiten Arbeiterklasse und begeisterte Träger einer besseren Zukunft!" Schutzo erhob dreist und eingebildet seinen Kopf, mit dem wildverwirrten, schwarzen Haarwuchs, weil er doch so genau die Worte seines Vorgesetzten wiederholen konnte.

Ich senkte meine Augen und ließ den wilden triumphalen Blick meines Gegners in seiner rednerischen Aufgeblasenheit über mich ergehen. Darf ich darauf eigentlich eine Antwort geben? Würde nicht jede Einwendung dieses rote Feuer in seinen haßerfüllten Augen noch mehr zum Auflodern bringen?

In dieser verhängnisvollen Stunde kann und darf ich auf keinen Fall mit diesen frivolen, lüsternen Wüstlingen zusammenprallen. Die unschuldigen Kinder stehen doch in der Vorbereitung für die erste heilige Kommunion. Diese erste Begegnung Jesu Christi mit diesen hart geprüften Kinderseelen muß noch zustande kommen! So wollte ich auf Umwegen herausbekommen, wie lange die Kinder noch bleiben werden, darum stellte ich die listige Frage:

„Glauben Sie, die Kinder wären schon transportfähig?"

„Geht noch nicht! In ein, zwei Monaten wird es sich erst herausstellen. Da wird die bessere Verpflegung und die warme Sonne ihr Möglichstes schon dazu tun. So wie die Kinder jetzt heruntergekommen aussehen, dürfen sie nicht in der Öffentlichkeit erscheinen." So will man sich also die Schande dieser Missetat an unschuldigen Wesen ersparen, wie man die Massengräber einebnen ließ, um jede Spur der Mordtaten verschwinden zu lassen!

„Aber Pfaffe, was soll ich mit den Kindern anfangen, die ständig im Entbindungsheim auf die Welt kommen? Niemand kann meine Soldaten von den schönen, blonden Schwabenmädchen zurückhalten!" So hat er die peinliche Frage, deretwegen ich eigentlich gekommen bin, selbst angeschnitten. Das in mir zurückgehaltene, eingedämmte Feuer kam aus mir zum elementaren Ausdruck. Ich stand von meinem Stuhl auf, erhob meine Stirn, meinen Zeigefinger vor dem stramm ausgestreckten Arm, ging in Richtung des Wüstlings, als wollte meine Geste, mein Blick, mein ungehaltenes Wort ihn aufspießen:

„Sie sind der Kommandant! Sie tragen die volle Verantwortung für alles, was hier geschieht. Das sollten Sie wirklich ernstlich bedenken!" betonte ich energisch. Meine Stimme zitterte dabei vor Aufregung und Zorn. Schutzo saß an der Spitze des Tisches in seinem gepolsterten Sessel wie zusammengesackt.

Wie ein wildes Tier, das an empfindlicher Stelle einen tödlichen Schuß bekam und unsicher noch einige Schritte dahinwankt, so kreiste das trübe Auge dieses tierischen Unmenschen auf die am Tische sitzende Gruppe seiner lüsternen, sinnlich gierigen Helfershelfer. Da rief ich der Runde zu:

„Meint ihr, euch vor der sozialistischen Gemeinschaft der Verantwortung wegen dieser Mißstände entziehen zu können?", hämmerte ich auf das Eisen so lange es glühte. „Wenn das alles an die Öffentlichkeit kommt, was meint ihr, was für Folgen wird das für euch haben?" Die Stirnen mit dem roten Stern unter den Mützen runzelten sich, sie fühlten sich geschlagen. Anstandshalber reichte ich Schutzo und den anderen die Hand zum Abschied. Die Uniformierten schauten sich gegenseitig stumm und betroffen an. Mit ihren vor Wut funkelnden Augen wollten sie mich am liebsten auf der Stelle verschwinden lassen. Als ich den Raum verließ, war keine der Frauen mehr zu sehen. Sie hatten an der Tür gelauscht, um zu hören, was der Pfarrer mit den Partisanen zu reden hatte. Wie beflügelt verließ ich dieses unheimliche Haus. Auf dem engen Steg durch den Blumengarten im Hof bemerkte ich die von einem Soldatenstiefel rücksichtslos geknickten Narzissen, die eben ihre herrliche Blütenpracht aus dem lockeren Boden zur warmen Frühlingssonne emporheben wollten. — Gebrochen, zertreten waren sie und lagen darnieder.

Unsere Kalvarientrauer

„Kinder, nicht so laut, die Partisanen könnten euch hören!" — Alle saßen sie auf dem Boden um die Katechetin geschart. „Wer geht heute auf die Straße, Wachtposten stehen?" — Niemand wollte den Raum verlassen. Alle wollten die Erzählung über den Heiland hören. In dieser Umgebung klingen die Worte über Jesus und seine Werke ganz anders als sonst. Die Märtyrergeschichten aus der Verfolgungszeit der ersten Christen sind für diese Glaubensbekenntnisse handgreiflich nahe. Man sympathisiert mit den heldenhaften Burschen wie St. Pankratius, einem jungen Sportler, der von seinem heidnischen Schulfreund als Christ ertappt und deshalb dem Richter angezeigt wurde. Wegen seiner verletzten Eifersucht im sportlichen Wettbewerb: er wurde nämlich von Pankratius im Ringkampf besiegt. Der kleine Tarcisius erscheint den Kindern als sympathischer Held, da er nach seiner ersten heiligen Kommunion den Eingekerkerten das eucharistische Brot bringt und unterwegs den heidnischen Kameraden zum Opfer fällt. Wie werden die Kinder von den Geschichten über die jungen Mädchen Cäcilia, Agatha und Agnes gepackt, die lieber ihr Leben lassen als die Freundschaft mit Jesus durch eine Sünde verlieren.

Das Osterfest ist nahe. Den Kindern erzähle ich von Jesus, dem siegreichen Heiland über Tod und Sünde. Die Kleinen fragen, ob in diesem Jahr der Osterhase kommen wird. — ,,Gewiß! Das Nest für die Ostereier müßt ihr rechtzeitig bauen'', lächelte ich.

Unsere Hilfsorganisation hat sich erweitert. Die Stadt Sombor ist dieses Mal inbegriffen, und die Helfer und Helferinnen bis Tavankut und Bajmok, etwa 50 km gegen den Norden, sind überall am Werk. Wie immer, sind die Ärmeren hilfsbereiter als die Wohlhabenden, die immer nur Gefahren wittern und sagen: ,,Hände weg! Was dann, wenn die Partisanen etwas davon erfahren? Wenn es erlaubt wäre, hätten wir gerne geholfen!'' — Unsere christlich gesinnten Nachbarvölker haben dennoch tatkräftig und großzügig ihre Liebe zu den Gefangenen gezeigt. Alle gezielten Propagandaversuche durch die Partisanen, den Haß gegen die Deutschen zu schüren, sind an der christlichen Haltung der Kroaten und Ungarn gescheitert. Keiner in Stadt und Land war zwar von den schweren Abgaben an das neue rote Regime verschont. Die Ablieferungen, die von den Landwirten geleistet werden mußten, waren nichts anderes als Plünderung; und dennoch brachte man immer noch Hilfe für die Gefangenen auf.

In der Karwoche ging ich in die Abteilung unserer Männer, die als Kutscher auf der Kolchose beschäftigt waren. Auch sie sollten bei den bevorstehenden Feiertagen etwas von der Liebe Christi verspüren. Da stand ich am Abend unter den Männern, die ihre schwere Tagesarbeit auf den umliegenden Äckern vollendet hatten. Durch sie ging hauptsächlich der Schmuggel mit Nahrungsmitteln ins Lager. Ich lud sie ein, in die Kirche zu kommen. Der Kommunismus konnte so leicht über uns den Sieg davon tragen, weil das Christentum bei vielen von uns hier und anderswo bloß eine äußerliche Tünche war und nicht tief genug ins Alltagsleben eingegriffen hatte. Eine für mich stets niederschmetternde Feststellung! Am Freitag wurde dieser wunde Punkt an der Seele dieses Volkes in der Predigt hart angepackt. Obwohl die Kirche überfüllt war, wurden doch kaum 1 000 Menschen von den beinahe 20 000 Gefangenen angesprochen. Das ungerechte Schicksal hat so viele von Gott getrennt. Man ist am Vater-Gott irre geworden. ,,Sind die Mörder und Plünderer in der Welt nicht besser dran als die Christen, fragen sich die meisten. ,Wozu noch Rücksicht auf den Nächsten üben?' Homo homini lupus est! — Der Mensch ist dem Mitmenschen ein Wolf.

Ohne Zweifel ist das Leidensproblem in unserer christlichen Existenz ein Geheimnis, das am Karfreitag auf Golgatha seine einzige Lösung findet. Ohne Christentum gibt es keine Menschlichkeit. Christus setzt sein Erlösungswerk in Schmerz und Leid durch uns fort. Als Christen sind wir Glieder seines geheimnisvollen Leibes.

,Liebe strebt nach der Ähnlichkeit mit dem Geliebten', sagen die Revolutionäre des Kreuzes. Christus hat jedoch das Kreuz nicht gewollt, nicht gesucht, nicht verlangt: ,Vater, nimm hinweg diesen Kelch!' — Aber er wollte lieber aus liebevoller Hingabe gehorchen, und so ist ihm das Kreuz zum Ausdruck höchster Liebeserweisung zu seinem Vater und zu uns geworden.

Wir schreien so laut nach Gerechtigkeit. Hier am Kreuz wird für unsere Ungerechtigkeit Genugtuung geleistet. Wenn ich die Massengräber auf dem Friedhof betrachte, kommt mir der Gedanke, erlaubt es mir, daß ich es in dieser verehrungswürdigen und geheiligten Todesstunde unseres Herrn und Heilandes ausspreche: Sind nicht von den Müttern, oder besser gesagt, Nicht-Müttern, mehr unschuldige Kinder, bevor sie das Licht der Welt erblickten, dahingemordet worden als in unseren Massengräbern ruhen? — Am Karfreitag hat Jesus, der Unschuldige, unsere Schulden auf sich geladen. Unsere Sünde hat ihn ans Kreuz geschlagen. Kann einer unter uns sagen, daß er völlig unschuldig ist?

Die Sünde ist einzig allein der Gott herausfordernde Feind, sie ist aber in unserem Todeslager noch nicht verschwunden. Können wir so die Hilfe Gottes erwarten?''

Von der Kanzel kam ich nach der Predigt herab, dann begann Kaplan Matthias mit der Andacht der Kreuzverehrung. In der Sakristei stand ein Bub. Seine Kappe von einer Hand in die andere legend, flüsterte er mir aufgeregt ins Ohr: ,,An der Lagergrenze werden Ordensschwestern von den Partisanen festgehalten. Ein Pater soll schnell kommen, vielleicht kann man für sie etwas tun und sie freibekommen!'' Ich freute mich über die opferbereiten Ordensschwestern von Stanischitz, die diese Nahrungsmittel mehr als 10 km von dort nach hier schoben, aber aus den Händen der Wachposten glücklich gerettet wurden. Kein Kind soll am Ostertag hungern! —

Die Briefe haben ihre Wirkung getan. Alte Bekanntschaften, längst verschüttete Freundschaften wurden neu belebt. Die als Kinder in ungarischen oder kroatischen Ortschaften im vielfach gepflegten Sprachaustausch, sei es in Subotitza, Kanischa, Temerin usw. waren, wurden jetzt nach Jahrzehnten im Lager besucht und reichlich mit Paketen beschenkt. Eine vielsprachige Volksgemeinschaft hat sich in der Not zusammen gefunden.

Als ich am Karsamstag mit dem Bauernwagen durch die grünen Frühlingsfelder fuhr, um das gesammelte Brot und die Geschenke abzuholen, habe ich mehr als ein Dutzend Feldhasen gesehen, was sich auf meinen wiederholten Bettelreisen noch nie ereignete. Als ich in den Hof des Kindergartens einfuhr, riefen mir einige von den kleinsten zu: ,,Kommt der Osterhas?" — Dabei log ich nicht, als ich ihnen beteuerte: ,,Osterhasen springen auf dem Feld herum, soviel hab' ich im Leben noch nicht gesehen! Kinder, baut ein großes Nest! Vielleicht kommt er auch zu euch." Sie sprangen Gras holen, um ihr Nest noch besser herzurichten.

Die Kinderpflegerin erzählte mir: ,,Am Ostermorgen, es war vor vier Uhr, standen die Kinder schon auf und schlichen sich an ihr Nest. Als ihr Nest voll mit farbigen Eiern und anderen Geschenken war, die sie im Lager noch nie gesehen hatten, taten sie einen Freudenschrei:

,Der Osterhas' war da! Schau was er gebracht hat!" Es war ein jubelndes Durcheinander an diesem Ostermorgen 1946. Nicht einmal die größten Rowdies trauten sich die Sachen anzurühren. Jeder trug dann den Inhalt aus dem Nest auf sein Strohlager im Zimmer. Die ganz Kleinen fragten staunend: ,,Wie konnte der Osterhase ins Lager kommen, daß die Partisanen ihn so schwer beladen nicht erwischt haben?" Die anderen antworteten wieder: ,,Es war doch Nacht! Da sieht der Partisan nichts."

Am Ostersonntag ging man in Scharen mit Frühlingsblumen auf den Friedhof zu den Massengräbern. Eine Todesfeier am Ostertag?

Osterfest, ein Freudenfest auch für uns Leidensgeprüfte im Lager! Christus, unser Herr, hat den Tod besiegt. Wenn uns die lieben Angehörigen von unserer Seite gerissen wurden, da glauben wir Christen fest: ,,Sie sind nicht tot! Sie leben mit Christus! Wer mit Christus in den Märtyrertod geht, wird in demselben Augenblick ein neues, glorreiches, verherrlichtes, verklärtes, himmlisches Leben mit Christus beginnen. — Nein, wir dürfen heute wegen unseren Dahingeschiedenen nicht wehklagen und trauern. Mit Blumenkränzen sollten wir deshalb ihre Gräber schmücken!" —

Diese Worte hat das Volk spontan aufgenommen. In den Augen der zum Märtyrerfriedhof geeilten Menschen standen Tränen.

Der Theologiestudent Hans Krewenka kam zu diesem Tag aus Österreich, überquerte die ungarische und jugoslawische Staatsgrenze und dann die gefährliche Lagergrenze, um seine Geschwister wegzuholen, in die Freiheit zu führen. Es ist ihm gelungen, alle seine Angehörigen aus der Todesnot zu retten.

Spät abends fiel ein Schuß an der Lagergrenze. Von Mund zu Mund ging die Nachricht: ,,Einen Mann haben sie erschossen!" Ich schlich mich an den Ort des Geschehens. Er war nicht weit vom Friedhof. In der Kreuzgasse hörte ich lautes Weinen. Ich ging in diese Richtung. Im Zimmer schluchzte die Frau mit zahlreichen Kindern:

,,Unsern Vater haben sie erschossen ... Vom Bezdaner Wald, aus dem Arbeitslager kam er und hat uns zu Ostern Pakete gebracht. Auf dem Rückweg hat man ihn erwischt. Sie erlauben nicht, daß ich ihn sehe; blutüberströmt hat man ihn ins Massengrab geworfen!"

So waren unsere Osterfreuden 1946 in Gakowa durch dieses Verbrechen getrübt.

Das große Ereignis

Matthias und ich sitzen beisammen und beraten: Was ist zu tun? Die Erstkommunionfeier steht bevor. Sollen wir das Fest ganz geheim durchführen, nach der Art der ersten Christen in den Katakomben? Die Meßfeier in den Schuppen und Viehställen halten, wo jetzt geheim der Unterricht durchgeführt wurde? Von den über 700 Kindern mußten wir etwa 100 wegen Krankheit und mangelhafter Vorbereitung zurückstellen und sie auf die nächste Festlichkeit vertrösten. Können wir über 600 Kinder geordnet in Reihen in der Kirche sehen lassen? Kann man sie mit Kränzen und weißen Kleidern erscheinen lassen? Dürfen wir das Fest einer Gefahr aussetzen?

,,Ich glaube, man soll es wagen und in der Kirche die Festlichkeit durchführen. Wir stehen anscheinend vor einem Zusammenbruch unserer religiösen Tätigkeit für die Kinder, wie für die Erwachsenen. Heute ist ein blauer Milizler in die Kirche gekommen. Das Militär ist von der Miliz abgelöst worden. Als er durch die Sakristeitür hereinkam, ging ich ihm entgegen. Auf die Frage, was er wünsche, äußerte er sich, er wolle die Kirche besichtigen, da er nie in seinem Leben in einer Kirche war. Er sagte noch, er komme aus Kosmet und bei ihnen gebe es nur Moscheen. Er betrachtete alles in der Kirche und hörte dem Gesang interessiert zu.

Als ich ihn hinausbegleitete, sagte er mir, er sei von der ersten Gruppe der neuausgebildeten Miliz, die die Überwachung des Lagers übernehmen würde. Aus dem Gespräch konnte ich noch entnehmen, daß alle neuen Wachposten aus dem Süden des Landes stammen. Offensichtlich hat man diese Männer vom Süden hierhergebracht, daß sie sich nicht so schnell durch Freundschaft korrumpieren lassen, wie die vorhergehenden Ungarn, Kroaten und Serben aus der Woiwodina-Brigade, denen die Unschuld der Gefangenen bald bewußt wurde.

Beim Abschied flüsterte ich dem Milizler ins Ohr: ‚Sie können doch nicht mit diesen Frauen und Kindern hart umgehen. Sie müssen wissen, diese Menschen sind völlig unschuldig und haben absolut nichts mit Hitler gemeinsam.‘

Der Mohammedaner schien mich verstanden zu haben. Ich fürchtete jedoch, diese Skipetaren werden die Aufforderungen von oben haargenau durchführen wollen, wenn sie auch keinen persönlichen Haß gegen unser Volk hegen."

Wir waren der Meinung, man sollte bei unserer bevorstehenden Feier nichts unterlassen, was zur Hebung der festlichen Wirkung beiträgt, aber außerhalb der Kirche dürfen wir nichts in Erscheinung bringen. Wenn es uns noch gelingen sollte, alle Nahrungsmittel, die von den Helfern in weiter Umgebung vorbereitet wurden, hereinzubringen, dann käme das einem Wunder nahe. Die Kinder strömten herbei, die schon geflickten Kleider waren schön gewaschen. Viele Mädchen brachten ihre Blumenkränze, die sie erst in der Kirche auf ihren Kopf legen wollten. Weit über 600 Kinder füllten die Dorfkirche. Nur für die nähere Verwandtschaft gab es noch Platz in der Kirche. Jedes Herz klopfte erregt vor Freude, als diese abgemagerten, erschöpften Kinder mit hellem Klang sangen: „Ein Haus voll Glorie schauet!" — Dieses Haus Gottes so fröhlich, so schön, so rein, so unschuldig, mit goldenem Geschmeide, sind vor allem diese unschuldigen Kinderseelen. Gestern sind sie in der hl. Beichte reingewaschen worden vom Staub des Alltags. Jetzt wird in Gestalt von Brot, Christus, der Kinderfreund in diese Kinderherzen einziehen, und zum ersten Male diese zwar jungen, aber geprüften Kämpfer seines Reiches mit seiner Kraft für das weitere Ringen im Guten stärken. Einige von ihnen tragen unter den Blumenkränzlein noch Wunden von den Mißhandlungen, aber alle ohne Ausnahme sind sie gezeichnet vom bitteren Hungerschmerz, der tiefe Spuren in ihr Antlitz, in ihre Augen und Wangen gegraben hat. Viele leiden an Skorbutwunden und verschiedenen anderen Krankheiten.

Der Mehrheit dieser Kinder ist die Mutter gestorben oder irgendwo nach Rußland in die Bergwerksgruben verschleppt worden.

So empfehlen diese Kinder ihre Mutter der schützenden Macht Gottes und bitten, ihre Mutter bald wieder zurückzubekommen.

Die aufgeweckteren Kinder haben das gottlose Handeln der Partisanen durchschaut, und sie beten um die Kraft, in den bevorstehenden Kämpfen standhaft bestehen zu können.

Als die Orgel das Marienlied anstimmte, schienen die Fensterscheiben von den lautsingenden Kinderstimmen zu zittern.

Rose, ohne Dorne, o Maria hilf!
Du von Gott erkorne, o Maria hilf!
O Maria, hilf uns all, hier in diesem Jammertal.

Meine erste Frage, als ich das letzte Paramentenstück abgelegt hatte, war: ,,Ist der Wagen mit den Lebensmitteln von Sombor angekommen?'' — ,,Ja, er ist da!'', sagte der Mesner und zwinkerte mit den Augen. Wegen seines dichten Schnurrbarts konnte man sein verschmitztes Lächeln nicht merken.

,,Gott sei Dank! Es ist also gelungen!''

Es war ein vergnügtes Zwitschern und freudiges Lachen der Kinder, die in Reihen aus der Kirche zogen und zu zweit durchs hintere Tor in den Pfarrgarten gingen. Das Zelt auf dem Wagen war aufgeschlagen, der große Bauernwagen war bis zu seinen Wagenleitern mit Backwaren gefüllt. Als die Kinder herbeistürmten, erhielten sie volle Hände mit Geschenken.

,,Wie ist es gegangen? Hat's Schwierigkeiten unterwegs gegeben?'', wollte ich vom Kutscher wissen.

Alles ging tadellos vor sich ... nur eins, der Wagen war zu klein, deshalb mußten einige Körbe mit Kuchen dort bleiben. ,,Das wird für heute reichen. Den Rest holen wir später!'' Dieses Ereignis kann man mit der wunderbaren Brotvermehrung in der Wüste vergleichen. Es war ein Wunder der Liebe für die Kinder in der Not.

Am frühen Morgen war ich mit meinem Rucksack auf dem Rücken schon reisebereit. Pfarrverweser Paul Pfuhl mit Kaplan Matthias Johler würden den Lagerdienst weiterführen. Das tröstete mich. Auf dem Hausflur warteten noch Leute. Einige baten um Arzneien, andere wollten den Kranken den Rest vom Kuchen bringen.

,,Aber wen seh ich da? Jergl, bist du das? Wie kommst du daher?'' Ich begrüßte den jungen Mann, den ich in Neusatz als Kutscher des Jareker Lagerkommandanten kennengelernt habe.

,,Hochwürden, ich bin mit Marie getürmt. Wir wollen von hier aus über die Grenze durch Ungarn nach Österreich. Nur ... '', stotterte Jergl etwas zögernd und drehte seine Mütze in der Hand wie ein Rad.

„Na, Jergl, was bedrückt dich denn?"

„Es bedrückt mich nichts, nur wollte ich noch vor der Flucht heiraten. Marie kennt ihr doch. In Neusatz habe ich von ihr erzählt ... "

„Schön und gut, Jergl! So schnell geht das aber mit der Hochzeit nicht. Hier ist der Pfarrer, berate dich mit ihm ... ich muß zur Bahn!"

Schwer war der Abschied von den Amtsbrüdern. Wir schüttelten uns die Hand: „Kämpft hier weiter, ich gehe an eine andere Front!"

Beim Ausgang trat mir noch eine Mutter entgegen, die auch einen Erstkommunikanten hatte und im Kinderheim tätig war. „Hochwürden, nur noch eine Frage. Was war denn gestern bei den Kindern? Als mein Kleiner, der Toni, zurückkam, packte er meine Hand und sagte: „Mama, ich werde nicht erlauben, daß man mir Jesus aus dem Herzen reißt. Ich werde ihn nicht verraten!" Da sagte ich der Mutter: „Toni hat es erfaßt ... gut so!"

An einem der darauffolgenden Tage wurden Hunderte dieser Kinder in staatliche Kinderheime überführt, wo alles erlaubt ist, nur nicht das Gebet.

* * *

III

TÄGLICHER WIDERSTAND

Zwischen zwei Welten

Feind und Freund

Langsam, bedächtig, ja zaghaft schreite ich über die Marmortreppen des Regierungspalastes. Die Wachtposten beim Eingang halten mich auf. — „Ausweis?" — Sie kontrollierten meine Papiere. Der junge Uniformierte wollte wissen, mit wem ich sprechen wolle.

„Mit dem Vizepräsidenten der Woiwodinaregierung. Er ist mein Kollege!" — Der Diensthabende strafft sich. „So will ich dich haben, du Teufelsknecht!" dachte ich mir, und überwand die Angst, die in mich gefahren war.

„Zweiter Stock links bitte!" orientierte er mich in diesem riesigen Labyrinth. Da ich diese erste Barriere überwunden hatte, faßte ich Mut. Wie wird es weitergehen? Auf der Marmortreppe ließ ich mir Zeit, meine Gedanken zu fassen, meine Ideen zu formulieren, alle Argumente schlagfertig bereit und alle Auswegmöglichkeiten zur Hand zu haben, um meine Pläne vorteilhaft und den „Befreiungskämpfern" annehmbar zu schildern. Der Genosse Masnić ist eine traurige Priestergestalt. Mit den Kommunisten kämpfte er seit Jahren in den Reihen der Revolutionäre. Gab es für ihn wirklich keinen anderen Ausweg in seiner verpfuschten Karriere? Von seinem Bischof als Verräter durchschaut, übernahm er die Judasrolle, die Sache Christi durch schnödes Geld zu verraten. — Und ich lasse mich jetzt herab, mit dieser Verräterseele zu verhandeln? Bin nicht auch ich auf eine schiefe Bahn geraten? — „Gott kann auch auf schiefen Linien gerade schreiben", dachte ich mir und versuchte dabei, auch meinen verirrten Kollegen zu entschuldigen. „Vielleicht kann ich aus einem mißratenen Mann doch etwas Vorteilhaftes für unschuldige Menschen herausholen?" fragte ich mich beklommen.

Im Vorzimmer wurden meine Wünsche zu Papier gebracht und weiter geleitet. Aus dem Audienzsaal kam eine Gruppe von Bauern. Durch die offene Tür erblickte mich der Vizepräsident und winkte mir zu, da er mich im Priesterkleid sah. Wir kannten uns noch nicht näher, und so stellte ich mich vor. Der Partisanenpriester war freundlich, deshalb faßte ich Mut und Zuversicht.

„Die Leute in den Lagern der Woiwodina sind in äußerster Not. Ohne Gerichtsverfahren sind Tausende zum Hungertod verurteilt." — Er unterbrach mich: „Die Lage ist mir bekannt! Daran ist nichts zu ändern. Unsere Regierung wollte diese Leute nach dem Westen abschieben. Die Westmächte nahmen sie jedoch nicht an. Die Transporte wurden uns zurückgestellt. Kollege, sie müssen wissen: Alle in unserem Staat leiden Not. Die Nachkriegsjahre sind einfach so."

Auf den Lippen stand es mir: ,,Warum verbietet man zu helfen?" Aber die Klugheit riet mir ab, mit der ganzen Wahrheit herauszurücken und dadurch noch mehr zu verderben, deshalb sagte ich ganz milde und gelassen: ,,Das Notwendigste zum Leben hätte man den Leuten leicht herbeigeschafft, wenn man einen Fürsprecher für diese Unschuldigen finden könnte."

,,Jeder, der nur ein Wort für diese Leute einlegt, ist verdächtig. Ihnen helfen zu wollen, ist gefährlich, Kollege!" Er hatte verstanden, worauf ich hinaus wollte.

Er fuhr dann mit gedämpfter Stimme fort:

,,Von diesen Gefangenen sagen wollen, daß sie unschuldig sind, ist Ihnen, Pater, nicht zu empfehlen. Sie laufen eine große Gefahr, muß ich Ihnen offen gestehen. Stürzen Sie sich nicht unnötig ins Unglück! Das ist ein gutgemeinter Rat!"

,,Mein Hauptanliegen ist, daß Sie mir die Erlaubnis erwirken möchten, als Priester diesen verzweifelten Seelen den Glaubenstrost spenden zu können. Diese Unschuldigen haben nach der Landeskonstitution das Recht, ihren Glauben frei und unbehindert ausüben zu können." — Das innere Feuer hatte mich wieder gepackt. Mein feiger Gegenspieler fühlte sich wie an die Wand gedrückt.

,,Da kann ich Ihnen wirklich mit dem besten Willen nicht helfen. Wenn das mein Bereich wäre, hätte ich es sicherlich getan. Sie wissen doch, daß ich Priester bin." — ,,Nicht wenige aus Ihrer früheren Pfarrgemeinde sind auch unter den Gefangenen. Sie wissen doch, daß diese Leute keine Kriegsverbrecher sind, deswegen wurden sie angeklagt, verschleppt und zum Tod verurteilt."

,,Ich werde Sie bei unserem Regierungschef anmelden und ihr Anliegen wärmstens empfehlen." — Wir verabschiedeten uns, er unterließ es aber nicht, schmeichlerisch an mich eine Frage zu stellen: ,,Wie beurteilt man es unter dem Volk, daß ich diesen Posten angenommen habe? Ist das moralisch zulässig?" Mein Blick auf ihn war kalt und starr. ,,Dadurch kann ich doch so viel Gutes tun!" meinte er.

,,Da müßten Sie am besten das Urteil Ihres Bischofs einholen. Er ist für diese Dinge zuständig", erwiderte ich. — ,,Das werde ich auch tun", sagte er.

Den Namen des Regierungschefs habe ich nicht zu Ohren bekommen, aber man erzählte mir, er sei Jude, für den sich eine deutsche Familie

Belgrad, die Hauptstadt von sechs verschiedenen Völkern, mit sechs föderativen Republiken, sollte eine Brücke zwischen nationalen und sozialen Spannungen sein. Dieser Stadt an der Donau gelang es jedoch nicht zur rechten Zeit, diese schweren Probleme zu lösen. Deswegen ist dieser Vielvölkerstaat in den Rachen des roten Drachens gefallen.

Seit die Vertreter des kroatischen Volkes im Belgrader Parlament durch Schüsse aus serbischer Hand tödlich getroffen gefallen sind, ist die demokratische Regierung in Jugoslawien bis heute abhanden gekommen.

Kardinal Alois Stepinac wurde am 13. Oktober 1946 zu 16 Jahren Zuchthausstrafe in Lepoglava verurteilt. Vor dem Gericht erklärte er: ,,Mein einziges Verbrechen ist es, dem Verlangen der Kommunisten, der einzigen Machthaber des Landes, nicht entsprochen zu haben.'' Beim Gericht standen zwei entgegengesetzte Welten einander gegenüber! Der Heroismus des Erzbischofs vernichtete nicht nur die Anklage, sondern seine Bescheidenheit und Demut machte ihn vom Angeklagten zum Ankläger der kommunistischen Führung. Er sagte unter anderem: ,,Wenn es sein muß: ich bin bereit mein Leben hinzugeben; ich habe meine Pflicht erfüllt.'' Er starb im Hausgefängnis in Krašić am 10. Februar 1960, in seinem 62. Lebensjahr.

verwandte, und so sei er nicht hingerichtet worden. Jetzt aber lädt er sich Tausende von unschuldigen Menschenleben aufs Gewissen. Am liebsten wäre ich gar nicht vor diesem Unmenschen erschienen, aber nun gab es keinen Rückzug mehr.

Hinter einem Schreibtisch in einer Ecke, in einem verhältnismäßig kleinen Kabinett, saß der Uniformierte, dessen Amtsgrad mir aus dem Gedächtnis entfallen ist. Er hob seinen Blick schief auf mich und erwähnte den erhaltenen Anruf vom Genossen Pop Masnić.

„Was führt Sie also zu mir?" fuhr er mich barsch an.

„Genosse, ich bin Priester. In allen zivilisierten Ländern wird dem größten Verbrecher vor seiner Hinrichtung noch der letzte Wunsch erfüllt. Bei allen europäischen Völkern ist es Brauch, daß der Priester den zum Tode Verurteilten vor der Hinrichtung besuchen darf, um mit ihm, wenn er es wünscht, ein Gespräch zu führen. Sie kennen wahrscheinlich den Zustand in den Lagern unserer autonomen Provinz."

„Was geht Sie das an?" Seine geballte Faust fiel hart auf den Schreibtisch. Seine Augen funkelten vor Zorn. „Dort gibt es keine Todesnot. Die Leute dort leben gut! Wie Sie sonst behandelt werden, geht Sie absolut nichts an. Kein Priester hat dort Zutritt. Die letzte Entscheidung in diesen Dingen hat allerdings der Innenminister Ranković. Wenden Sie sich an ihn! Ihr Bemühen ist aber nutzlos! Sie können gehen!" — Ohne mir einen Blick zu gewähren, winkte er mit der Hand ab und vertiefte sich in seine Akten.

Am Bahnhof begegnete ich den deutschen Arbeiterkolonnen, die beim Ein- und Ausladen der Güterwagen beschäftigt waren. Alle trugen zerschlissene Kleider, Militäruniform oder Zivilkleidung. Wenige von ihnen hatten Schuhwerk an den Füßen, meistens waren sie barfuß. Ausgemergelt und erschöpft waren diese Männer. Sie leisteten Fronarbeit für eine wässrige Suppe und ein karges Stücklein Maisbrot. Sie standen in einem wirklichen Sklavendienst.

Ich machte mich auf die Reise nach Belgrad. Unser Zug eilte durch die Täler des syrmischen Frankengebirges und huschte an einer mir liebgewordenen romanischen Kirche auf dem Hügelabhang vorbei. Mein Gruß galt dem Heiligtum von Maria Schnee, der Schutzherrin und Helferin der Christen, einem Wallfahrtsort, noch vom Türkenbezwinger Prinz Eugen von Savoyen errichtet. An Wallfahrtstagen verboten jetzt Titos Milizler mit schußbereiten Waffen, daß die Marienverehrer aus allen Nationen und Religionen der Woiwodina, die seit der Gründung dieses katholischen Heiligtums 1716 so zahlreich zur gemeinsamen Gnadenmutter herbeiströmten, in ihrer Not Hilfe suchten. Wer die gemeinsame Mutter der Christen nicht hochzuschätzen weiß, dem ist das dahinströmende Blut des Bruders und der Schwester bedeutungslos.

Im Sprechzimmer seiner Residenz empfing mich der Erzbischof von Belgrad, Dr. Josip Ujĉić, liebenswürdig und sehr entgegenkommend. Er ließ sich alles ausführlich über meine bisherige Tätigkeit erzählen. Aufmerksam und mit innerer Teilnahme hörte er die Schilderungen aus den Vernichtungslagern. Die seelsorgliche Betreuung übte ich bisher völlig illegal aus. Ich fragte ihn, ob er mir möglicherweise eine Erlaubnis vom Innenminister Ranković erwirken könnte. Bedenklich schüttelte er den Kopf.

,,Immer werden noch Priester verhaftet. Unlängst hat man mir meinen Generalvikar Msgr. Petlić verhaftet. Im Banat ist eine ganze Reihe von Priestern erschossen worden, andere wieder schmachten in Kerkern und Konzentrationslagern. Jeden Tag bin ich selbst bereit, abgeholt zu werden.'' Er erhob sein ernstes, von Sorgen gezeichnetes Gesicht und schaute mich freundlich an: ,,Wenn es Ihnen gelungen ist, so segensreich in Gakowa für die Gefangenen zu wirken, wohin beabsichtigen Sie sich jetzt zu begeben?''

,,Das größte Vernichtungslager im Banat ist Rudolfsgnad. Ihren Hirtensegen möchte ich erbitten, um mich dorthin begeben zu können.''

,,In diese irdische Hölle kann ich Sie nicht schicken. Das würde doch bedeuten, sich in Todesgefahr zu stürzen.''

,,Exzellenz, ich bitte Sie nur um die nötige Jurisdiktion für die Arbeit unter den todgeweihten Menschen.'' Er betrachtete mich eine Weile ernst und besonnen, dann fuhr er fort: ,,Gut! Die priesterlichen Vollmachten gewähre ich Ihnen gerne. Zum Pfarrer von Rudofsgnad ernenne ich Sie. Der dortige Pfarrer ist bei der Minierung des Kirchturms durch das Militär tragisch ums Leben gekommen. Wenn Sie sich unbedingt in diese Stätte des Todes einschleichen wollen, dann geschieht das auf Ihre eigene Verantwortung und auf Ihren eigenen Wunsch. So notwendig dort die Betreuung ist, kann man dennoch niemand von den Priestern dazu zwingen. Eine ganze Anzahl von gefangenen Priestern befindet sich dort. Auch ihnen sollte nach Möglichkeit beigestanden werden. Ob Sie für die Gläubigen etwas tun können, ist fraglich.''

Der Oberhirte stellte mir das Ernennungsdokument als zuständigen Pfarrer von Rudolfsgnad aus. Beim Abschied erwähnte ich meine Bemühungen beim Partisanenpriester im Regierungspalast zu Neusatz. Der Erzbischof machte große Augen: ,,Was sagen Sie mir? Sie haben diesen Verräter besucht und ihn um Hilfe gebeten? Der kann doch nicht helfen! Das ist ja nur eine Marionette, ein Aushängeschild, ein Lockmittel, um einfache Menschen zu verführen, als ob der Kommunismus die Kirche nicht verfolgen würde. Ein Wolf im Schafspelz! Diese Judasseelen verursachen nur Verwirrung beim Volk. Immer wieder erscheinen bei ihm Delegationen, die um Erlaubnis bitten, etwa ihre in den Kriegswirren zerstörte Kirche neu aufbauen zu dürfen. Jedes Bitten ist umsonst! Unter dem Vorwand, helfen zu wollen, zerstören sie noch mehr an den geistigen Werten in den Seelen."

„Man kann nicht zur selben Zeit zwei Herren dienen, Gott und dem Mammon. ‚Wer nicht mit mir ist, ist gegen mich!' " Er richtete seinen Blick auf mich und sagte ernst und entschieden: „Wenn Sie nochmals dort um Hilfe bitten sollten, schreiten Sie, bitte, nicht mehr über meine Türschwelle!" Er schmunzelte bei diesen Worten, weil er meine Einstellung kannte. Er gab mir dann seinen Segen und empfahl mich der Vorsehung Gottes. Sein Bischofspalast war zu einer Einsiedelei geworden, wo der Chef des Hauses, wie er mir sagte, zur selben Zeit den Dienst der Schreibkraft, des Pförtners und des Hauskochs spielte. Die triumphale Kirche wurde Schritt für Schritt zur Katakomben-Kirche. Wer kann behaupten, daß sie weniger ruhmreich ist?

Ich ging zum Donauhafen, um den Dampfer zu nehmen, der mich nach Pantschewo bringen sollte. Die Donaubrücke lag noch in Trümmern. Auf dem Schiff begegnete ich einem Geistlichen der orthodoxen Kirche, der sicherlich ein hohes Amt in seiner Kirchengemeinschaft inne hatte. Die Umstände rieten mir, diesmal ohne priesterliches Zeichen in Erscheinung zu treten. Er, mit der hohen Kamilavka auf dem Kopf, in einen breiten, schwarzen Mantel gehüllt, mit ehrwürdigem Bart, eine hochgewachsene Statur, schaute von oben auf mich wie auf einen sündhaften Priesterproletarier, der sich getarnt hat. Wir ließen uns in ein Gespräch über die Lage der Kirche ein. Er fand harte Worte der Verachtung über die katholische Kirche, die sich als Verräterin und Versagerin durch Mangel an christlicher Disziplin immer mehr entpuppte, sich so vom Heiligen Geist lossagte und auf der breiten Straße der sündigen Welt sich ins Verderben begebe. Er zitierte dabei Worte des heiligen Paulus über die Selbstbeherrschung und den Kampf gegen den Geist der Welt. Erstaunt schaute ich zu ihm auf und fragte mich: „Ist es möglich?" Ich schwieg gelassen und dachte dabei an die letzten Artikel des kommunistischen Parteiblattes „Borba", wo Tito wiederum den Papst und die katholische Kirche zum ersten Feind erklärte. Erzbischof Aloysius Stepinac wurde erneut als Volksfeind scharf angegriffen. Auf dem Blatt nebenan jedoch wurde auf dem Bilde der serbische Patriarch Gavrilo von Tito herzlich begrüßt. Wie weit auseinander standen unsere Kirchen im Kampf gegen den gemeinsamen Feind, die gottlose kommunistische Welt.

Unterwegs in die Hölle

Am nächsten Tag fuhr ich nach Pantschowa und wollte mich nach den Internierungslagern umschauen. War es möglich, in diese Baracken einzudringen? Darf ich Mut und Gottvertrauen in den Herzen dieser Verzweifelten wecken? Darf ich Nahrungsmittel diesen Ausgemergelten, diesen Ärmsten der Armen überreichen? Wo sind sie nur, die man zum Freiwild jeder Lust- und Mordgier gemacht hat?

Ich komme an einem Stacheldrahtverhau vorbei. In einiger Entfernung sehe ich Notunterkünfte, unterernährte Frauen vor den Barackeneingängen. Einige sitzen auf Kisten, die andern lehnen an Türstöcken. Vor dem Eingangstor steht ein Wachtposten mit geschultertem Gewehr. Hier sind sie also untergebracht. Meine Augen weiten sich, und meine Schritte werden gemäßigter. Die Frauen hinter diesem Stacheldrahtzaun machen auf mich den Eindruck von völlig niedergeschlagenen Geschöpfen. Anscheinend ist ihnen einzig die warme Frühlingssonne noch wohlwollend gesinnt. Nach dem kalten Winter genießen sie dankbar diese große Gabe Gottes. Es hat den Anschein, als wäre diese Lagerstätte entvölkert. Welches Geheimnis steht dahinter?

Die Tatsache war folgende: Für die Frontkämpfer russischer und jugoslawischer Herkunft hatte man Hunderte deutscher junger Frauen und Mädchen aus dem Banat, die man für begehrenswert hielt, hierher nach Pantschowa ins ,,Arbeitslager'' der Frauen verfrachtet. ,,Menschenmaterial'' aus der Frauenwelt hat man hierher zusammengetrieben, der tierischen Sucht und der bestialischen Gier von Unmenschen zum Genuß nach freier Auswahl vorgeworfen. Ist das sozialistische Errungenschaft, wenn Grobiane sich an machtlose, gefangene Frauen mit einem lieblichen Gesicht heranmachen?

Übrigens hatte der bestialische ,,Venuskult'' in Pantschowa ein noch furchtbareres Ende. Der Kommandant der Einheit, die den Wächterdienst in Pantschowa über verschiedene Gefangenenlager ausübte, rief telefonisch seinen Chef, den General der Gefangenenabteilung im Innenministerium Djordjević an und meldete gehorsamst, die Zahl der durch Geschlechtskrankheiten angesteckten Soldaten seiner Gruppe sei bei der letzten Arztkontrolle im schnellen Ansteigen begriffen, und er verlangte Direktiven in dieser peinlichen Lage. Der Proletarier in der Generaluniform am anderen Ende des Drahtes wußte sofort Bescheid und diktierte Hilfsmaßnahmen.

,,Genosse Major! Daß du mir das Übel liquidierst! Razumeŝ?'' (verstanden?) Hunderte mit Siphilis angesteckte deutsche Frauen und Mädchen wurden zur Hinrichtungsstätte geführt. Wie üblich bei solchen

Erschießungen, mußten sich die Opfer ganz entblößen. Es wäre doch schade um die durchschossenen Kleider!

Ist das das Ende der Geschichte? — Nein, Major Pisarev fiel nach Jahren in Ungnade bei Tito. Er mußte wegen parteipolitischen Differenzen vor dem ,,unfehlbaren'' Diktator von der Bildfläche verschwinden. Er landete im Zuchthaus Mitrowitza, aber nicht wegen Politik, sondern wegen Kriminaldelikten, unter anderem auch eine Unzahl von unschuldigen Frauen ermordet zu haben. Hat diesen Mann also die Gerechtigkeit ereilt? Keineswegs. Er war politisch in Ungnade gefallen. Sein damaliger Kommandant, der den Befehl zur Liquidierung der Frauen gegeben hatte, saß politisch auf dem hohen Roß. Und in diesem System hat immer einfach nur der Stärkere recht.

Für mich aber stand fest: Diese verführten, mißbrauchten und zu Tode gemarterten Frauen gehören mit hinein in ein ,,Martyrologium Pannoniae.''

Von Pantschowa fuhr ich auf einem Lastwagen, der den Omnibus ersetzte, in nördliche Richtung dem größten und berüchtigsten Vernichtungslager Rudolfsgnad zu. Im vollbesetzten Fahrzeug ging es über holperige Wege, durch dichte Staubschwaden, wobei die Passagiere durch die tiefen Straßenlöcher rücksichtslos hin- und hergeworfen wurden.

Die Siedlung Rudolfsgnad wurde in der Mitte des vergangenen Jahrhunderts durch eigene Kraft eines zähen deutschen Bauernvolkes dem Überschwemmungsgebiet der unbändigen Theiß und der majestätisch ruhig dahinströmenden Donau entrissen. Durch Damm- und Kanalisierungsanlagen ist dieses Gebiet mit Sumpf- und Weidengestrüpp der Wildnis abgerungen und in ein blühendes Eden, in eine fruchtbare Weizenkammer umgewandelt worden.

,,Wie mich dort hineinschmuggeln?'' war die Frage, die wie ein Mühlstein auf meiner Seele lag und mich niederdrückte. War es nicht besser, umzukehren und mich in meine friedliche Klosterzelle einzuschließen? Es schmeichelte mir, mich als Jäger gegen bestialisches Raubwild zu betrachten. Ich war mir aber meiner Schwächen bewußt, da ich doch selbst so leicht in den Rachen des Drachen geraten könnte. Die Wahrhaftigkeit der Paulusworte spürte ich in mir: ,,Ich weiß, daß in mir, das ist in meinem Fleische, nichts Gutes wohnt, denn das Wollen liegt mir nahe, aber das Vollbringen des Guten nicht'' (Röm 7, 18).

In Perles, im Nachbarstädtchen von Rudolfsgnad, sprang ich aus dem Lotterkasten und versuchte, den fast fingerdicken Staub von meinen Kleidern zu entfernen. Um nicht ahnungslos und blind in die Falle des Feindes zu geraten, begann ich mit meinen Forschungsarbeiten. Zum Glück begegnete ich bald erfahrenen Vertrauensmännern, die mir auf

der Suche zur Seite standen. Zu diesen Helfern kamen immer nachts ge-
flüchtete Leute aus dem Lager. Bettler, die um ein Stück Brot baten,
und durch sie bot sich die Möglichkeit, die schwachen Stellen dieser
Burg des Todes in Erfahrung zu bringen. Wichtig war für mich die An-
knüpfung an verständnisvolle Menschen, die gewisse Bewegungsfreiheit
im Lager hatten und unter deren Schutz und Vorwand ich mich hinein-
schleichen könnte. Ein altes Ehepaar, das als ungarisch betrachtet wurde und die Entlassung aus ihrer grauenhaften Umgebung erwartete,
würde sicher bereit sein, mich als ihren Angehörigen zu betrachten und
eine sichere Unterkunft geben. Der Amtsbruder in Perles überließ mir
die nötigen Meßgeräte für die Gottesdienstfeier. Versäumen wollte ich
auch nicht, nach Tittel zu gehen und so in der Nachbarstadt der anderen
Seite des Vernichtungslagers auch Auskunft einzuholen. Die Burg mußte von allen Seiten nach ihren schwachen Stellen abgetastet werden. Der
Zug führte die Passagiere nur bis zur zerstörten Theißbrücke. Jeder Rei-
sende sollte dann zusehen, wie er von hier weiterkommt. Vom hohen
Damm bot sich eine Aussicht auf die Stadt der Sterbenden und Toten.
Man sah genau, wie Menschen sich wie wandelnde Skelette auf den Straßen dahinschleppten. Ein tiefer Schmerz ergriff mich. Intuitiv kam mir
der Gedanke über das Gottesvolk in der Babylonischen Gefangenschaft:
,,An den Flüssen der Donau und Theiß, da saßen wir und weinten, unserer verlorenen Heimat gedenkend.''

,,Alle sind sie schuldig, ob groß ob klein! Volksfeinde und Verräter
sind sie an unserer nationalen Sache! So ist es recht, daß sie elend ver-
hungern!'' sagte ein Partisan neben mir, der auch seinen Blick über die
Elendsstätte gleiten ließ.

,,Wie meinen Sie das? Auch die Kinder konnten sich in den Kriegs-
handlungen vergehen?'' — Der Uniformierte gaffte mich mit großen
Augen verlegen an, er ging dann ohne ein Wort zu sagen weiter. Über
die Pontonbrücke begab ich mich mit dem schweren Rucksack beladen
nach Tittel ins Batscher Land. Ohne Erfolg kam ich zurück und versuchte ins Lager zu kommen. Da saßen auf einer Bank vor einer Trink-
bude uniformierte Partisanen. Es flog mir durch den Kopf: Das müßten
Wachtposten sein! — Ich setzte mich zu ihnen und trank etwas, bot
ihnen sogleich auch Zigaretten an. Im Gespräch kamen wir auf den
Brückenbau, der von den deutschen Kriegsgefangenen durchgeführt
wurde.

,,Der Schwabe kann alles! Wie Ameisen arbeiten sie an dieser großen
Brücke, und in wenigen Monaten wird der Eisenbahn- und Wagenver-
kehr zwischen Banat und Batschka funktionieren können'', meinte
einer von ihnen.

„Sie haben die Brücke bei ihrem Rückzug gesprengt, und so muß sie auch von ihnen hergestellt werden", sagte der andere neben mir.

„Tag und Nacht arbeiten sie, weil man ihnen die Heimreise zu ihren Familien versprochen hat, wenn das Werk vollendet ist."

Meine Gesprächspartner stammen aus Südserbien und haben nach der Demobilisierung als Milizler ihre Ausbildung abgeschlossen. Frischgebackene Wachtposten aus der Woiwodina-Brigade haben sichtlich nicht mehr den Wünschen entsprochen.

„Stellen Sie sich vor, Genosse, ich muß eine Familie hier besuchen, die ich so lange nicht gesehen habe", sagte ich in traurig bittendem Ton und bot ihm eine Zigarette an, denn er wollte sich eben eine aus Zeitungspapier wickeln. Ein Freudenstrahl überzog sein schwarz gebranntes Gesicht. Die harten Strapazen aus der Revolutionszeit waren noch immer an seinem Gesichtsausdruck abzulesen. Auch die anderen Genossen streckten ihre Hände nach den Rauchwaren aus.

„Wen willst du eigentlich besuchen?" fragte der junge Wachtmeister.

„Den Tschika Pál, den alten Ungarn, kennst du ihn?"

„Die Ungarn haben vorläufig freie Bewegung, bis eine andere Lösung gefunden wird. Diesen alten Ungarn kannst du besuchen, aber vorher mußt du bei der Kommandantin Zlata vorstellig werden."

„Gewiß, das werde ich auch tun!"

Die Genossen brachen danach auf, um ihren Wachdienst wieder anzutreten. Hinter ihnen ging ich mit meinem Rucksack schwer beladen daher. Düstere Gedanken durchzogen meinen Geist. Wie soll ich mich eigentlich in der Lagerkommandantur verhalten?

Beim Tunnel am Eisenbahndamm stand eine Gruppe serbischer Bauern aus der Umgebung, die durch den Eingang das grauenhafte Lagerleben betrachteten.

„Schau da unseren Komschija (Nachbarn)! Was haben sie aus dem guten Menschen gemacht?" jammerte ein Mann in der serbischen Bauerntracht. „So gut haben wir uns immer verstanden, gegenseitig ausgeholfen, und jetzt muß er so ungerecht und erbärmlich vor Hunger sterben, und ich darf ihm nicht einmal mit einem Stück Brot helfen."

„Sei still, du Narr! Was weißt du, was schuldig und was unschuldig ist?" rief ein Milizler dem Sprechenden zu. Der alte Serbe zog sich erschrocken zurück. Erstaunt betrachtete ich den braven Mann. Am liebsten hätte ich ihn umarmt. Gott soll ihm seine Gesinnung belohnen! Eine vorurteilsfreiere Meinung könnte man nicht über das Jahrhunderte hindurch friedliche Zusammenleben dieser zehn Völker in der pannonischen Tiefebene aussprechen, als es dieser serbische Bauer tat.

Beim Wachtposten konnte ich auf den Wink des Wachtmeisters leicht passieren, und ich sprach mir selbst Mut und Gottvertrauen zu. Den Wachtposten im dichten Straßenstaub trottete ich nach. Was zog da des Weges vorbei? — Eine Gruppe von etwa fünfzig ausgemergelten Kindern mit einem Bündel dürren Holzes und Reisigs auf dem Rücken. Sie wurden von den Partisanen mit harten Fluchworten zur Eile angetrieben. Die aus Schwäche zurückblieben, bekamen mit einer Rute Schläge oder einen Fußtritt mit den eisenbeschlagenen Soldatenstiefeln, so daß sie zu Boden fielen. Diesen Buben und Mädchen um die zehn Jahre schaute der Hunger aus den hervorspringenden Augen. Diese Kindersklaven kamen jetzt vom Wäldchen am Theißufer und brachten Heizmaterial für die Lagerküche mit.

Der Wachtmeister führte mich in seine Wohnung. Es erwartete ihn seine junge Frau mit einem kleinen Kind auf dem Arm. Wie armselig haust dieses Ehepaar mit den von den Deutschen geplünderten Möbelstücken. Die Frau ist voll Heimweh nach ihren serbischen Bergen. So arm und unglücklich hat die rote Revolution nicht nur die Besiegten, sondern auch die Sieger gemacht. Dieser Frau kommt das ebene Land so leer, kahl und öde vor.

* * *

120

Pfingsten in Rudolfsgnad

Partisanka Zlata

Mit zögernden Schritten ging ich dem Gemeindehaus in Rudolfsgnad zu, das in die Verwaltung des Vernichtungslagers umgewandelt wurde, wo die Kommandantin, Zlata genannt, über Leben und Tod von etwa zwanzigtausend Menschen verfügte. Da es überwiegend Frauen und Kinder waren, die hier auf den Hungertod warteten, so hatte es die Regierung in Belgrad für entsprechend befunden, daß eine Frau zielstrebig diesen sicheren Todesprozeß überwachte.

Geschäftig sah man hier und da deutsche Gefangene bei den Türen ein- und ausgehen. Es waren jene Schwächlinge, die sich der Tyrannei für ein Stück Brot verkauft hatten. Der eine oder andere von ihnen schaute mich erstaunt an, weil er in mir den blonden Schwabentyp erkannte.

Eine rauhe, von Alkohol versoffene Stimme eines Uniformierten riß mich aus meiner Verlegenheit.

,,Was suchst du da?"

,,Mein Wunsch ist, mit Genossin Zlata zu sprechen", antwortete ich laut, mir selbst Mut einflößend.

,,Jetzt kann man sie nicht sprechen. Sie ist beschäftigt!" So setzte ich mich also auf eine Bank nahe der Tür, legte meinen Rucksack ab und beobachtete die Umgebung. Aus dem Zimmer, wo die Herrin über Leben und Tod ihren Kommandositz aufgeschlagen hatte, ertönte das zügellose Gelächter eines Frauenzimmers, vom tiefen Unterton einer Männerstimme begleitet. Man vernahm ein Poltern, ein Stoßen, ein Hin- und Herrücken von Möbelstücken.

Das teuflische Polterwerk wollte in dieser Stube nicht aufhören. Mir blieb also nichts übrig, als ruhig abzuwarten.

Es dauerte eine geraume Zeit, bis die Tür krachend aufgerissen wurde, blitzartig flog ein Mann auf den Flur, und eine uniformierte, gigantische Frauengestalt stand auf der Türschwelle. Ihre breiten Schultern reichten von einer Seite des Türstocks bis zur anderen, und ihr pechschwarzer, wild aufgelöster Haarschmuck berührte fast die Oberschenkel. Muskulös wie ein Samson stand sie da, ihre eine Hand auf den Soldatengürtel und die andere auf die lederne Pistolentasche stützend. Diese korpulente Gestalt wandte sich mir zu!

,,Tko si ti? Sto tu trazis?" (Wer bist du? Was suchst du da?) Das klang so aufbrausend, als wenn ich ein unerwünschtes Geschöpf wäre, das in ein verbotenes Revier vorgedrungen ist. Ich versuchte mit Leibes-kräften meine Angst zu verbergen.

„Sprechen muß ich mit Ihnen, Genossin! Ich komme von Belgrad!"
Das machte Eindruck auf die Bäuerin von der Dinara-Gebirgskette, die den Genossen Tito wie eine Gottheit anbetete und bereit wäre, ihr Leben für die vergoldeten Sternchen auf dem Achselstück hinzugeben. So stan-den wir jetzt einander gegenüber; sie sicher um einen Kopf höher als ich.

„Nur unter vier Augen, Genossin!" fügte ich hinzu, was eigentlich ganz gegen das Parteireglement war.

„Bitte schön!" sagte sie jetzt gedämpft und ging vor mir ins Büro. Ich raffte meinen Rucksack an den Riemen und schleppte ihn mit. Sie stand hinter ihrem Schreibtisch, worauf sich nichts Schriftliches befand.

„Wer bist du? Was willst du eigentlich hier?" drang sie plötzlich unsi-cher in mich ein.

„Der Genossin wird ja bekannt sein, daß sich die Zustände in unse-rem befreiten Land allmählich normalisieren. Auch die kirchliche Obrigkeit möchte alle durch die Kriegswirren unbesetzten Pfarreien mit entsprechend geeigneten Geistlichen besetzen. Unlängst hat doch die Le-gislative im Parlament volle Freiheit für religiöse Tätigkeit im Lande durch die Verfassung zugesichert, wie Sie ja wissen werden."

„Natürlich, aber nur zuverlässige Popen, die mit den Errungenschaf-ten der Revolution einverstanden sind", platzte sie offen und treuherzig heraus, wie sie das in der Parteischule eingepaukt bekam.

„Genossin, wie Sie sehen, ich habe hier die schriftliche Ernennung von der höchsten kirchlichen Autorität, die mich nach Rudolfsgnad schickt, den Pfarrdienst hier auszuüben!" Ich hob ihr das Dekret des Bischofs vor das fleischige Gesicht. Sie neigte ihre Stirne, zog die schwarzen Augenbrauen zusammen, ihr schwulstiger Kropf sprang über den steifen Offizierskragen der Uniform. Sie hielt das Dokument in der Hand und stotterte beim Lesen des Kopftitels nach Art der Schüler im ersten Schuljahr: „Erz ... bischöfliches Ordi ... nariat ..." Sie lächelte zufrieden und selbstbewußt, das korrekt fertiggebracht zu haben. Sie übergab mir wieder das Dokument mit der Bemerkung: „Wollen wir se-hen, was unsere Vorgesetzten dazu sagen!"

„Die können doch nichts dagegen haben? Alles geht doch nach dem Gesetz!"

„Wahrscheinlich, ja fast mit voller Sicherheit kann ich Ihnen mittei-len, daß ihr Bemühen hier überflüssig ist!"

„Genossin, meinen Sie vielleicht, es wäre für mich ein Vergnügen hierher zu kommen? Wie Sie ihrer Obrigkeit Gehorsam leisten müssen, so muß auch ich meinen Vorgesetzten folgen. Sie sehen doch, in was für eine Situation ich geraten bin. Gibt es im ganzen Lande einen schwierigeren Posten als hier?" — Sie lächelte spöttisch und winkte ab.

„Überflüssiges Bemühen! Unsere Revolution wird den religiösen Aberglauben demnächst als völlig überholt liquidieren. Das wissen Sie doch? Suchen Sie sich eine nützlichere Beschäftigung! Unser Staat benötigt geschulte Kräfte. Diese Volksfeinde hier, benötigen nicht Ihre Hilfe ... Die können auch alleine sterben ... Die haben es nicht besser verdient!" wirft sie mir Brocken aus ihrer Gesinnung hin.

„Glauben Sie, daß diese Leute den Krieg verschuldet haben? Meinen Sie, daß diese Mütter und diese Kinder eine blasse Ahnung haben, was sich in der großen Weltpolitik abgespielt hat?" — Etwas Mütterliches zeigte sich in ihrem Gesichtsausdruck unter der Militärkappe mit dem roten Stern. Sie konnte ihre frauliche Natur nicht verbergen.

Zlata befand sich in einer peinlichen Lage. In den Kriegswirren schien es ihr anscheinend eine Bagatelle gewesen zu sein, den Feind niederzuknallen. Aber jetzt stand sie vor Frauen und Kindern und da war in ihrem Herzen ein anderes Gefühl in Bewegung geraten.

„Genossin, ob angenehm oder unangenehm, ich muß meiner Obrigkeit Folge leisten." Mit diesen Worten neigte ich mich zu meinem Rucksack, der zu meinen Füßen lag, und zog eine dickbauchige Flasche mit goldfunkelndem Maulbeerschnaps hervor. „Dudowatscha für die Genossin als Geschenk! Es soll ein Trost in schweren Stunden sein." Ihr breites Gesicht erweiterte sich, und die Mundwinkel dehnten sich fast bis zu den Ohren. Sie zog den Stoppel vom Flaschenhals und trank einige Schlucke.

„Ein prächtiger Tropfen! Der rinnt wie Öl! Eine wahrhaftige Arznei! Pope, geh zum Kuckuck! Geh und mach was du willst! Ich kenne dich nicht und habe mit dir nicht gesprochen, verstanden?" —

Ich straffte mich, schlug die Fersen zusammen, verabschiedete mich und verschwand hinter der Tür mit meinem Rucksack, vollbespickt mit Medikamenten für die Kranken. Wie beflügelt floh ich aus dieser Räuberhöhle.

Unterwegs auf der Straße begegnete ich dem Wachtmeister und rief ihm zu: „Von der Zlata komme ich ... alles ist geregelt!" — So begab ich mich zum Haus der Ungarn, Pál-bácsi, genannt. Er wohnte in der Ausgangsstraße, die parallel mit der Theiß bis zum Tunnel am Eisenbahndamm dahinzieht. Mit gemischten Gefühlen klopfte ich ans verriegelte Haustor und wartete geduldig ab. Niemand rührte sich im Haus. Ich versuchte es am Fenster. Niemand meldete sich. Die Minuten des Wartens erfüllten mich mit banger Sorge. Immer mehr verlor ich den Mut zu klopfen. Auf die Frage der vorbeiziehenden Lagerleute versicherte man mir, Herr Pál sei zu Hause. Ist es möglich, daß man mich von innen hinter den Fenstervorhängen voll Angst und Schreck beobachtet? —

Endlich öffnete sich eine Türspalte. Ich flüsterte: „Laßt mich hinein, ich möchte mit Ihnen sprechen!" Pál und seine Frau, die Kathi-Bas, ließen mich zögernd, wie gezwungen durch mein wiederholtes Bitten, ins Zimmer. Von meiner Ankunft wurden sie zwar unterrichtet, konnten sich aber nichts Gutes darunter vorstellen. Als „Mischehe" wurden sie vom harten Lagerregime in ihr eigenes Haus, das ausgeraubt war, entlassen und erwarteten jeden Tag den Abtransport irgendwohin in eine unvorstellbare Freiheit.

Durch ein längeres Gespräch konnte ich ihnen alle Sorgen- und Angstvorstellungen verscheuchen.

„Ich bin kein Spion der Partisanen in eurem Haus. Ehrlich werde ich die gebotene Gastfreundschaft zahlen. Vielmehr, sie wird euch vor jedem Kommunisten bewahren, wenn ihr mir ein freies Zimmer zur Verfügung stellt." Der alte, an Asthma leidende Schneidermeister Pál kam vor Jahrzehnten als Schneidergeselle aus einem ungarischen Ort des Banats hierher und hat die deutsche Kathi geheiratet. Er war mit seinen Kindern ein echter Rudolfer geworden. Jetzt hatte man seinen ungarischen Namen entdeckt, der ihm zum Rettungsstrahl wurde. Als ihm seine an Gewicht doppelt so schwere Kathi zuzureden begann, mich doch ins Haus aufzunehmen, sagte auch er endlich zu und gewährte mir Unterkunft.

An der Stätte der Verwüstung

Im Konzentrationslager Rudolfsgnad haben sich die einzelnen Dorfgemeinschaften bewahrt. So wurden die Lazarfelder, die Stefansfelder, die Heufelder, die St. Huberter, die Zitschidorfer, die Werschetzer, die Weißkirchner, die Karlsdorfer, die Sartschaer, die Franzfelder, die Pantschowaer, die Setschaner, die Nakodorfer und viele andere Ortschaften des Banats jeweils in den einzelnen Unterkünften zusammengepfercht. Wo sonst in Rudolfsgnad bequem etwa dreitausend Einwohner lebten, mußten jetzt zeitweise über zwanzigtausend Gefangenen Platz geboten werden. Wenn dann durch das Sterben in Massen Raum geschaffen wurde, kamen neue Transporte von Arbeitsunfähigen aus den Arbeitslagern als Todeskandidaten in diese Stätte der Vernichtung. Man rechnet, daß über 20 000 Tote auf der Teletschka in die Massengräber gebettet wurden.

124

Jede Dorfschaft hatte ihren eigenen verantwortlichen „Kommandanten", der Befehle der Zlata durchzuführen hatte. Gewöhnlich waren diese Ortsvorstände aus dem Schwachen Geschlecht, was vielfach auch vorteilhafer erschien. Eine Ausnahme bildete in dieser Zeit der berüchtigte Peter Vetter aus Nakodorf, der sich wegen seines Schmeichlertums und seiner kriecherischen Dienstbereitschaft der Zlata gegenüber und seiner rücksichtslosen Härte zu seinen Landsleuten und anderen Gefangenen besonders hervorgetan hat.

Meine ersten Schritte führten zur Pfarrkirche. Da stand ich vor einem Schutthaufen, wo nur noch einige Mauerreste erkennbar waren. Die deutschen Truppen hatten auf dem Rückzug den Kirchturm gesprengt, der den nachziehenden Kommunisten als Aussichtspunkt hätte dienen können. Der massive Turm fiel aber auf die Kirche und zerstörte so den herrlichen, gotischen Bau und begrub dabei unter seinen Trümmern auch den frommen Ortspfarrer, der sich am frühen Morgen nichts ahnend in die Kirche begeben hatte. Auf dieser Trümmerstätte begegnete ich einigen Arbeitern, meistens Frauen, die Räumungsarbeiten verrichteten, eigentlich Baumaterial für einen Bau der neuen Herren freilegten.

Mit einem Grußwort richtete ich mich an die niedergeschlagenen Männer und Frauen auf dem Schutthaufen und stelle mich vor. Es machte auf sie keinen Eindruck. Eine Verzagtheit und verbitterte Verzweiflung war von ihren Gesichtern abzulesen. Wie diese Kirche niedergeschmettert war, so fühlten sie sich am Boden zertreten. Kein Finger zeigte ihnen nach oben, niemand flößte ihnen Gottvertrauen ein, kein spitzer Turm der Heimatkirche wies ihnen zum Himmel mit dem Aufruf: Empor die Herzen! Ihre vom Tod dahingerafften Familienmitglieder, ihre Aussichtslosigkeit, ihre Fronarbeit für ein Stücklein Maisbrot und eine dünne Suppe, ließ sie verzweifelt dahinvegetieren. Der mutige evangelische Pfarrer Kurz, der sie noch vor Monaten zum Gebet versammelt hatte, wurde deswegen erschlagen; so wagten es die anderen verhafteten Priester nicht mehr, eine religiöse Tätigkeit zu entwickeln und die Leute seelisch aufzurichten. Das Netz der Bespitzelung war schon sehr dicht gesponnen.

Tief betrübt entfernte ich mich von dieser Stätte der Verwüstung. Zerschlagen, zertreten, verzweifelt und trostlos schien mir hier die Lage bei meinen Landsleuten. Ich begab mich in Richtung der Theiß-Straße und besuchte die Kranken in den Lagerwohnungen. Da lagen sie auf dem Boden auf etwas zusammengerafftem Stroh. Ich versuchte sie aus dem Hungerschlaf zu wecken. Ein betagter Mann machte schließlich seine tief eingefallenen Augen auf und brummte entrüstet: „Was willst? Laß mich in Ruh! Ich will sterben!"

„Ein Priester ist bei Ihnen, Vetter. Er will euch besuchen. Wie geht's euch?"

„Schlecht, den Maisschrot kann ich nicht vertragen, und so muß ich von dieser Welt!"

„Möchtet ihr nicht Kraft beim Heiland holen, daß ihr euer Leid leichter ertragen könnt? Jesus hat doch soviel für euch gelitten."

„Warum hilft er uns dann nicht? Wir müssen hier unschuldig und elend zugrunde gehen."

„Ist es nicht trostvoll, den Herrn beim Gericht in Unschuld zu begegnen, als mit Schuld und Sünde beladen?"

„Sünden habe ich auch begangen!"

„In einer reumütigen Beichte erhalten Sie von ihm die Verzeihung. Der Priester ist vom Herrn bestellt, euch die Lossprechung zu spenden."

„Dann ist es gut! Das können wir machen."

Ich feierte die heilige Messe anfangs in meiner Kammer. Dann brachte ich diesem und vielen anderen vom Tode gezeichneten die Wegzehrung für die ewige Heimat. Freudentränen strahlten in den ausgehungerten Augen der Männer und Frauen.

Wer kann sie zählen, die ihr müdes Haupt auf den Strohbündel niederließen und seufzten: „Jetzt sterbe ich in Ruhe ... Ich weiß, der Herrgott ist bei mir und holt mich heim!"

In einem nebenan liegenden Strohlager schüttelte ich einem Mann die Hände. Er rührte sich nicht. Ich betastete den Puls. Er schlug noch, aber sein bleiches eingefallenes Gesicht, die gläsernen Augen, der auslöschende Atem wiesen auf das Ende hin. Es wollte mir nicht gelingen, ihn zum Sprechen zu bringen, und so segnete ich ihn und empfahl seine Seele dem barmherzigen Richter.

In der anderen Stube lag ein alter Herr auf seinen Fetzen, die auf dem Stroh ausgebreitet waren. Mit schwacher kaum vernehmbarer Stimme flüsterte er mir zu: „Seid Ihr Priester?"

„Jawohl, lieber Freund!" und neigte mich ganz nahe an sein Gesicht.

„Gott sei Dank, daß Ihr gekommen seid. Gerne möchte ich vor meinem Ende mit Gott meine Abrechnung machen. Kommen Sie mir ganz nahe, das Sprechen fällt mir so schwer. Ich hatte in meinem Leben so viel Geld, einen großen Reichtum ... nichts hat's mir genützt! In Werschetz ist meine große Möbelfabrik, die ich aufgebaut habe. Ein gutgehendes Geschäft! Alles haben mir die Kommunisten enteignet. Unser Herrgott soll's ihnen verzeihen! Sollten aber auch diese Menschen aus unserer Heimat verschwinden, merken Sie es sich, mein Hab und Gut gehört der Kirche. Gebrauchen Sie es für arme Kinder, für ein Waisenheim oder für Wohltätigkeitszwecke. Unser Herr und Gott möge mir barmherzig sein!" Dann beichtete der wohlhabende Geschäftsmann vor dem Hungertod. Ich reichte ihm die heilige Hostie als Wegzehrung für den Weg in die Ewigkeit.

Wie viele geheimnisvolle Lebensschicksale wurden in den Massengräbern der Teletschka verscharrt! Wer kann sie zählen, wer kann die bewegten Lebensromane aufzeichnen, denen der Sensenmann den Lebensfaden so jäh abgeschnitten hat und in einer reichen Ernte ganze Familien mit den vielen Totengräbern und den Schriftführern, die die wichtigsten Taten der Verstorbenen aufzuzeichnen hatten, ins Grab gefallen sind? Es gehörte zur Rechnung der Partisanen, daß jede statistische Übersicht verwischt und die Zahlen von Tausenden von Verhungerten und zu Tode Gequälten verschwinden sollten.

Unterdessen versuchte ich, auch für die Kinder etwas zu unternehmen. Man hat ihnen die schönste Zeit des Lebens, die Sorglosigkeit des Kindesalters genommen. Mit Peitschenhieben und Rutenschlägen wurden sie wie die Erwachsenen zur Fronarbeit getrieben.

Die eingeführte Katechese in kleinen Gruppen funktionierte recht und schlecht, natürlich auch nach der Opferbereitschaft und Möglichkeit der Hilfskräfte, die herausgefunden, zu dieser zusätzlichen Belastung angeleitet und begeistert werden mußten. Wird es gelingen, zum bevorstehenden Pfingstfest Erstkommunikanten zum Tisch des Herrn zu führen? Wenn man die größeren Jugendlichen unter ihnen nach Jahren wieder einmal zu einem frommen Empfang der Sakramente aneifern könnte, hätte sich diese Schularbeit sicher reichlich gelohnt.

Heute besuche ich wieder das Kinderkrankenhaus, das man auch Kinderheim oder Waisenheim nennen könnte. Einige Hundert von sehr verwahrlosten Kindern sind im Schulbau untergebracht und hausen auf den mit Stroh bestreuten Fußböden, Arzneien habe ich keine mehr, eine Lebensmittelaktion ist noch nicht eingeleitet, da die Schleichwege nicht erforscht sind. Was mache ich dann dort?

Die Kinderpflegerin führt mich von Abteilung zu Abteilung. Lebende Knochengerüste, ausgezehrt, mit Skorbutwunden bedeckte Gestalten liegen da auf dem Stroh, und aus den tiefen Augenhöhlen starren matte, ausdruckslose Augenlichter in die Ferne. Irgendwie sind sie sortiert, nicht nach dem Maßstab der Krankheit, sondern nach der herannahenden Todesfrist. Die Pflegerin flüstert mir ins Ohr: ,,Die sich erholt haben, werden nach einigen Tagen in staatliche Kinderheime verfrachtet." Es ist also eine einheitliche, von oben gelenkte Aktion, die ich in Gakowa und Kruschiwl schon erlebte.

Mit den Kinderpflegerinnen besprach ich die Möglichkeit, die gesünderen Kinder zu Pfingsten für den Sakramentenempfang vorbereiten zu helfen. Sie sagten zu.

Im Pfingststurm

Die Nakodorfer hatten ihre Verwaltung, wenn man diese Kontrollstelle über die eigene Dorfgemeinschaft so nennen kann, in einem großen Bauernhof mit geräumigem Haus und Garten untergebracht. Da diese Räumlichkeiten von einem hochgewachsenen grünen Zaun umgeben waren und so jeden unerwünschten Blick von der Straße her abdichten, rieten mir meine engeren Mitarbeiter, diese Stätte für die geplante Pfingstfeier auszuwählen. Alle Vor- und Nachteile abwägend, bemerkte eine von den Vertrauenspersonen:

„Peter Vetter, der Verräter, darf vorher nichts erfahren, denn der ist imstande, eine Anzeige bei den Partisanen zu erstatten und so alles zu vereiteln. Wenn es uns nicht möglich sein sollte, ihn vom Fest zu entfernen, so müssen wir klug handeln und ihn einfach im letzten Augenblick vor die vollendete Tatsache stellen.

Seit dem frühen Morgen dieses mit herrlichem Sonnenlicht umstrahlten Pfingsttages war ich in einem Kämmerlein und hörte die Beichten der vielen Christen, die sich schon so lange nach dem Seelenfrieden sehnten. Auch zahlreiche Kinder waren dabei, die man für die erste Begegnung mit dem eucharistischen Heiland in aller Eile von den Katechistinnen vorbereiten konnte. Es vergingen Stunden, und immer noch standen Reihen von Menschen vor meiner Tür, die auf das Sakrament der Versöhnung warteten. Immer wieder schaute ich auf die Uhr und betete dazwischen: „Du mein Gott, steh uns heute bei, daß dieser Tag in Frieden zur Neige gehen möge!"

Vom Beichthören stand ich auf und begab mich in den Haushof. Der ausgedehnte Raum war schon Kopf an Kopf von einer Menschenmenge von über tausend Personen überfüllt. Inmitten des Volkes war der Altar schon aufgestellt und reichlich mit feuerroten Pfingstrosen geschmückt. Pfingsten ist der Tag des Feuers vom Himmel. Aber auch rot wie Blut waren diese Blüten, die auf das Märtyrerblut von Zehntausenden in diesem Vernichtungslager hinwiesen. Es war höchste Zeit, mit der Meßfeier zu beginnen, damit der Menschenauflauf vom Feind nicht wahrgenommen wurde. Da man Gesang bei diesem hohen Fest nicht entbehren konnte, riet ich den Sängern, ihre Stimme sehr zu dämpfen.

Als ich mit der Predigt begann, stand rechts auf der obersten Stufe des Hausflurs neben einer Säule der berüchtigte Peter Vetter, ein kräfti-

128

Die Donauschwaben lebten seit
200 Jahren glücklich und zufrieden
in der autonomen Provinz Woiwodina (nördlich von Belgrad) und
bewahrten ihre Eigenart in Tradi-
tion und Kultur neben ihren neun-
sprachigen Nachbarn, die wie sie
auch nach den Türkenkriegen aus
verschiedenen Ländern Europas
angesiedelt wurden. Durch ihre
hochstehende Landwirtschaft er-
nährten sie sozusagen das ganze
Land. Als der neidvolle Haß und
die kommunistische Tyrannei mit
dieser Kultur ein Ende machten,
begann das Brot zu fehlen, so daß
die Regierung jährlich gezwungen
war, Tausende von Tonnen Weizen aus dem Ausland einzuführen.
Die Broterzeuger begannen vor
Hunger zu sterben.

Zusammengepfercht im Hungerlager

Elternlos, heimatlos und vogelfrei, jedoch in Gottes Hand.

ger Mann, an die 60 Jahre alt, mit gehobener Stirn, mit zornigem Blick, selbstbewußt wegen seiner Vertrauensstelle bei der Zlata.

Die Botschaft vom Pfingstwunder in der Kirche Christi von damals und heute drang wie ein erquickender Tau in die Seelen der gläubigen Menge. Beim Peter Vetter prallten diese Gottesworte wie von einem eisernen Panzer ab, mit dem er sein Herz so widerspenstisch und gottvergessen umgab. Dieser Knecht des Bösen grübelte in seiner verräterischen Seele nach Rache.

Ich sprach über die trostvolle Pfingstbotschaft. Mit weit ausgebreiteten Armen wollte ich diese mühseligen und beladenen Gefangenen wie mit einer brüderlichen Geste umarmen.

,,Meine Brüder und Schwestern! Pfingsten war für die ersten Christen eine Neubelebung, eine Kraftschöpfung, ein mutiger, vertrauensvoller Blick in die Zukunft trotz aller drohenden Gefahr von Seiten jener übermächtigen Feinde, die ihren Herrn und Meister an den Schandpfahl des Kreuzes schlugen. An diesem heutigen Pfingsttag wollen auch wir uns wie die Apostel im Geiste um Maria, die Helferin der Christen, geschart wissen. Unter ihren mütterlichen Schutz und Schirm wollen wir uns stellen.

Am heutigen Festtag wollen wir Banater uns der himmlischen Mutter weihen und so ihre Fürbitte bei ihrem göttlichen Sohn erflehen. Wir wollen heute festlich und gemeinsam versprechen, unserer Vätersitte gemäß jährlich zu wallfahren, wenn wir wieder Befreiung finden. Wenn wir aber in Freiheit unser Hab und Gut zurückerhalten sollten, versprechen wir, in Dankbarkeit für die Befreiung eine Gelöbniskirche ihr zur Ehre zu errichten.''

Mit in den Augen funkelnden Tränen wurde das Gelöbnis von der anwesenden Volksmenge besiegelt.

Wie die Jünger des Herrn hinter den verriegelten Türen im Abendmahlsaal bei der Ankunft des Heiligen Geistes unerschrocken alle Schranken durchbrachen, so erscholl mächtig und begeistert von den bleichen Lippen der Gefangenen ein Lied nach dem anderen.

Beim Liebesmahl, das der Heiland im Abendmahlsaal uns hinterlassen hat, holte man Gnade und Kraft, Ihm auf dem Leidensweg folgen zu können. Durch die große Anzahl der Kommunikanten zog sich die Meßfeier in die Länge und die Junisonne stand hoch am Zenit.

,,Pater, Sie werden gesucht! Die Wachtposten wollen Sie abholen!'' flüsterte mir eine der Vertrauenspersonen zu. Ich erstarrte und hielt einige Augenblicke bei der Kommunionausteilung inne.

,,Was ist jetzt zu machen?'' fragte ich mich.

,,Weitermachen! Es mag kommen was will! Gott ist mit dir!'' kam es wie eine geheimnisvolle Antwort, und ich legte in aller Ruhe auch weiter den Gemarterten das Brot der Stärke auf die bleichen Lippen. Nur flüchtig erhob ich meinen Blick auf die noch in der Reihe wartenden Empfänger der Seelenspeise. Die vor Zorn blitzenden roten Blicke des Peter Vetter, die von oben über die Köpfe der Menschen glitten, schienen mich erstechen zu wollen.

Die letzte Strophe des Dankesliedes verklang. Eilends legte ich die Meßparamente ab und verschwand im ungepflegten Gartengebüsch. Nicht ohne Bangen wartete ich in meinem Stübchen.

Kathi Bas, die korpulente Großmutter, die auch von der Meßfeier zurückkam, bereitete mir einen Imbiß.

Die Nachricht von der Fahndung hatte sich schnell im Lager herumgesprochen. Man war einerseits voll freudiger Stimmung, wieder einem festlichen Gottesdienst beigewohnt zu haben, andererseits wieder voller Angst um mich. Was dann, wenn die Kommunisten alles aufdecken sollten? Die betagte Großmutter hatte in den letzten Tagen für mich wie für ihr eigenes Kind gesorgt.

,,Keine Sorge, Großmutter!'' versuchte ich sie zu beruhigen. ,,Ihnen kann gar nichts passieren. Mich werden sie im schlimmsten Fall verhaften.'' Es schien mir am besten, mich so zu stellen.

Die bewaffnete Zlata empfing mich nicht in Wut und Zorn, sondern mit einer ausgeprägten Angst; sichtlich wollte sie sich aus einer peinlichen Panne, in die sie geraten war, schnellstens befreien.

,,Wieso kennen dich die Genossen aus Neusatz? Warst du bei ihnen? Die haben dir doch keine Erlaubnis gewährt, die hiesige Pfarrei zu übernehmen! Mir ist der Befehl erteilt worden, dich hier festzuhalten und ein Verfahren gegen dich einzuleiten!'' Sie schwieg, und man konnte ihr Unbehagen aus dem verbitterten Gesicht ablesen. Es könnte ja zum Vorschein kommen, daß sie von mir Schnaps genommen hatte. Sie platzte dann barsch heraus: ,,Am besten, du scherst dich sofort von hier! Unter Bewachung meiner Wachtposten wirst du hinausgeführt, — verstanden? Gib mir das Dokument der Ernennung als Pfarrer, ich will dich nicht mehr sehen!''

,,Jawohl, Genossin! Ich danke für Ihr Entgegenkommen!'' — In Begleitung eines Uniformierten holte ich meinen Rucksack, und zwei Schritte vor dem Gewehrrohr wurde ich in Richtung der Theißbrücke nach Tittel eskortiert. Unterwegs sah ich die erschrockenen Gesichter der Gefangenen, die aus verschiedenen Ecken hervorguckten. So manche Person von ihnen wischte sich die Tränen aus den Augen. ,,Unseren Pater führen sie zum Erschießen!'' stöhnte erschrocken eine betagte Frau.

Die Theißbrücke, die das Banat mit der Batschka verbindet, war für die Fußgänger schon geöffnet. Es war unterdessen sehr dunkel geworden. Von den Höhen des Dammes schaute ich auf Rudolfsgnad zurück, wo man mir nicht gestatten wollte, das Schicksal der Leidenden zu teilen.

Als der Partisan mit dem Gewehr sich hinter mir zurückzog, stand ich da auf der Brückenhöhe, und mein Blick glitt wehmütig auf das Vernichtungslager.

* * *

Donauschwäbische Siedlungsgebiete vor 1945

Im Untergrund

Hase oder Hirte

Nach langem Abwägen, ob ich meinen Weg nach Werschetz oder nach Molidorf einschlagen sollte, fiel die Entscheidung für das zweitgrößte Vernichtungslager des Banates. Wird es mir aber gelingen, in Molidorf eine Hilfsaktion einleiten zu können?

In Betschkerek, in der größten Verwaltungsstadt dieses Gebietes, wollte ich bei meinem Freund Anton Auskünfte über diese für mich völlig unbekannte Gegend einholen. Ich benötigte eine geraume Zeit, bis ich meinen Freund in seinem Versteck ausfindig gemacht hatte. Er hauste in einem Abstellraum, und da verbrachte ich bei ihm die Nacht. Wir verzehrten ein karges Abendessen, trockenes Brot und dürren Käse, den wir mit Wasser nur schwer durch die Kehle brachten. Ich mußte ihm über seine Mutter berichten, die im Lager Gakowa irrsinnig geworden war. So manche Hilfe konnte ich ihr noch vor dem Tode gewähren. Er erzählte mir über die Ereignisse in Großbetschkerek seit der Machtübernahme der Kommunisten. Nicht nur Deutsche, auch Serben und Ungarn wurden von den Roten bei der Säuberung liquidiert. Alle einflußreichen Persönlichkeiten, die nicht in ihr rotes Programm hineinpaßten, mußten von der Erdoberfläche verschwinden. Die Deutschen natürlich als härteste Widerstandskämpfer gegen den Kommunismus wurden radikal ausgemerzt. „Niemals bin ich sicher, in welcher Nacht sie mich holen werden. Ich friste hier ein elendes Dasein in meinem Versteck und forsche nach der ersten besten Gelegenheit, über die Grenze zu entwischen. Die Liquidierungswellen sind immer noch im Gange."

Anton wurde erregt und begann zu erzählen: „Vor diesen Henkersknechten wollte ich fliehen und ging in die Heimat nach Filipowa. Stell dir vor, kaum bin ich dort angekommen, schon wird mit dem Trommelschlag ausgerufen, daß alle Männer sich melden müssen. Ein Zufall rettete mich.

Die Blutrache des haßerfüllten Feindes hat im Banat wie in der Batschka Oberhand gewonnen. Ich frage mich nur, wann das ein Ende nehmen wird. —

Die Führungskräfte des politischen, kirchlichen, kulturellen und wirtschaftlichen Lebens waren die ersten, auf die man hier den Anschlag machte. Unsere besten Männer, unter ihnen der Obmann der Kirchengemeinde, der stets opferbereite Dr. Josef Weiterschan; der stets für die Armen dienstbereite Arzt, Dr. Adolf Heinemann; der Abgeordnete im rumänischen Parlament Prof. Peter Heinrich; der Rechtsanwalt Dr. Lorant Böss; der Obmann des Schwäbisch-Deutschen Kulturbundes Johann Keks; der Richter Dr. Karl Lux. Sie sind erschossen oder erschlagen worden oder sonst in Torturen umgekommen, um nur einige von den Besten zu erwähnen. Wer könnte alle Folterstätten in Betschkerek aufzählen? Im serbischen Stadtteil ‚Dolja‘ sind etwa 300 unserer Menschen auf bestialische Weise zu Tode gefoltert worden. An der alten Mühle am nördlichen Stadtrand sind Männer, Frauen, Kinder zusammengetrieben und in einer Folterkammer zu Tode gequält worden. Aus den verschiedenen Sammelstellen wurden jede Nacht Hunderte an der Militärschießstelle hingerichtet. Zu zehn, fünfzehn wurden sie mit Draht gefesselt, meistens schon nackt zur Richtstätte geführt, wo sie dann den Genickschuß erhielten. In Ernsthausen haben diese Menschenschlächter bei einer Unterhaltung 39 Männer als Höhepunkt der Belustigung grausam zerstückelt.

Die redlichen Serben mißbilligten das Vorgehen der Partisanen! Durch die Hilfe der Ungarn und Serben konnten viele die Flucht über die Grenze schaffen.

Diese harte Christenverfolgung, der wir jetzt ausgesetzt waren und die in gewissem Maße jene der römischen Imperatoren an Härte und Grausamkeit überstieg, hatte uns Christen, uns Priestern viel zu sagen. Hat uns nicht die durch Ausplünderung verursachte Armut und die Angst seelisch zusammengeführt? Was keine Predigt über christliche Liebe zustande bringen konnte, das haben die Feinde fertiggebracht. Ich meine damit auch die Überwindung der sozialen Gegensätze und Spannungen zwischen den wohlhabenden und ärmeren Schichten unter den Christen, aber dann auch die religiösen Streitigkeiten unter den verschiedenen Glaubensbekenntnissen, die zwar alle die Liebe als höchstes Gesetz predigen, aber nicht praktizieren. Dazu gehören die bisher unüberwindlichen nationalen Feindseligkeiten bei den Christen in unserem Lande. Uns alle hat der gottlose Feind jetzt zusammengeführt. Ist das nicht eine Fügung Gottes?‘‘

Im frühen Morgengrauen verabschiedeten wir uns, und ich beeilte mich, zum Bahnhof zu kommen.

Eine Kindertragödie

Das engspurige Züglein holperte von Großbetschkerek nach dem Nordosten dahin, wobei die Lokomotive vor Dampfmangel zeitweise stehen blieb und pustend neue Kraft schöpfte. Die Zwergmaschine schien sich zu übernehmen, da sie immer wieder ins Stocken geriet. Am späten Nachmittag kamen wir endlich doch in Ungarisch-Zerne an.

Hier suchte ich eine Person auf, deren Namen ich nur gehört hatte, und hoffte zuversichtlich, bei ihr einen festen Stützpunkt in meinem neuen gewagten Unternehmen erhalten zu können. Wirklich machte ich den Dekan-Pfarrer ausfindig, mit dessen freundschaftlicher Mitarbeit ich so sicher gerechnet hatte. Als ich mich ihm vorgestellt hatte, überfiel ihn eine unheimliche Angst. Aus dem Unterton seiner Worte konnte ich entnehmen, ich sollte ihn, den gequälten Mann, doch in Ruhe lassen. Er überwand jedoch seine Angst und führte mich in ein Zimmer mit herabgelassenen Vorhängen. Er erzählte mir: ,,Gerne würde ich Ihnen in allem entgegenkommen, aber erst diese Woche kam ich aus dem Gefängnis, wo ich Furchtbares mitmachen mußte. Einer Gruppe von guten Leuten, die für mich mit ihrem eigenen Leben garantierten, habe ich es zu verdanken, daß man mich jetzt bedingungsweise freigelassen hat. Nicht daß ich ein Hasenfuß wäre und für Sie mich in einer guten Sache nicht einsetzen würde, nein. Eine Schar von Menschen wäre aber bedroht, wenn man erfahren würde, daß ich mit jemand, der in den Augen der Geheimpolizei verdächtig scheinen muß, auch nur ein Gespräch geführt hätte." Mein Gastgeber lud mich ein, bei ihm zu übernachten. Wir machten aus, worüber wir miteinander gesprochen hätten, im Falle, daß jemand von uns verhaftet und von den Agenten vernommen werden sollte.

Die Massenmorde in dieser Gegend hatten schon 1944 begonnen. Das erste Todesopfer der Gemeinde Deutsch-Zerne war der Ortspfarrer Franz Brunet, der am 4. Oktober 1944 aus seiner Wohnung geholt und nach der nächtlichen Folterung am folgenden Tag im Gemeindehaus erschossen wurde. Diese Hinrichtung erfolgte auf Anordnung einer Kommunistin, Ljubica genannt, die sich für ihren Mann, der im deutsch-jugoslawischen Krieg 1941 gefallen war, rächen wollte. Von ihr wurden dann noch fünf Männer bestialisch liquidiert. Im Laufe des Monates Oktober 1944, erfolgten im Serbisch-Zerne eine Reihe von Massenerschießungen. Die genaue Zahl dieser Opfer ist nicht ermittelbar. Man weiß nur, daß es Männer und Frauen aus Deutsch-Zerne (67 Personen), aus Stefansfeld (112 Personen), aus Pardanj (40 Personen), aus Tschesterlek (14 Männer und 5 Frauen) waren. Insgesamt waren es weit über 200 Opfer.

Da mein Freund von der Geheimpolizei beschattet war, schlich ich mich vor dem Morgengrauen aus dem Haus. — Es blieb mir nichts anderes übrig, als mich allein auf die Landstraße zu begeben und Schusters Rappen einzuspannen.

Allmählich erhob sich die Sonne am östlichen Horizont. Die blutrote Kugel warf ihren wohltuenden Schimmer über den mit leichten wellenartigen Wolken bedeckten Himmel und verzauberte das Himmelsgewölbe mit einer unbeschreiblichen Schönheit, die ich nur in meiner pannonischen Heimat erleben durfte. Diese unvergeßliche Schönheit verschwand bald, und die Sonne erhob sich und brannte heiß auf den Boden nieder. Beklemmende Gefühle mit fragwürdigen Zweifeln überfielen mich. Wo ziehst du jetzt eigentlich hin? Haben deine Mühen eigentlich noch einen Zweck? Ist es mit deinem Volk nicht schon aus, ist es nicht schon erledigt? Wozu die Strapazen, die du dir auferlegst? — Stürze dich doch nicht ins Unglück, in Gefangenschaft, in den Tod!

Der mit Nahrungsmitteln gespickte Rucksack drückte fest auf meinen Schultern. Da war am Wegrand ein Schattenbaum wie bestellt. Er warf sein behagliches Kühl in die Hecken des brachgelegenen Landes, deren Früchte auf dem Erdboden verfaulten.

Ein Roßwagen, in dichte Staubwolken gehüllt, ratterte daher. Eilends stand ich auf und stellte mich an den Straßenrand. Der Kutscher hielt die Gäule an, daß sie durch den Zaum ihre Köpfe hochstreckten. Ein deutscher Mann warf mir seinen Blick zu und lud mich ein, aufzusteigen.

Hinten auf den vollen Säcken und Kisten nahm ich Platz und holperte über die Wegschollen dahin. Der dichte Staub würgte mich. Es war der Kutscher der Wachbelegschaft, der Nahrungsmittel für sie mit sich führte. Die von ihm erhaltenen Auskünfte über die Lage des Todeslagers Molidorf und die Möglichkeiten, hier eine Hilfsaktion einzuleiten, schienen mir gar nicht glänzend. Aussichtslos schienen meine so schön geschmiedeten Pläne.

,,Ist es wenigstens erlaubt den Gefangenen Nahrungsmittel zu übergeben?'' wollte ich vom Kutscher wissen.

,,Eßware kann man in der Lagerverwaltung abgeben. Die Angehörigen bekommt man jedoch nicht zu sprechen und zu sehen.''

,,Wie steht es mit den Getränken?''

,,Verboten! Das saufen die Herren selber aus!'' — Der Kutscher riet mir dann, vom Wagen abzusteigen, da der Lagereingang sichtbar wurde. Langsam ging ich weiter und grübelte nach, welche Redewendungen und welche Gründe ich anbringen könnte.

,,Zdravo, druze!'' (Grüß dich, Genosse!) sagte ich und näherte mich freundlich dem Wachtposten mit dem Wunsch, ein Gespräch anzuknüpfen. Wenn mir das gelingen sollte, hätte ich schon viel gewonnen. Hartnäckig lehnte er jede Antwort auf meine Fragen ab. ,,Es ist verboten, mit dem Wachtposten zu sprechen! Ein Genosse kann dich zur Lagerverwaltung begleiten, wenn du es wünschen solltest. Wenn nicht, scher dich davon, wenn dir dein Leben lieb ist!" — Ein Soldat begleitete mich.

Aus der Ferne begrüßen mich bleiche Kindergesichter. Sofort haben sie mich als Freund erkannt, obwohl wir uns niemals im Leben gesehen haben. Als Antwort winkte ich ihnen leicht mit der Hand und lächelte dabei, obwohl mir zum Weinen war. In meinem Rucksack verbargen sich gute Sachen für sie, aber hier darf man nichts übergeben. An der Kommandostelle angekommen, verschwand mein Begleiter hinter einer Tür. Im Vorraum konnte ich im Flüsterton manchen vorbeihuschenden Gefangenen um Auskunft fragen.

,,Wie könnte ich mit den hier gefangenen Priestern Verbindung aufnehmen? Wie wäre es mir möglich, ihnen persönlich Pakete zu überreichen? Ist mein Priesterfreund Emmerich in der Nähe?"

,,Mit den Gefangenen zu sprechen ist nicht gestattet. Der Priester Emmerich ist am anderen Ende des Lagers bei der Arbeit!"

,,Werden die überbrachten Pakete den betreffenden Personen ausgehändigt?"

,,Das kann man nicht leicht feststellen! Vieles davon wandert in den Magen der Schergen!" sagte mir eine Frau, die dort etwas zu tun hatte.

,,Wir sind dem Tode ausgeliefert. Im vergangenen Winter sind unsere Leute vor Hunger und Krankheit einfach massenweise umgefallen!"

,,Wollen wir trotzdem Gottvertrauen haben und beten!" sagte ich.

,,Das hilft hier doch nichts! Den ganzen Tag und die ganze Nacht betet dieses Volk, nichts hat geholfen! Jetzt werden unsere Kinder von diesen Teufelsmenschen weggeführt. Unsere Verstorbenen sind wenigstens erlöst!" Die Frau ging und preßte ihre verbitterten Lippen krampfhaft zusammen.

,,Wohin werden die Kinder geschleppt?"

,,Einige Lastwagen sind eingetroffen. Die Kinder werden gewaltsam aus den Lagerhäusern geholt und aufgeladen. Wer kann wissen, was die Schergen mit diesen armen Würmlein vorhaben?" — Ein Uniformierter kam aus der Schreibstube und erblickte den vollen Rucksack mit Paketen.

,,Namen aufschreiben und abgeben!" war sein kalter Befehl.

,,Ich möchte die Pakete persönlich abgeben!" widersetzte ich mich.

,,Unmöglich!" schrie mich der Mann mit dem roten fünfzackigen Stern auf der Mütze barsch an. Er nahm die Pakete und verschwand hinter der Tür. Meine Begleitperson zwang mich sofort, das Lager zu verlassen und ihm bis zum Ausgang zu folgen. Durch Vorwände zögerte ich, spähte umher, jemanden von den Bekannten doch noch zu erblicken. Der Soldat packte mich schließlich am Arm, schob mich vor sich hin und brüllte: „Napred!" (Vorwärts!)

So fand ich leider selbst bestätigt, was mein Freund in Ungarisch-Zerne mir mitteilte: In Molidorf ist keine Hilfeleistung möglich! Die Roten sind hier wirklich „gewissenhaft". Alle Hilfeleistung war mir bisher nur durch die Untreue der Untergebenen zu den Befehlen von oben möglich geworden. Pakete nach Molidorf zu schleppen bedeutete, die grausamen Schergen damit zu füttern. Am Lagerausgang kehrte mein Begleiter um. Traurig setzte ich meinen Weg auf der Landstraße fort. Unter der brennenden Sonne ging ich dem Bahnhof von Zerne entgegen. Einem Lagermann begegnete ich am Wegrand. Er sagte mir, er wäre Feldwächter. Wir setzten uns in den Schatten eines Baumes, etwas von der Straße entfernt und unterhielten uns. Eigentlich wollte ich nach der Gesinnung des Mannes forschen, da ich ihn in den Diensten der Kommunisten vermutete. Sollte er vielleicht die durchgebrannten Bettler aus dem Lager aufstöbern? Im Rucksack hatte ich noch eine große Schnapsflasche, die ich den Häschern nicht überlassen wollte. Ob er nicht diese vielseitige Arznei meinen Freunden übermitteln könnte, wollte ich von ihm wissen.

„Gerne tue ich das! Aber beim Lagereingang werde ich jedesmal gründlich untersucht." Er schlug mir deshalb vor, die Flasche hier unter einem Busch zu verstecken. Bei einer anderen Gelegenheit wird es ihm allerdings gelingen, dieses Getränk hineinzuschmuggeln.

Wir verabschiedeten uns, und mein Weg ging in Richtung des Bahnhofs von Ungarisch-Zerne. Dort angekommen, bot sich mir ein herzzerreißendes Bild. Auf dem Bahnsteig waren etliche hundert Kinder von den Wachtposten umzingelt. Die Kinder weinten, schrien, brüllten, schluchzten, stöhnten, daß es mich erschütterte. Neben dieser großen Masse von Kindern mit einigen Frauen und Mädchen, die als Begleitung mitgenommen wurden, war ich der einzige freie Passagier, der auf den Zug wartete. Die wehklagenden Kleinen sammelten sich um die Frauen wie Kücklein um die Glucke und hielten sich an ihren Schürzen und Röcken. Alles Zureden half nichts. Die Kinder ließen sich nicht beruhigen.

Als das Züglein langsam zur Bahnstation daherdampfte, schien es, die Wachtposten hätten für einige Augenblicke die streng kontrollierende Übersicht verloren. Die Kinderschar bewegte sich im Durcheinander, da viele von ihnen nie im Leben so eine Maschine gesehen hatten.

„Wohin gehts mit den Kindern?" frage ich eine Pflegeperson.

„Wir wissen nicht, wohin sie geführt werden!" antwortete mir ein mutiges Mädchen, das zwei ganz Kleine an den Händen geführt hatte.

„Werdet ihr die Kinder in den staatlichen Kinderheimen betreuen dürfen?"

„Gerne hätten wir das getan! Wir fürchten jedoch, daß die Miliz uns wieder ins Lager zurückführen wird. Wir vermuten das, denn einige kommunistische Kinderpflegerinnen sind schon hier, die dann die Kinder übernehmen werden."

Die Kinder wurden in die Waggons befördert. Ein Wachtposten kam näher heran, und so mußte unser Gespräch unterbrochen werden. Während der Fahrt konnte ich mich leicht in die Wagen der Kinder begeben. Ein Gespräch konnte man aber schwierig entwickeln, da die Kinderchen wie Vöglein in einem Käfig verscheucht und zusammengepfercht waren. In Betschkerek hat man den Kindertransport abgehängt und auf ein Nebengeleis geschoben. Man wollte auf diese Weise jede Aufmerksamkeit der Bevölkerung von diesem „Kinderraub" ablenken. Wie gerne hätte ich mich diesem Kindertransport angeschlossen!

Ein Kind im Rucksack?

Am Betschkereker Bahnhof wußte ich noch nicht, in welche Richtung ich meinen Weg einschlagen sollte. Es zog mich nach Werschetz ins große Zivillager, aber auch in das dort vorhandene berüchtigte Kriegsgefangenenlager. Ob man dort nicht eine Hilfsaktion unternehmen könnte! Zu wenig oder fast gar nichts konnte ich bis jetzt für das Lager in Neusatz und das in der Nähe liegende Vernichtungslager Jarek tun. Der Gedanke an die vielseitige große Not beunruhigte mich. So entschied ich mich, in Richtung Sombor zu fahren. Ich hatte eine böse Vorahnung von brennenden Problemen. In Werbaß stieg ich aus dem Zug, und am frühen Morgen begab ich mich ins Pfarrhaus. Unkundig in dieser Stadt, stellte ich an Passanten die Frage nach dem Pfarrhaus. — „Da drüben!" zeigte einer auf eine Kirche. Ich ging hinüber. Keine Glocke an der Tür. Ich klopfte an und trat ein. Ich befand mich sofort in einem Schlafzimmer, wo der Pfarrer mit seiner Frau in gesegnetem Schlaf ruhten. Eilends verschwand ich aus dem Raum, um keine Unannehmlichkeiten zu verursachen, wenn die beiden wach werden sollten. Anscheinend hatte man diesem reformierten Pfarrer bei der Enteignung vorübergehend nur das Vorzimmer zur Verfügung gestellt. Anders konnte ich mir diese Situation nicht erklären.

So mußte ich also in Werbaß mit den Pfarrhäusern vorsichtiger sein! Schließlich traf ich doch das katholische Kirchlein mit dem Amtsbruder, der mich freundlich aufnahm. Für dieses gastfreundliche Haus konnte ich bisher von Gakowa aus so manches Gute tun. Hier fanden gerettete Kinder Unterkunft und liebevolle Betreuung. Es war eine Freude, nach Monaten diese herabgekommenen Kinder nach ihrem Hungerleiden wie Blumen aufblühen zu sehen. Als wir beim Frühstück beisammen saßen, schrie plötzlich die kleine Marie weinend auf, als sie meinen Rucksack auf dem Gang gründlich musterte: „s'Schwesterli is net drinne!" Verdutzt schauten wir uns am Frühstückstisch an und wußten nicht, warum das Kind so bitterlich weinte. — „Dem Kind haben wir erzählt, daß es durch den Pater mit dem Rucksack aus dem Vernichtungslager vor dem Tod gerettet wurde. Jetzt glaubte es, eines seiner Schwesterchen im rettenden Rucksack finden zu können", löste die Schwester, die das Kind herzlich an sich drückte, das Rätsel.

Auf der holprigen Straße, im rüttelnden und schüttelnden, vollgestopften Camion ging es weiter nach Sombor. Ein Offizier saß neben mir auf der Bank und döste mit dem Kopf nickend, und bei jedem Ruck fiel er haltlos auf mich. Der Mann war sichtbar übermüdet vom ständigen Nachtdienst. Ich betete den Rosenkranz, versuchte, mich im Geiste zu sammeln und empfahl meine Unternehmungen der Vorsehung Gottes. Es war Nacht, als wir in Sombor eintrafen. Im Karmeliterkloster, wo ich immer freundlich aufgenommen wurde, wollte ich mein Breviergebet vor dem Schlafengehen beenden. Als ich mein Köfferchen öffnete, erfaßte mich ein unheimlicher Schreck. Keines meiner Bücher fand ich darin. Ich stöberte in fremden Schriften herum: Richtlinien und Bücher eines Geheimpolizisten. Der Offizier neben mir im Lastwagen hatte im Dunkel und in der Eile meinen Koffer erwischt, und ich ging mit seinem ins Kloster. Am andern Morgen betrat ich zögernd das Lokal der UDBA (Staatspolizei), das nicht weit vom Kloster gelegen war. Man führte mich in ein Wartezimmer. Nach einer Weile kam der vor Freude strahlende Offizier mir entgegen, überreichte meinen Koffer und nahm überglücklich seinen entgegen. Wir drückten uns freundlich die Hand. „Auf Wiedersehen!" sagte ich anstandshalber sehr freundlich, wünschte aber, niemals mehr im Leben in diesem Haus des Schreckens erscheinen zu müssen. Aktivisten zweier ideologisch entgegengesetzter Welten waren in ihrer menschlichen Schwäche einander begegnet.

In Sombor begegnete ich einer Frau aus der Hilfsaktionsgruppe. Sie wünschte, ein Kind aus dem Lager vor dem Hungertod zu retten. Sie wollte es pflegen und großziehen. Unter dem Eindruck des Erlebten in Molidorf sagte ich sofort zu, ihrem Wunsch gerne entgegenkommen zu wollen und ein Kind in Gakowa zu holen. An demselben Tag noch stieg ich in den Zug und fuhr in Richtung des Vernichtungslagers. Während meiner Abwesenheit hatte sich das Lagerregime dort vielseitig geändert.

Kommandant Schutzo war nicht mehr da. Man begleitete mich vom Bahnhof bis zum Kommando! Mit dem Ziel meines Besuches durfte ich nicht herausrücken, so bat ich einfach um die Erlaubnis, den geistlichen Herrn Matthias Johler besuchen zu dürfen. Man kam mir entgegen, aber mein Priesterfreund war nicht da. Man teilte mir mit, er sei in Sombor bei der Lagerverwaltung vorstellig geworden, da man ihn aus dem Lager vertreiben wollte. Man wollte also die vorher so hart errungenen Freiheiten in der religiösen Betreuung der Lagermenschen jetzt rücksichtslos kürzen. In seiner Wohnung war mein Freund eigentlich schon interniert und durfte sich unter den Leuten nicht mehr zeigen. Die heilige Messe hat er in einem Zimmer des Hauses verborgen gefeiert.

Pfarrer Paul Pfuhl und sein Kaplan Matthias Johler waren bereit, das Gefangenenschicksal mit dem Volk zu teilen. Mit Bewunderung schaute ich auf ihr Beispiel der selbstlosen Hingabe im Dienste der Verfolgten. Matthias war unermüdlich im Betteldienst. Seine bisherigen Freiheiten benutzte er für Besuche der ungarischen, bunjewatzischen, schokatzischen, rusnjakischen Dörfer der Umgebung, wo er Sammelaktionen für die Hungerleidenden im Lager mit viel Klugheit und List durchführte. Alle Hetzaktionen, die von den Partisanen gegen die Faschisten und Nazisten durchgeführt wurden, sind an der Christenliebe der Woiwodinischen Völkerschaften abgeprallt, und voll beladene Bauernwagen rollten in Richtung Gakowa, ihre schwäbischen Nachbarn vor dem Hungertod zu retten.

Sinnend stand ich neben der geschlossenen Kirche und überlegte, wie ich meinen geheimen Plan verwirklichen könnte. Im leeren Rucksack hätte ein kleines Kind wohl Platz. Wenn es bis an den Zug nicht schreien würde, könnte ich gut durchkommen und so ein junges Menschenleben retten.

Auf der Lagerstraße fühlte ich mich von den Wachtposten ständig beobachtet. Einige hundert Meter entfernt glaubte ich mich hinter der Baumallee in sicherer Deckung und sprach eine bekannte Frau an. Meinen Plan erklärend, kamen wir in ein anhaltendes Gespräch. Verschiedene Möglichkeiten wurden erwogen, ein Kind zu retten.

Plötzlich aber stand ein Milizler hinter mir, der mich geheim beobachtet hatte. Er packte mich: ,,Was sprichst du da? Sofort mitkommen!"

Er eskortierte mich wütend vor seinem Gewehrlauf zur Lagerkommandantur. Aus allen Fenstern und Ecken schauten die gefangenen Lagerleute erschrocken auf mich. ,,O je, sie werfen unseren Pater in den Keller!"

Im Hauptquartier des Kommandanten angekommen, sah ich vor mir einen hochgewachsenen ernsten Mann in den Fünfzigern mit weißgrauem, gepflegten Haar und eleganter Uniform. Da ich den vorhergehenden Lagerchef Schutzo nicht mehr antraf, wußte ich keine Argumente mehr anzuführen.

„Was hast du mit den Leuten zu sprechen?" fuhr er mich hart an. „Dir wurde Erlaubnis gewährt, mit dem Popen zu sprechen und mit niemand sonst!" Er kontrollierte meinen Personalausweis. Ich versuchte, ihn zu beruhigen.

„Auch Personen, die Legitimationen haben, müssen von hier verschwinden!" Er fixierte mich scharf, seine Lippen zitterten vor Wut. „Euer Pfaffengeschwätz werden wir endlich für immer unterbinden. Führ ihn in den Arrest!" befahl er einem Uniformierten. Der Raum, in den man mich steckte, war ein Nebenzimmer. Ich ließ mich auf die Bank nieder. Durch meinen Geist flogen düstere Vorahnungen. Wie wird das alles enden? Stille Hunde, die nicht bellen, beißen gefährlich. So einer ist der jetzige Kommandant, von dem ich bisher erfuhr, daß er ein Offizier aus der syrmischen Partisanenbrigade war, aus Vrdnik gebürtig. Ein ganz anderer Typ war Schutzo, der jugendliche unbesonnene krawallschlagende Schreier. Hat man ihn wegen seiner Diebstähle, die er am Staatsgut verübte, inhaftieren lassen? Dieser ruhige, sich an die kommunistischen Direktiven genau haltende Parteigänger wird mich nicht leicht aus den Krallen lassen.

Im Gebet versunken, empfahl ich mein Schicksal der Vorsehung Gottes. „Dein Wille geschehe!" seufzte ich, von der bevorstehenden Unsicherheit bedrückt. Einige Stunden verstrichen im Warten. Dann lautes Sprechen im Nebenzimmer. Jedes Wort konnte ich durch die dünne Tür hören. Der Kommandant in Begleitung einiger Wachtposten stellte Fragen an eine Frau.

„Kennst du den Pfaffen da, den wir gefangen genommen haben? „Welcher?" — Man öffnete die Türspalte. Ein Auge betrachtete mich einen Augenblick. Ihr mageres, bleiches Gesicht konnte ich nicht erkennen. Sie hatte ein jugendliches Aussehen. Wann und wo hab ich diese Person gesehen? Die Türe wurde wieder zugeriegelt.

„Hast du den Pop schon mal gesehen?" fragte der Kommandant das Mädchen.

„Das war der Pfarrer, der mit den Leuten betete, in der Kirche die Messe las und in den Häusern Marienandachten hielt. Den Kranken brachte er die Kommunion. Das ist er, den kenne ich. Er brachte viel Brot in vollen Wagen; wer weiß, woher ..." Es entstand eine Pause. Die Partisanen besprachen etwas unter sich, das ich nicht gut verstehen konnte. Auf einmal hörte ich das laute Weinen eines kleinen Kindes. Es war ein erbärmliches Schreien eines Säuglings, das die uneheliche

Mutter, das alleinstehende Mädchen, durch Schütteln und Wiegen beruhigen wollte. Das Kind schien im Schluchzen zu ersticken.

Die junge Mutter fing laut zu schreien an!

„Das ist dein Kind! Verschaff mir Windeln, nichts habe ich für das Kind anzuziehen. Verschaff dem Kind die notwendige Milch ... Am Maisschrot wird es elend zugrunde gehen ... Das ist dein Kind!"

Man vernahm ruhiges Poltern von Soldatenstiefeln. Alle bewegten sich nervös und sichtlich aufgeregt. Die Mutter schrie im Zimmer immer lauter: „Das ist dein Kind! Laß es nicht vor Hunger sterben!"

„Interessiert uns nicht!" hörte man die Stimme des Kommandanten. „Ich fragte dich nur über diesen Popen! Du hast gut berichtet. Jetzt kannst gehen!" Die Frau stöhnte, sie übertönte das Schluchzen des Kindes. Dann erscholl ein rasender Schrei: „Verschwinde von hier, Kurvo (Dirne)! Wir wollen dich nicht sehen!" Sie wurde hinausgestoßen, und dabei hörte man einige harte Schläge von eisenbeschlagenen Soldatenstiefeln. Es entstand eine Totenstille. Ich vernahm nur das unruhige Klopfen meines Herzens. Was nun?

In diesem verriegelten Raum gab es kein Fenster. Nur eine kleine Öffnung oben an der Decke mit einer Lüftung, wie das in den Abstellräumen der Bauernhäuser üblich ist. Ein Strohsack war hier. Es schien, ich wäre in den Disziplinstrafraum der Wachtposten geraten. Der Tag ging zur Neige. Kein Abendessen, kein Tropfen Wasser! So legte ich mich auf den Strohsack und grübelte meinem weiteren Schicksal nach. Diese unselige Frau mit dem Kind ließ mir keine Ruhe. Wo bin ich ihr begegnet? Im letzten Jahr hatte ich Tausende von Menschen angesprochen. Wo war es nur? Sie kommt mir doch bekannt vor. War sie nicht unter dem Personal von Schutzo? War es nicht dort, wo die geknickten Narzissen von den Soldatenstiefeln zu Boden gequetscht waren? Ihre blutroten Wangen sind bleich geworden. Mit der Entlassung von Schutzo ist ihr die Futterkrippe entzogen worden. Ihre schönen Augen haben kein Gefallen bei den lüsternen Nachfolgern gefunden. So nagte sie jetzt am Hungertuch mit ihrem in Not schluchzenden Kind. —

Ja, noch einmal bin ich ihr begegnet. Es war abends. In der Reihe um Hilfe wartender Menschen war sie die letzte auf dem Flur. Sie wollte also allein mit mir sein. Sie schmiegte sich, verführerisch an mich heran. Ich wich erschrocken zurück. „Scher dich davon, daß ich dir nicht eine saftige Ohrfeige verabreiche!" stieß ich das Luder von mir. Daß mir so etwas in meinem Priesterleben zustoßen würde, hätte ich nicht im Traume gedacht. Schon damals kam mir der Gedanke, ob nicht Schutzo seine Finger in diesem bösen Spiele hätte. Daß dieses herabgekommene Weibsbild sich jetzt so rächen würde! Ich konnte kaum ein Auge schließen. Es vergingen Stunden. Ob sie mir ein Frühstück anbieten würden? Der Schlüssel drehte sich im Schloß. Der Riegel sprang zurück. Eine härttönende, gehässige Stimme schrie mich an: ,,Izlazi (heraus)!"

Die Sonne leuchtete hoch am Himmel. Ich wurde in den Hof des Bauernhauses geführt, das als Kommando umgewandelt war, wo ein Wagen mit zwei angeschirrten Pferden wartete. Die Tiere schüttelten unruhig den Kopf, und eines hackte mit dem Huf auf den Boden. Ein Soldat mit dem Gewehr in der Hand setzte sich vorn neben den deutschen Kutscher, ein Gefangener, der kein Zeichen von sich gab, daß er mich kannte. Der Kommandant und ich saßen auf dem hinteren Polstersitz. ,,Napred (Vorwärts)!" befahl der Offizier, und es ging im Trab zum Lager hinaus. Bald konnte ich feststellen, daß es in Richtung der Kreisstadt Sombor ging. Die Lagerleute blieben auf den Straßen erschrocken stehen und schauten uns nach. Die Räder der Kulesse ratterten auf dem Pflaster dahin. Wir vier saßen eine geraume Zeit da, ohne ein Wort zu sprechen. Eine Kutsche kam uns entgegen. Ich straffte mich, erhob meinen Kopf und strengte meine Augen an. Wer kommt da? Hinter dem Kutscher des herannahenden Wagens erblickte ich meinen Freund, den Matthias. Er erkannte auch mich. Ein Freudenstrahl überzog sein Gesicht. Er stand auf und wollte anhalten. Aber seine Miene verwandelte sich plötzlich, als er mich neben dem Kommandanten sah. Er ließ sich sofort wie geschlagen auf seinem Sitz nieder. Er grüßte nicht und wurde tief traurig, als sein Wagen neben uns vorbeifuhr.

Beim Bahnhof in Sombor bogen wir in die breite Hauptstraße ein, neben der zweitürmigen Karmeliterkirche, wo ich Maria mit einem kurzen Stoßgebet begrüßte: ,,Meine himmlische Mutter, du Schlangenzertreterin, beschütze mich jetzt, daß ich nicht in die Krallen des Drachen falle!"

Der ortskundige Kutscher hielt die Pferde vor dem Bau der Staatspolizei (UDBA) an.

,,Izlazi! (Heraus)! Vor mir schreiten!" verlangte der schweigsame Offizier und eskortierte mich in die Mörderhöhle, die ich vor kurzem nie mehr im Leben von innen zu sehen wünschte. Man sperrte mich in eine Zelle. Nach einer Weile holte man mich heraus, und ich wurde den Genossen vorgeführt. Im Büroraum saß der Untersuchungsrichter am Schreibtisch und befahl mir, auf dem Stuhl vor ihm Platz zu nehmen. Ob sie mich kennen? Mein Reisekollege war dabei. Er übernahm meine Identitätspapiere und las: ,,Sie kommen von Zagreb?" — Ich nickte.

,,Was suchen sie da in der Woiwodina?"

,,Da ist meine Heimat. Ich bin hier geboren! Hier ist meine Arbeitsstelle."

„Wo?"

„In Apatin!" sagte ich prompt, was eigentlich nicht einmal ganz unwahr ist.

„Was suchst du in Gakowa?"

„Meinen Freund wollte ich besuchen!"

„Den Pop?"

„Jawohl!"

„Auch den werden wir dort entfernen!"

Auf die darauffolgenen Fragen konnte ich ruhigen Gewissens mit „Ich weiß nicht" antworten. Er verbot mir strengstens, in Zukunft noch einmal den Boden von Gakowa zu betreten.

„Jede religiöse Tätigkeit ist beiden Volksfeinden strengstens untersagt. Das gilt ebenso für den dort wohnhaften Pop, für den wir besondere Maßnahmen treffen werden."

„Entschuldigen Sie, Genosse, diese neuesten Bestimmungen sind mir unbekannt." Er übergab mir meine Papiere und wies auf die Tür. Schnellen Schrittes verließ ich diese Räumlichkeiten, in denen die Wände so laut nach Mord und Totschlag schrieen.

In der Marienkirche dankte ich der Helferin der Christen und empfahl mich ihrem weiteren Schutz und Schirm.

* * *

Die Wohnhäuser der Deutschen in der Woiwodina sind alle nach dem gleichen Baustil errichtet. Aus diesen Dörfern sind die Donauschwaben vertrieben und in die Vernichtungslager getrieben worden.

Die Donauschwaben in ihrer Heimat bei der Maisernte.

Die Gedächtniskapelle der Donauschwaben in Entre Rios, Brasilien, von innen.
Auf dem Marienbild links Szenen der Ermordung und rechts, wie die Geretteten
von den fünf Schwabendörfern zu Maria kommen, um Dank zu sagen.

Augenblicke der Freiheit

Märtyrerkirche

Nach den Ereignissen in Rudolfsgnad und Molidorf, nach Verhaftungen in Gakowa, Sentivan und Apatin, mußte ich aus dem Blickfeld der Woiwodina verschwinden. Im Zimmer meines Oberen in Zagreb saß ich Pater Karl Grimm gegenüber und erzählte ihm in groben Zügen, was ich erlebt hatte. Er fragte mich, ob ich noch Lust auf weitere dieser abenteuerlichen Unternehmungen hätte.

,,Den Dienst an den Ärmsten der Armen möchte ich nicht aufgeben! Nach Sammlung meiner seelischen und physischen Kräfte möchte ich gerne diese begonnene Arbeit fortsetzen.''

,,Gut! Hier wäre auch ein Angebot: Exerzitien bei den Schwestern in Bosnien. So können Sie leicht in einer anderen Richtung dem Blickfeld der Häscher entgehen. Wollen Sie das übernehmen?'' — ,,Gerne, Hochwürden!''

,,Nach einer gewissen Zeit können Sie dann Ihrem Hilfsdienst nachgehen, wenn Sie meinen, erfolgreich zu sein. Ihr alter Posten als Seelsorger im Arbeiterviertel am Stadtrand in Zagreb steht Ihnen jedoch immer noch zur Verfügung!'' Wir verabschiedeten uns.

Die geistigen Übungen für die Schwestern im bosnischen Banja Luka waren für mich ein erschütterndes Erlebnis. Die Ordensschwestern waren von der Unsicherheit über ihr zukünftiges Dasein ergriffen. Manche von ihnen waren verhaftet, andere büßten schon langjährige Kerkerstrafen im Zuchthaus von Zenica ab. ,,Was geschieht mit uns morgen? Wird uns auch noch das letzte Haus enteignet, wo wir so erbärmlich zusammengepfercht sind? Oder wirft man uns auf die Straße? Die Kommunisten benötigen unsere Arbeitskraft in den Krankenhäusern, wünschen jedoch, daß wir unsere Ordenstracht ablegen.'' Das waren entscheidende Fragen, worauf sie in den Exerzitien vor Gott und ihrem Gewissen eine Antwort finden wollten. Die roten Machthaber versuchten bei jeder Gelegenheit, durch Versprechungen und bedrohende Einschüchterung diese Klöster, die Stätten des Gebetes und der tatkräftigen Barmherzigkeit, in staatliche Pflegestätten und Waisenhäuser umzuwandeln. Da man die Schwestern aus Schulen, Krankenhäusern und sonstigen Anstalten ihrer Fürsorgetätigkeit verdrängte, waren die Mutterhäuser überfüllt.

Vor mir war die überfüllte Klosterkirche mit jüngeren und älteren Schwestern, die in der verhängnisvollsten Stunde ihres Lebens standen.

Sie suchten einen Ausweg aus einer verzweifelten Lage ihrer Lebensprüfung. Es trat eine triumphale Stimmung ein, als am 1. Juli das Fest des Kostbaren Blutes Christi, das Patronatsfest ihrer Klostergemeinschaft, gefeiert wurde.

Ein neues Kapitel der verfolgten Kirche bekam ich zu sehen, als ich am Nachmittag dieses Tages den Ruinen des einst so blühenden Trappistenklosters bei Banja Luka einen Besuch abstattete. Hier hatte ein blutiger Kampf gewütet, als es hieß, diese geheiligten Räume den gottlosen Einbrechern räumen zu müssen. Die überwiegende Mehrheit der Trappistenmönche mußte die Flucht ergreifen und so ihren betenden und büßenden Missionsdienst im mohammedanischen Bosnien aufgeben.

Hier und dort begegnete ich dem einen oder dem anderen Ordensbruder, der in den Ruinen hausen mußte. Sie wollten die Hüter des Heiligtums vor der gänzlichen Ausplünderung sein. In den noch gut erhaltenen Teilen des Klosters hatten sich die Partisanen niedergelassen. Mit dem einzigen noch zurückgebliebenen Priester zog ich durch die zertrümmerte Abteikirche, wo die kleine Schar der Mönche sich jede Nacht noch zum Gotteslob versammelten. Tief erschüttert verließ ich den großen Klosterkomplex, und die Frage stand mir auf den Lippen: Warum hat man diese Stätte des Gebetes und der Entsagung so verwüstet?

Auf meiner Rückreise nach Zagreb wollte ich meinen verurteilten Mitbruder Pater Franz Bortas im Zuchthaus Stara Gradischka besuchen. Neben der Strafanstalt Lepoglava ist Stara Gradischka das zweitgrößte Strafgefängnis der Republik Kroatien. In der sogenannten Burg (Kula) waren die für das kommunistische Regime gefährlichsten Sträflinge, die politischen Gefangenen, die Intellektuellen, unter ihnen etwa 300 Priester untergebracht. Meinen gefangenen Mitbruder durfte ich nicht sprechen, da nur die Familienmitglieder selten Zutritt haben. Er verstarb bald darauf mit fünf anderen Priestern.

Wenn ich in früheren Jahren manchmal Häftlingen begegnete, dachte ich: Geschieht ihnen recht! Warum haben sie sich nicht an das Gesetz gehalten! Jetzt aber wußte man genau, daß die Mehrheit dieser Häftlinge unter dem kommunistischen Regime die harte Strafe für eine gerechte Sache erduldeten.

Der Kreuzweg der Priester in Stara Gradischka erreichte seinen Höhepunkt, als Msgr. Svetozar Rittig in einem Schreiben an die gefangenen Geistlichen den Vorschlag machte, ihnen bei Marschall Tito die sofortige Befreiung zu erwirken, wenn sie sich bereit erklären würden, mit der kommunistischen Regierung am Aufbau des Landes mit vollen Kräften mitzuwirken. Man beschloß, das Angebot des verräterischen Geistlichen von Titos Gnaden abzulehnen. Lieber treu für Christus bis in Tod!

All das, was ich da erlebte, was mir begegnete und wovon mir berichtet wurde, brachte mir ins Bewußtsein, welche große Zahl an Priestern in diesen Monaten den Märtyrertod gestorben waren. Ich kann sie nicht alle aufzählen, doch will ich einige Namen derer, die aus meiner engeren Heimat stammen und deutschstämmig sind, hier festhalten.

Die Priestermärtyrer aus der Woiwodina sind folgende: Adam Steigerwald, Pfarrer in Heufeld; Peter Weber, Dekan-Pfarrer in Karlsdorf; Anton Adam, Pfarrer in St. Hubert; Michael Rotten, Pfarrer in Groß Kikinda; Franz Brunet, Pfarrer in Deutsch-Zerne; Josef Knapp, Pfarrer in Glogau; Andreas Varga, Kaplan. Alle diese Geistlichen waren im Banat tätig. In der Batschka sind folgende Geistliche umgekommen: Msgr. Karl Unterreiner, Religionslehrer in Palanka; Rudolf Schummer; Franz Plank, Pfarrer in Tschanopl; Anton Haug, Pfarrer in Siwatz; Michael Werner, Pfarrer in Martonosch; Anton Dupp, Pfarrer in Tschurug; Anton Berger, Pfarrer in Tavankut; Josef Novotny, Pfarrer in Plavna; Franz Josef Tschermak, Kaplan in Apatin; Abtpfarrer Petrany aus Alt Betsche; Prälat Johann Lakajnar, Pfarrer von Ruma/Syrmien; Julius Bürger, Dekan-Pfarrer in Slatina/Slawonien; Theodor Klein, Dekan-Pfarrer in Beli Manastir/Baranja; Josef Böckmann, Pfarrer in Prijedor/Bosnien; Richard Weiß, Pfarrer in Modritsch/Bosnien; Anton Weiß, Militärkurat; P. Franz Schaffhauser O.F.M. aus Sarajewo; Josef Schmidt, Religionslehrer in Dubrovnik. Diese Priester wurden durch die Mordtrupps zu Tode gemartert.

In den Sammellagern sind folgende Priester gestorben: Peter Weinert, Dekan-Pfarrer von Palanka; Stefan Müller-Meszarosch, Pfarrer von Palanka; Benediktinerabt Adalbert Graf von Neipperg, im Lager zu Werschetz erschlagen; Pfarrer Dobler in Gakowa, im Lager gestorben; Lorenz Scherer, Pfarrer von Tscherwenka, in russischer Gefangenschaft gestorben; P. Ferdinand Gaßmann O.F.M., zum Tode verurteilt und hingerichtet; Peter Müller, Pfarrer von Filipowa, zu Zuchthausstrafen verurteilt, an deren Folgen er starb.

In einer freiheitsliebenden Stadt

Um den Händen der Staatspolizei zu entgehen, wurde mir ein Unterschlupf im adriatischen Küstengebiet angeboten. Mein letztes Bildungsjahr stand noch aus, und so konnte ich in völliger Zurückgezogenheit und Einsamkeit in Dubrovnik meine letzte Probezeit des Jesuitenordens verbringen. Kurz vor dem Beginn der Monatsexerzitien, der Hauptübung dieses dritten Noviziatsjahres, bin ich in dieser mittelalterlichen

Hafenburg eingetroffen. Im alten ehrwürdigen Kolleg am Meeresstrand fühlte ich mich geborgen. Die Notwendigkeit der Sammlung im Gebet spürte ich schon längst.

In Dubrovnik war der Geist der 600 Jahre hindurch freien Republik immer noch zu spüren. Hier hatte das rote Regime deshalb auch besondere Anstrengungen gemacht, den Widerstand derer, die den Kommunismus ablehnten, so vollständig wie möglich zu brechen. Unter den ermordeten Priestern war mein gleichaltriger Schulkamerad, der geistliche Herr Josef Schmidt, ein Donauschwabe aus der Batschka, der als Jungseelsorger und Katechet in Dubrovnik tätig war. Wir spöttelten oft kameradschaftlich über ihn wegen seiner Ungeschicklichkeiten, und dennoch stand er hoch über uns allen vor den Augen Gottes und wurde des Martyriums Christi für würdig gehalten.

Auch die Verfolgung unter den Laien war hier besonders stark. Viele Männer verbargen sich vor den Partisanen in doppelten Wänden ihrer Häuser und wählten so für Monate ein freiwilliges Gefängnis. Als die Hoffnung schwand, daß die Repressalien des Regimes bald vorbeigehen würden, suchten viele auf kleinen Barken über das Meer nach Italien zu entkommen. Allerdings fielen sie dort oft den italienischen Kommunisten in die Hände, die sich nicht scheuten, mit den Leuten Titos zusammenzuarbeiten.

In der Sakristei, mit den Meßparamenten bekleidet, wartete ich auf den Glockenschlag, um die hl. Messe zu beginnen. Ein Hochschulprofessor stürzte plötzlich herein. Die Tränen standen ihm in den rot verweinten Augen. ,,Hochwürden, möchten Sie das Meßopfer für meinen Sohn darbringen?'' — ,,Was sagen Sie? Euer Franz ist tot?'' fragte ich überrascht. ,,Er wurde in Italien im Flüchtlingslager gefangen genommen. Mit dem Flugzeug brachten sie ihn nach Belgrad in die Glavnjatscha. Dort wurde er erschlagen!'' Der Vater wollte seine Tränen zurückhalten, aber es gelang ihm nicht. Das Meßopfer galt für diesen Ermordeten. Damals hatte ich jedoch noch keine blasse Ahnung, daß ich in denselben berüchtigten Mordzellen über ein Jahr verbringen sollte.

Zu Weihnachten 1946 wurde ich auf die Landpfarrei Cavtat gerufen, die Frohbotschaft zum Fest der Geburt des Herrn in verschiedenen Bergkapellen zu verkünden. In ihrer Angst wegen der steten Bedrohung, wegen der Ausbeutung durch ungeheure Abgaben, die sie dem Staat leisten müssen, suchten diese Bauern den Trost bei Gott. Die Kirchen waren überfüllt.

In der Fastenzeit 1947 fiel mir die Aufgabe zu, in Sarajevo eine Art Volksmission zu halten. Im Laufe der folgenden Woche füllte sich die Kirche immer mehr. Da in der Hauptstadt Bosniens so viele Priester verhaftet wurden und es unter den Kanzeln nur so von Spitzeln wimmelte, hielt man es für ratsam, für gewisse Zeit den Predigtdienst in den Kirchen abzubrechen und bessere Zeiten abzuwarten. Desto mehr begrüßte dieses nach geistiger Speise hungernde Volk meinen Predigtzyklus, der jeden Tag fortgesetzt wurde. Dieses drangsalierte, zum Schweigen gezwungene Volk konnte sich im Beichtstuhl aussprechen und ausweinen. Auch in Sarajewo gab es kaum eine katholische Familie, aus der nicht der Vater, oder der Sohn, der Bruder, eine Tochter verschleppt, verhaftet, interniert, umgebracht worden war oder noch rechtzeitig fliehen konnte.

Am Ostermontag wurde ich bestimmt, Lebensmittelpakete nach Rudolfsgnad für meinen dort verhafteten Mitbruder im Vernichtungslager zu überbringen. Mit dem schweren Rucksack ging ich vom Bahnhof in Tittel mit viel Neugierde nach den neuesten Entwicklungen über die Theißbrücke in die Richtung des Todeslagers. Der letzte Schnee war hier geschmolzen, und der sumpfige Boden war naß und kotig. Unterwegs traf ich Bekannte, die mich freundlich begrüßten.

,,Besteht eine Möglichkeit, ins Lager zu kommen?'' suchte ich nach Auskunft bei den Leuten, die auch Pakete schleppten.

,,Nach der Entlassung der Kommandantin Zlata ist die Behandlung bei den Gefangenen ganz anders geworden. Die Lagerdisziplin ist peinlich verschärft. Das Lagergebiet ist mit Stacheldraht umzäunt worden. Die Wachtposten sind unerbittlich!'' —

Die Lebensmittel konnte man nur beim Eingang abgeben. Bei der Übergabe kam ich zur Überzeugung, daß diese Ostergeschenke nicht an die betreffende Person kommen, für die sie gebracht wurden. Kein Gespräch war mit den Gefangenen möglich. Der vergangene Winter hatte wieder die Reihen der Hungernden gelichtet. Die Massengräber auf der Beerdigungsstätte Teletschka vermehrten sich. Die Zahl der hier zu Tode Gemarterten, Erschlagenen, Erschossenen, Verhungerten ist weit über 20 000 gestiegen. So stand ich dann lange Zeit am Stacheldraht, und mein Herz wollte vor Schmerz beim Anblick dieser Misere zerspringen, als ich die wandelnden Skelette in ihrer Hilflosigkeit sah.

Ich wollte weiter helfen. Aber wie? Meine Oberen bestanden darauf, daß ich mich diesem Apostolat nur mehr widmen dürfe, wenn volle Sicherheit gewährleistet sei. So blieb mir nichts anderes übrig, als die letzte Möglichkeit zu versuchen: Ich wollte im Innenministerium vorsprechen, wie mir schon früher im Neusatzer Regierungsgebäude geraten worden war. Doch ich vermutete schon, daß ich bei dem blutigen Minister von Titos Gnaden, Alexander Ranković, keinen Erfolg haben würde. Dennoch begab ich mich nach Belgrad, um diesen letzten Versuch zu wagen, einfach deswegen, um mir später keine Vorwürfe machen zu müssen. Ich sprach bei General Gjorgjević vor, wurde aber rasch erfolglos abgefertigt. Eine Erlaubnis, in die Lager meiner Heimat zur seelsorglichen Arbeit zu gehen, war nicht zu erwirken.

Sturm im Herzen

Nach Dubrovnik ins Terziat zurückgekehrt, wurde mir mitgeteilt, daß die Geheimpolizei zum dritten Mal genaue Hausuntersuchung durchgeführt habe. Alles hätten sie durchwühlt und durchstöbert. Wonach hätten sie eigentlich im Ordenshaus geforscht? Nach konterrevolutionären Waffen? Auch die Bibliothek wurde durchforscht. Die alten Bände haben sie abgetastet. Meinten sie vielleicht, es wären Pulverschachteln? Die Übersetzung des Evangelienbuches von Erzbischof Ivan Sarić, als Werk des Volksfeindes, haben sie aus dem Refektorium mitgenommen. Sofort eilte ich in die Bibliothek und zog einen Folianten aus dem Regal, schlug ihn auf und fand mein verstecktes Tagebuch. ,,Gott sei Dank!'' seufzte ich. Diese Aufzeichnungen aus den Vernichtungslagern könnten für mich verhängnisvoll sein, wenn sie in die Hände der Roten fielen. So sind also diese Schriften auch hier nicht sicher. ,,Wohin damit?'' Das Ordenshaus darf nicht bedroht werden. ,,Sie wollen doch nicht die Ordensgemeinschaft mit so kompromittierendem Material gefährden? Weg damit, einfach aus dem Haus!'' sagte mein Oberer.

,,Am besten auf die Kirchdachbalken!'' geht mir durch den Kopf. Irgendwo unter den Dachziegelplatten die Schrift verschwinden lassen. So kletterte ich über das Barockgewölbe der Kirche mit dem dreihundertjährigen Staub und Eulenmist und glaubte, jetzt endlich einmal ruhig schlafen zu können.

Die grauenhaften Dinge, die ich in den verschiedenen Vernichtungslagern erlebt hatte, ließen meine Phantasie nicht aus ihrer Umklammerung. Es quälte mich dauernd die Frage, wie man diesen Müttern, diesen Kindern, diesen unschuldigen Menschen dennoch helfen könnte. ,,Du hast als Hirte deine Herde verlassen, die vom reißenden Wolf zerfleischt wird und gingst in sichere Deckung!'' hörte ich in mir. Der Gedanke, im Gehorsam gehandelt zu haben, beruhigte mich zeitweise.

Mit meinem Studienfreund Josef ging ich oft zur Erholung an der Meeresküste entlang. Bei diesen Spaziergängen sprachen wir gewöhnlich nicht viel. So manches offenbarte ich ihm von meiner Seelennot, meistens jedoch lauschten wir wortlos den sonderbaren Tönen der wogenden Wellen des Meeres. Es ergötzte mich sichtlich, wenn das Meer in einen tosenden Sturm geriet, die Wellen an den hohen, steilen Felsen dröhnend zerbrachen und dabei das weißschäumende Wasser sich wie im Zorn bäumte und viele Meter hoch in die Luft spritzte. Das donnerartige Tosen und Toben, das höllenartige Brüllen und Heulen, das feindselige Brodeln und Kochen in den Tiefen dieses Schlundes ist jetzt lautlos abgeklungen. Eine erquickende Stille trat ein. Alles ist vorbei! So sah ich meinen Seelensturm mit eigenen Augen und beruhigte mich wegen des sicher eintretenden friedlichen Endes.

Sind wir Christen nicht in einem Pfingststurm geboren? Sind wir nicht durch einen brausenden Wind von Gott berufen? Sind wir nicht in den unerbittlichen harten Kampf gesandt?

,,Ich bin nicht gekommen, den Frieden zu bringen, sondern das Schwert!'' sagte der Meister.

Ich sprang über die spitzen, vom Salzwasser ausgelaugten Küstensteine und betrachtete aus einem anderen Blickfeld die wirbelnden und peitschenden Wogen. Ich fand Genuß daran und konnte mich schwer davon trennen. Sie spiegelten mit ihren rüttelnden und schüttelnden hohl und dumpf dröhnenden Donnerschlägen meinen Seelenzustand wieder. Ich erlebte in der Tiefe meiner Seele, zum Sohn des Sturmes bestimmt zu sein. Ich sah mein Leben einem schauderhaften, höllischen Kampfspiel ausgesetzt. Was dann, wenn ich im Schlund des Drachen zermalmt werde? Wie eine säuselnde Brise im tobenden Wind vernahm ich die Stimme: ,,Ego ero tecum! — Ich werde mit dir sein! Warum fürchtest du dich, den Kampf mit einer satanischen Welt aufzunehmen?''

Sprung in den Abgrund

Die Tage meines Aufenthaltes in Dubrovnik gingen zu Ende. Mein zukünftiges Arbeitsfeld war meinen Obern noch nicht klar. Die erste Bestimmung nach der Abschlußprüfung war Slavonisch Poschega, um den dortigen Schwestern Exerzitien zu geben.

Ein Gedanke bestürmte mich: Vor die kommunistischen Machthaber offen hinzutreten und ihnen die Wahrheit schonungslos ins Gesicht zu schleudern! Hat das einen Sinn? Die höchsten Spitzen werden es ja gar nicht erlauben, vor ihnen zu erscheinen! Würde das nicht bedeuten, sich in den Rachen des roten Drachen zu stürzen? Vor der Weltöffentlichkeit im Westen auftreten und die abscheulichen Gewalttaten enthüllen! Wird man mir glauben? Wie das durchführen? Die Welt ist ja übersättigt mit Mord und Greueltaten. Wer wird sich darum kümmern oder einen Finger krümmen?

Johannes der Täufer trat vor den Machthaber Herodes hin und schleuderte ihm seine Untaten ins Gesicht, obwohl er sicher war, daß er im Kerker landen werde. Das machte ihm nichts aus!

Sollte man die Verbrechen nicht aufdecken? Schließlich: Gibt es einen Mittelweg zwischen der Waghalsigkeit und der übertriebenen Klugkeit, zwischen Überstürzung und Angst? Mein Leben steht in Gefahr! Ist mein Leben eigentlich so wichtig? Steht die Wahrheit Christi nicht fest: Wer sein Leben für die Brüder hingibt, der rettet sein Leben. Kann ich ein Sohn von Ignatius sein, wenn ich vor jeder Bedrohung zurückschrecke? Die Rechtsverletzung und die Verfolgungen, die sich die Kommunisten gegen ihre eigenen Gesetze leisten, müßten vor die große Weltöffentlichkeit gebracht werden. Nur aufrechte, trotzig entschiedene Haltung imponiert dem Feind! Mein Entschluß war gefallen! Mein Sprung in den Abgrund war entschieden.

Vormittags hatte ich mein letztes Examen abgelegt. Schnell wurden meine Habseligkeiten in den Koffer gepackt. Noch etwas fehlte! Mein Tagebuch ist auf dem Dachboden. Eilig klettere ich auf der Leiter zum hohen Gewölbe dieser klassischen Barockkirche. Die Frage ging mir wieder durch den Kopf: ,,Könnte diese Schrift nicht dort bleiben? Wenn einmal ruhige Zeiten eintreten sollten, könnte man sie doch ohne Gefahr herabholen? Nein, mitnehmen und das Schicksal wagen!" sagte ich mir. ,,Will sehen, was Gott mit mir vorhat!" —

Ist diese Schrift nicht ein Feuer in der Hand? Mit Feuer soll man nicht spielen! Werde ich der Gefahr gewachsen sein? Könnte mich dieses Wagnis nicht das Leben kosten? Bin ich für den Tod bereit? Es gibt unerklärliche Augenblicke im Leben. So etwas geschah in mir an diesem Tag.

Als mein Gepäckträger den schweren Koffer ins Wagenabteil beförderte, flüsterte er mir leise ins Ohr: ,,Hochwürden, die Polizei hat mich beim Eingang aufgehalten wegen einer Durchsuchung. Ich hab's wieder freibekommen, weil kein Schlüssel vorhanden war."

Die Lokomotive keuchte langsam den Berg hinauf ... Ein herrlicher Blick auf's Meer! Die Meereswellen glitzerten wie flüssiges Silber im klaren Sonnenschein. Unten am Meeresstrand liegt die märchenhaft schöne Stadt Dubrovnik zwischen den riesigen Mauern und zackigen Burgen. Der Zug schlängelte sich in mutig gewagten Serpentinen vom Meeresspiegel immer weiter hinauf in die wild romantischen, kahlen Karstberge der Herzegowina. Auf den Höhen zwischen spitzig emporragenden Zypressen bot sich der letzte Blick auf das unruhig flutende Meer. Die Sonnenstrahlen flimmerten in den unübersehbar weit in die Ferne ziehenden, silbernen Wellen. Konnte ich ahnen, daß mich der Zug aus diesem irdischen Paradies in eine Todesnot führen könnte? Ein geheimnisvolles Vorgefühl packte mich ...

Vor Sarajevo hatte ich wieder den Koffer geöffnet und mein Brevier hineingelegt. Sollte ich nicht die Schrift jetzt doch verschwinden lassen? Laß es wie es ist, und übergib dich der Vorsehung! Dennoch klopfte mein Herz unruhig wegen dieser Entscheidung. Ich zweifelte, ich zögerte und fragte mich dennoch immer wieder: Ist das klug? Werde ich mein Ziel erreichen? Im Gedränge der Reisenden glaubte ich in der Volksmasse am Bahnhof in Sarajevo untertauchen zu können. Man wies mich bei der Ausgangstür mit manchen andern auf die Seite und schob mich in ein Zimmer. ,,Die Koffer öffnen!'' Ich verhalte mich ruhig, werde aber sichtlich bleich. Ein kalter Schauer geht über meinen Rücken. Der Polizeibeamte läßt seine Hände patzig auf die Bücher und Schriften fallen und wühlt in den Papieren herum. Dann schlägt er den Koffer wieder zu und schiebt ihn auf die Seite. Er setzt die Durchsuchung anderer Koffer fort und läßt mich warten.

* * *

IV

BEREIT ZUM TODE

Im Kreuzverhör

In Titos Hotels

„Sehen Sie, wie wir Ihnen entgegenkommen, hochwürdiger Herr!" betonte der hohe Offizier der jugoslawischen Geheimpolizei mit besonderem Spott. „Hier haben Sie ein erstklassiges Hotel, das wir Ihnen kostenlos zur Verfügung stellen." Schmunzelnd ging er vor mir die enge Treppe hinauf, die zum obersten Stockwerk des Kerkers in Sarajewo führte.

Mit dem Stiefel stieß der Offizier eine Zellentüre auf und wies mich ein: „Hier werden Sie unser Gast sein! Da werden wir Sie öfters besuchen!" Er breitete seine Hände aus, verneigte sich tief und lächelte dabei teuflisch. „Jetzt haben wir das Vöglein im Käfig! Jetzt kommt er uns nicht mehr davon!"

Wie betäubt fiel ich auf einen der vier Strohsäcke hin. Ich erhob die Augen, und mein Blick haftete an den Fenstergittern. Jetzt wurde mir klar, warum dauernd ein Polizist neben mir in dem Eisenbahnabteil gesessen hatte. Auf der ganzen Reise war es mir so unheimlich gewesen. Es schien mir, als begleitete mich ein drohender Schatten. Das barsche Benehmen der kommunistischen Beamten beim Aussteigen in Sarajevo bedeutete schon nichts Gutes.

Viermal war ich in den letzten zwei Jahren von den Kommunisten verhaftet worden, aber jetzt empfand ich die ganze Wucht der Worte des Offiziers: „Jetzt kommt er uns aber nicht mehr davon!" So haben sie also alles entdeckt. Zwar war ich in der letzten Zeit immer aufs Äußerste gefaßt. Wenn aber die Last mit vollem Gewicht auf das Herz fällt und es zu erdrücken droht, dann ist es doch ganz anders, als wenn man nur eine dunkle Ahnung von der Zukunft hat. Die Ungewißheit des bevorstehenden Schicksals macht den härtesten Mann mürbe.

Achtsam drehte ich mich um, ob mich nicht vielleicht jemand durch die kleine runde Öffnung in der Tür beobachtete. Dann sank ich auf die Knie und empfahl der göttlichen Vorsehung mein zukünftiges Schicksal.

Im Schloß drehte sich schnell der Schlüssel. Noch schneller sprang ich vom Boden auf, um einem gottlosen Menschen die Gelegenheit zu nehmen, mich zu verhöhnen und zu verlachen, oder gar dem Allmächtigen zu fluchen.

„Hier hast du, was du von deinen Sachen behalten darfst." Mein Handtuch und die in Stücke gebrochene Seife warf er mir in die Zelle. So hatten sie also alles in meinem Reisekoffer gründlich durchsucht!

Sie fürchteten sogar, daß ich in die Seife etwas versteckt hätte.

Ganz gebrochen ließ ich mich auf dem Strohsack nieder. Wirre Gedanken zogen mir durch das Gehirn.

Am Morgen hatte ich den Zug bestiegen. Gestern hatte ich die letzte Prüfung, die man in der zehnjährigen Hochschulausbildung von einem Jesuiten verlangt, abgelegt. Im Gepäck waren Studienarbeiten aus verschiedenen Gebieten der Philosophie, Theologie und Naturwissenschaften, alles was man im Kampfe für die christliche Idee benötigt. Es waren Arbeiten, an denen man vom zwanzigsten bis zum dreißigsten Lebensjahr mit aller jugendlichen Kraft und Begeisterung feilt, und so manches werden sie dadurch erfahren. Mein Gewissen macht mir keine Vorwürfe, aber von einem unheimlichen Beben in allen Gliedern konnte ich mich in diesem Augenblick nicht befreien.

Vor meinen Augen tauchte mein guter Freund Josef aus der Herzegowina auf. Er sagte mir vor Monaten: ,,Alles verstecken, was über die Ermordung und Vernichtungslager der Donauschwaben geschrieben ist. So etwas kann dir nur schaden. Man kann dich deswegen verhaften und schwer anklagen." Jetzt hörte ich ganz klar die Stimme dieses guten Freundes. Wir verstanden uns damals nicht. Ich weiß, er war um mich besorgt. Aber schon damals gingen meine Gedanken weiter und tiefer. Damals sagte ich mir: ,,Sie sollen doch meine Schriften finden!" Dabei dachte ich: ,,So eine Schrift könne mir zwar schaden, aber meinen Landsleuten in den Vernichtungslagern von Nutzen sein. Es wurde mir doch jede Hilfeleistung für die Sterbenden unmöglich gemacht und untersagt. Könnte so eine Anklageschrift gegen Tito ohne jegliche Wirkung sein?"

Damals war es mir leicht, so zu denken, da die Gefahr nicht unmittelbar bevorstand, aber jetzt plagt mich der Gedanke an die Folgen. Werde ich mit diesem mir freiwillig aufgeladenen Kreuz fertig werden?

,,Hier setzen Sie sich!" Der Untersuchungsbeamte schob mir einen Stuhl vor seinen Schreibtisch. Er ging hinter mir auf und ab. Die Morgensonne schien mir grell in das Gesicht. Der hohe Offizier der Geheimpolizei betrachtete jede meiner Bewegungen. ,,Sie wissen, in welch einer Lage Sie sind. Wir verfügen über Ihr Leben. Sehr leicht können Sie sich helfen. Warum sollten Sie uns durch Ihre Verheimlichung quälen? Wir haben Mittel, schließlich doch alles zu erfahren, und das könnte Ihnen nur zum Nachteil sein. Uns interessiert die materielle Wahrheit über Ihre feindselige Tätigkeit. Uns ist genau bekannt, wo Sie sich bewegt haben. Von Ihrer Seite erwarten wir ein aufrichtiges Geständnis. Auf solche Weise können Sie sich am besten helfen. Sagen Sie mir vor allem: in wessen Dienst standen Sie eigentlich? Von wem waren Sie beauftragt?"

„Von niemand bin ich beauftragt worden. Alles, was ich tat, unternahm ich auf eigene Initiative", versuchte ich meine Oberen zu entlasten." Er nahm seine Pistole aus der Tasche und spielte mit ihr. „Sie sind in unserer Macht, und die OZNA kennt keine Rücksicht auf Feinde des Volkes. Die Revolution hat uns so viel Blut gekostet. An der neuen Ordnung lassen wir nicht rütteln. So einen jesuitischen Pfaffen wie Sie schieben wir einfach für immer auf die Seite, wenn er uns im Wege steht."

„Was meinen Sie damit? Was habe ich Ihnen in den Weg gestellt? Sie reden mich an, als ob ich gegen euch ein ganzes Heer aufgeboten hätte. Ich bin ein einfacher Priester und tue nur meine Pflicht."

„Verstellen Sie sich doch nicht!" fuhr er ruhiger fort, „wir wissen doch alles, was Sie gegen das Volk und den Staat unternommen haben. Es ist viel besser, wenn Sie alles aufrichtig eingestehen. So werden wir Ihnen gegenüber auch Rücksicht zeigen und Ihre Vergehen gegen den sozialistischen Aufbau unseres Landes nicht so ernst nehmen. Wer sein Verbrechen eingesteht, dem ist schon die Hälfte verziehen. Wir verstehen einen Fehltritt, aber das muß man eingestehen und als Fehler anerkennen, dann erst kann von einer Besserung die Rede sein."

Bewegungslos saß ich im Licht und vermied jedes Zucken der überspannten Nerven. Langsam jedes Wort abwägend, erwiderte ich: „Ich fühle mich in nichts schuldig und kann keinen Fehler, geschweige denn ein Verbrechen gegen den Staat oder das Volk zugeben. Mit der Politik habe ich nichts zu tun."

„Das werden wir schon sehen." Er nahm seine Aktentasche und ging hinaus. Nach einigen Minuten kam ein anderer in das Zimmer, um das Verhör fortzusetzen. Die Sonne stand schon hoch am Himmel. Er zog seinen Rock aus. Da stand der muskulöse Mann in seinem Marinetrikot und ließ seine vernarbten Wunden am Arm sehen, die er im „Kampfe gegen den Faschismus" bekommen hatte.

„In wessen Dienst stehst du?" begann er aufbrausend. Ich blicke ihn nur staunend an.

„Antworte! Welcher fremden, feindlichen Macht dienst du?"

„Wie Sie sehen, bin ich Priester. Ich stehe daher im Dienste Gottes. Gott ist mir weder eine fremde noch eine feindliche Macht!"

„Das frage ich nicht! Sage, welche imperialistische Macht des Westens bezahlt dich?"

„Wir Ordensleute haben ein Gelöbnis, unsere priesterliche Arbeit unentgeltlich auszuüben."

„Ihr Jesuiten steht im Dienste des Papstes, und dazu habt ihr euch doch auf besondere Weise verpflichtet."

„Ich betrachte diesen Dienst an der Kirche, deren Oberhaupt der Papst ist, keineswegs als Dienst unter einer feindlichen Macht. Der Papst ist für uns Katholiken der Stellvertreter Christi auf Erden."

„Quatsch! Willst du mir vielleicht beweisen, der Papst sei nicht gegen unsere Erfolge? Mit all deiner jesuitischen Schlauheit wird dir das nicht gelingen."

Er begann, mich über meinen Lebenslauf auszufragen.

„Als die Volksarmee die Faschisten aus Zagreb vertrieb, hast du dich am Erzbischöflichen Gymnasium in der Jugendseelsorge betätigt. Nach der Ankunft unserer Befreiungsarmee wurdest du verhaftet. — Ist das nicht so?"

„Man hat mich immer wieder freigelassen!"

„Da haben unsere Volksorgane einen schweren Fehler begangen. Sie waren überlastet mit Arbeit bei der Machtübernahme: aber, daß du weißt, unseren Händen entgehst du nicht so leicht. Ich versichere dir abermals, sobald du alles aufrichtig sagst, was du gegen unser Volk getan hast, kannst du dir deine Lage erleichtern. Wir wollen alles genau wissen. Versprichst du mir, die volle Wahrheit zu sagen?"

„Vor der Wahrheit brauche ich mich nicht zu fürchten. Wenn ihr nach der Wahrheit so strebt wie ich, dann sind wir bald einig."

Auf meinen ruhigen Ton fuhr er mit gedämpfter Stimme fort: „Deine Bereitschaft zur Wahrheit wollen wir also ins Protokoll eintragen."

Der Untersuchungsbeamte begann mein ganzes Leben durchzuhecheln. „Als Deutscher warst du doch in den deutschen Organisationen. Da bestand der „Kulturbund", an dem du als Mitglied auch mitgewirkt hast."

„Ich war nicht im Kulturbund und bin von den Nazis verhöhnt, gebrandmarkt worden." Er lächelte spöttisch und schüttelte den Kopf. Dann drückte er auf einen Knopf, und der Gefängniswärter erschien: „Genosse, führe den da in seine Zelle, aber gib ihm keine Gelegenheit zu schlafen!"

Müde und erschöpft kam ich in meine Zelle. Auf dem türkischen Uhrturm schlugen die Stunden. Die orientalische Zeitrechnung verstand ich damals noch nicht. Bald darauf schlug es am Glockenturm der Kathedrale drei Uhr. Die dritte Nacht schon ließ man mir keine Ruhe. Ein Untersuchungsbeamter nach dem anderen hatte sich schlafen gelegt, und der Posten vor der Tür erschien, sobald mir die Lider über die Augen fielen. „Stell dich hin, hier an die Wand, ohne dich anzulehnen, daß ich dich sehen kann, ob du schläfst!" Er ging wieder. In meinen Schläfen surrte es ... das Herz pochte unheimlich ... die Knie wollten zusammenbrechen. Alle Geisteskraft wollte ich aufbieten, um mir genau zu merken, was ich in diesen letzten drei Tagen gesagt hatte; denn auf diesen Antworten werden sie die weitere Untersuchung aufbauen. Die Kommunisten werden alles aufbieten, um mich im Inneren zu brechen und so aus mir ein gefügiges Werkzeug ihrer Pläne zu machen. Sie geben sich als Bannerträger der Wahrheit und Gerechtigkeit aus und stellen mich hin als einen Lügner und Missetäter, als einen Feind des Volkes und Verführer der Menschheit. Eine unaussprechliche Bitterkeit lastete auf meiner Seele wegen des Hohnes und Spottes, mit dem man mir begegnete. Ich suchte Gedanken, die mir Mut, Stärke und Trost einflößen könnten. Vor meinen Augen tauchte ein Bild auf, das niemals so lebendig war wie damals: ,,O Haupt voll Blut und Wunden, voll Schmerz und voller Hohn, o Haupt, zum Spott umwunden mit einer Dornenkron.''

In diesen bitteren Stunden lernt man erst den göttlichen Meister kennen.

Im Kreuzverhör

Am frühen Morgen an einem der nächsten Tage führte man mich wieder wie üblich zum Verhör. Sechs Personen saßen im Zimmer und erwarteten mich. Einer von ihnen — er schien der Vorsitzende zu sein — begann ruhig: ,,Jetzt bin ich mit dem Flugzeug aus Belgrad gekommen.'' Er zeigt mir eine Schrift mit dem Titel: ,,Die Lage der Donauschwaben in Jugoslawien'' und fügte hinzu: ,,Das haben Sie doch geschrieben?'' Seine Stimme klang triumphierend. ,,Aus dieser Schrift ist ersichtlich, daß Sie an ihre kirchliche Obrigkeit geschrieben haben, und zwar an den Vatikan. Das ging nur über den päpstlichen Nuntius in Belgrad. Sehen Sie, wir sagen Ihnen alles, auch wenn Sie darüber schweigen wollen. Uns interessiert vor allem, ob Sie bereit sind, uns die volle Wahrheit zu sagen. Sie haben sich doch längere Zeit in den, wie Sie sagen, ,,Vernichtungslagern'' aufgehalten. Sagen Sie mir: Woher haben Sie die Mittel für die Hilfsaktion, die Sie unternommen haben? Woher hat die Kirche Geld für solche Zwecke?''

,,Es gibt doch einen Caritasverband!'' konnte ich ruhig erwidern. Aber der hohe Funktionär schien gut unterrichtet zu sein, denn er fügte gleich hinzu: ,,Der oberste Leiter davon ist doch Erzbischof Stepinac, nicht wahr? Bei außergewöhnlicher Not setzt er sich auch persönlich ein. Dann waren Sie doch auch beim päpstlichen Nuntius? ,,Was haben Sie ihm gesagt?'' — Ich kam in Verlegenheit, ließ mir aber nichts anmerken. ,,Etwas müssen Sie ihm doch gesagt haben? Da ist doch nichts daran! Haben Sie ihm damals bei seiner Ankunft von Amerika einen Bericht übergeben? Was haben Sie damals über die Schwaben berichtet?''

„Wenn ihr es wissen wollt, ich schäme mich nicht es zu sagen, daß ich überall gebettelt habe, wo ich nur etwas erwarten konnte für die Tausende, die in den Hungerlagern am Sterben waren. Meine Eltern sind ebenfalls dort verhungert. Die Not des Volkes ging mir zu Herzen und ich habe alles unternommen, um Hilfe herbeizuschaffen. In meinem Handeln sehe ich nichts Schlechtes. Die mir geholfen, haben nur ein gutes Werk getan."

„Aber in unseren Augen ist es kein gutes Werk. Sie haben den Volksfeinden, den Faschisten geholfen. Nebenbei haben Sie sich mit einer volksfeindlichen Macht in Verbindung gesetzt."

„Meine Eltern sind von den Faschisten verfolgt und mißhandelt worden. Ebenso ist die Kirche keine feindliche Macht!"

„Der Vatikan ist für uns ein fremder, feindlicher Staat, und Sie haben seinem diplomatischen Vertreter tendenziöse Nachrichten, Lügen und Verleumdungen gegen unseren Staat vermittelt. Sie sind in unseren Augen nichts anderes als ein gewöhnlicher Agent im Dienste des Feindes. Diese Schrift enthält nichts als falsche Angriffe und Verleumdungen gegen unsere Volksrevolution."

In meinem Inneren kochte und brodelte es. Die Kommunisten wollen es also leugnen, daß Zehntausende unschuldiger Menschen in den verschiedenen Hungerlagern schmachten und so viele von ihnen ums Leben gekommen sind.

„Darf ich, bitte, darauf etwas sagen?"

„Nein, Sie antworten nur, wenn Sie gefragt werden!" Der Vorsitzende wandte sich an die anderen Funktionäre: „Das ist erst der Anfang? Nichts soll verschwiegen bleiben! Nichts hat er zu verheimlichen. Bei uns gibt es kein Beichtgeheimnis! ... Er soll wissen, daß wir in die päpstliche Nuntiatur eingebrochen sind. Den amerikanischen Bischof Hurley haben wir vertrieben, aber alle seine Schriften haben wir durchstöbert. Hier ist alles aufgezeichnet!" Er zeigte mir ein Notizbuch und schmunzelte höhnisch.

„Ich fühle mich völlig unschuldig. Was ich getan habe, war christliche Nächstenliebe."

„Was du Jesuitenhund! Du bist ein gemeiner Spion!"
Eilends erhob er sich und stürmte aus dem Untersuchungszimmer. Ein anderer nahm seinen Platz als Vorsitzender ein. Aus der Mappe nahm er die Schrift: „Die Lage der Donauschwaben in Jugoslawien." Hier haben wir die Übersetzung ihrer abscheulichen Schmähschrift. Sehen Sie, ob sie genau übertragen ist." Als ich mit der Durchsicht fertig war, sagte er spöttelnd: „Sie haben allerhand geleistet! Überall haben Sie unsere Lagerposten überlistet. Es ist ihnen gelungen, sich in alle unsere Lager

hineinzuschleichen. Um gleich offen zu sprechen, ich glaube überhaupt nicht, daß Sie sich wegen einer religiösen Hilfe dieser Lebensgefahr ausgesetzt haben. Unseren Partisanen, die Posten standen, bedeutet es doch nichts, einen Pfaffen umzulegen. Sie rechneten mit einer Auszeichnung von höchster kirchlicher Stelle, und deshalb haben Sie dieses Abenteuer unternommen. Die Medaille wird aber zu spät ankommen. Hier in unseren Kerkern werden Sie verfaulen!"

Er erhob sich vom Stuhl und ging auf und ab, um sich zu beruhigen. Nach einigen Minuten fuhr er mit dem Lesen meiner Schrift fort. ,,Es ist einfach lächerlich, was Sie da dem Papst von einem Gelöbnis an Maria vom »Unbefleckten Herzen« schreiben. Was meinen Sie damit? Sie erwähnen da eine Gelöbniskirche nach der Befreiung." Er las laut aus dem Bericht: ,,In Verzweiflung geht dieses Volk dem kommenden Winter entgegen. In diesen Lagern befinden sich jetzt fast nur noch Mütter und Kinder. Es wurde ein Gelöbnis zum Unbefleckten Herzen Mariä abgelegt, eine Votivkirche zu bauen, zu der sie jedes Jahr eine Wallfahrt machen wollen, wenn sie vom Tode gerettet werden. Die Nachricht, daß der Heilige Vater ihre Lager kennt und daß er seine Stimme überall erhebt, wo man noch vernünftig denkt, erweckte eine trostvolle Freude in den Herzen aller. Niemand kann es glauben, wie grausam der gottlose Kommunismus ist!"

Der Kommissar grinste mich boshaftig an. Er preßte seine Lippen zusammen, ballte seine Fäuste und schrie vor Wut mit sich überschlagender Stimme: ,,Sagen sie, was meinen Sie mit den Worten: ,... wo man vernünftig denkt?' Das bedeutet doch, daß man bei uns Kommunisten nicht vernünftig denkt. Ist es nicht so? Sie stützen sich auf den Westen?" Ich wollte ,,nein" sagen und hinzufügen: ,,Ich vertraue auf Gott!" Aber der Funktionär erhob sich schnell, schlug mit seiner Faust auf den Tisch und tobte wie wahnsinnig: ,,Der Westen ist morsch und faul und wird uns wie ein reifer Apfel in den Schoß fallen. Verstanden? Die Zukunft gehört dem Kommunismus. Da helfen eure Gebete und Gelübde nichts!"

Er ging im Vernehmungszimmer nervös auf und ab. Nach einer Pause kam er wieder an den Tisch und sprach: ,,Sie verteidigen sich damit, daß es Ihre priesterliche Pflicht wäre, den Notleidenden an Leib und Seele zu helfen. Aber warum mischen Sie sich dann in die Politik ein?"

,,Wollen Sie mich wegen Politik anklagen? Wo hatte ich mit Politik etwas zu tun?"

,,In Ihrer Schrift schlugen Sie doch vor, daß man die Donauschwaben nach Brasilien übersiedeln könnte. Das bedeutet doch nichts anderes als einen politischen Akt. Das könnte doch nicht anders als durch eine

Intervention der Westmächte geschehen."

„So ein Vorschlag, den die obersten kirchlichen Stellen durchführen sollten, bedeutet keineswegs eine feindliche Politik gegen Jugoslawien. Das ist nichts anderes als eine Hilfsaktion, in der sich die Kirche wie das Internationale Rote Kreuz einwandfrei betätigen können. Bedeutet schließlich dieser Vorschlag nicht auch eine Hilfe für die jugoslawische Regierung, die die Donauschwaben loswerden will? Und wenn Brasilien bereit ist sie aufzunehmen, so ist mein Vorschlag beiden Staaten von Nutzen."

Die Vernehmungen in Sarajevo dauerten mehrere Wochen. Immer wieder versuchten die Vernehmungsbeamten mir Spionage nachzuweisen, immer wieder kam es zu heftigen Auseinandersetzungen über die „Volksschädlichkeit" der Religion und über das angeblich parasitäre Leben der Priester.

Handschlag über die Grenzen

Die Tage und Nächte gerieten in meinem Kopf durcheinander. Das grelle Licht an der Zellendecke brannte immer gleichmäßig. Plötzlich stand ein Uniformierter neben mir und schrie mich an: „Sofort mit deinen Sachen raus!" Im Hof steckte man mich in einen Wagen. Nach einigen Minuten Fahrt landete ich in einer Zelle eines anderen Kerkerbaues der Stadt. Kaum hatte ich mich im neuen Raum zurechtgefunden, schob man einen Leidensgenossen zu mir in die Zelle. Schüchtern betrachteten wir uns beide einige Augenblicke, dann reichten wir uns die Hand.

„Und Ihr Beruf?"

„Professor der Rechtswissenschaften."

„Wo lehren Sie?"

„An der muselmanischen Hochschule hier in Sarajevo."

„So sind sie von der Nachbarfakultät."

„Wie meinen Sie das?"

Ich erinnerte daran, daß sich ganz in seiner Nähe die katholische Theologische Hochschule befand. Er hieß Ahmet, war in den Fünfzigern. Unsere Seelen lösten sich nach der langen Zeit der Einzelhaft. Wir sprachen miteinander und befreundeten uns. Er als Mohammeds Verehrer und ich als Christi Jünger fanden uns schnell auf einen Nenner. „Die Kommunisten wollen uns das Fundament in unserer Lebensexistenz, den Glauben an einen Gott, entziehen. Deswegen begegnen wir uns in dieser Kerkerzelle." Er berichtete dann von der großen Säuberungswelle unter den Mohammedanern in Bosnien.

164

Als ich ihn daran erinnerte, daß es den Katholiken und ihren Führern ebenso gegangen war, fiel der Name von Erzbischof Stepinac. Ahmet sprach von dem katholischen Oberhirten als von einer außergewöhnlich hohen moralischen Gestalt. „Der Erzbischof ist eine überragende Persönlichkeit!" sagte er. Der muselmanische Jurist sprach diese Worte strahlenden Gesichtes. Er näherte sich jetzt der Zellentür um zu sehen, ob nicht jemand am Guckloch lauschte, denn er spürte, seinen Gefühlen hier allzu freien Lauf gelassen zu haben. Ahmet, mein Leidensgenosse, konnte mir über die Verhaftungen verschiedener Priester in Sarajevo berichten, ebenso über den orthodoxen Episkop der Stadt. „Die traurigen Zeiten, wo sich jene, die an Gott glaubten, gegenseitig bestritten und bekämpft haben, sollten überwunden sein. Vor dem gemeinsamen gottlosen Feind müßten wir uns die versöhnende Hand reichen und auf das Große schauen, was uns verbindet und nicht auf das, was uns voneinander trennt." Mein Zellengenosse stimmte mir zu.

Am nächsten Tag stürzte ein Uniformierter in die Zelle. „Gruber, pack deine Sachen, aber sofort!" — Ahmet steckte ein Stück Brot in meine Tasche und flüsterte: „Nach der Befreiung kommen Sie mich besuchen!"

„Gerne, Herr Ahmet!" Der Wagen brachte mich zum Bahnhof. Zwei bewaffnete Soldaten begleiteten mich. Der Hauptverantwortliche war ein Unteroffizier, Slowene, mit Namen Janez. Wir bekamen ein separates Wagenabteil. Janez teilte mir mit:

„Im Falle eines Fluchtversuches, schieße ich", und er zeigte dabei auf seine Pistole.

„Du bist doch katholisch ... traust dich auf einen Priester zu schießen?"

„Was katholisch! Ich bin überzeugter Partisan! Lieber dein Leben, als daß ich viele Jahre im Kerker sitze!"

Die wackelige Bahn fuhr in die Nacht. Vor mir liegen meine Koffer mit all meinen Sachen.

„Janez, darf ich darin etwas nachsehen?"

„Meinetwegen! Bücher sind nicht gefährlich!" meinte der Bauernsohn.

Erleichtert in der Seele fand ich schnell alle geschriebenen Reden und feurigen Konferenzen, die ich vor dem Einbruch der Kommunisten gegen die Gottlosen gehalten habe, und konnte sie unbeobachtet verschwinden lassen.

Nach etwa 100 km waren meine Begleiter durch das Schütteln des Zuges in einen tiefen Schlaf gesunken. Die Türe war nicht verschlossen und so konnte ich in der Nacht verschwinden. Die Gegend bei Lasva war mir

gut bekannt. Da hätte ich leicht bei den Bauern Unterschlupf gefunden.
,,Nein, das tue ich den beiden nicht an. Als Zeuge bleibe ich bei der
Botschaft der Wahrheit, es mag mich kosten was es will!''

* * *

Ohnmacht der Gefangenen

In der Glavnjatscha zu Belgrad

Bei der Aufnahme im Zentralgefängnis Glavnjatscha in Belgrad schien es, als wüßte man nicht, was man mit mir anfangen sollte. Die unterirdischen Zellen für die Todeskandidaten schienen besetzt zu sein, so wies man mir vorübergehend eine Zelle in einem alten anliegenden Bau zu, primitiv, aber wuchtig, noch aus der Türkenzeit stammend. In diesem Raum, der früher wahrscheinlich als Schreibstube der Gefängnisverwaltung gedient hatte, war ein großes Fenster, mit einem schönen Blick in eine ungepflegte Parkanlage mit grünen Bäumen und Sträuchern.

Hier ließ ich mich auf den staubigen Fußboden nieder. Einige Tage kümmerte sich niemand um mich. Man goß mir irgendwann am Tag den Schöpflöffel voll mit einer geschmacklosen, leeren, aber warmen Brühe in meinen Eßnapf, ein Stücklein Maisbrot dazu. Einmal am Tag ließ man den Klosettkübel leeren, und damit war mein Fall erledigt. Einem Schweinchen im Stall gewährt man mehr Interesse und Sorge. In dieser Zeit hatte ich Ruhe. Die Vögel hatten mich lieb. Sie kamen auf das Fenstergitter und zwitscherten mir ihr Liedchen und flogen dann wieder ins Gebüsch. In dieser ruhigen Gefängnisecke hatten die Ratten und Mäuse ein friedliches Leben. Sie guckten zuerst ängstlich, dann zutraulich beim zerbrochenen Fenster herein, bevor sie mich besuchten. Liebliche Gottesgeschöpfe! Ich störte sie nicht, wenn sie die Wand auf und ab kletterten. Sie waren ja auch so hungrig wie ich, und so sollten wir uns doch geduldig vertragen.

Dieses helle Stüblein wurde mir bald genommen, und man führte mich in einen unterirdischen Gang, von einer schwach blinkenden Lampe beleuchtet. Da riß man eine schwer mit Eisen beschlagene Türe auf und stieß mich mit meinen Sachen im Arm in diesen bunkerartigen Raum ohne Fenster. ,,Hier ist deine Zelle!'', brummte der Wächter. Hier sollte ich also beinahe ein ganzes Jahr verbringen. Um nicht mit den Jahrestagen aus der Orientierung zu geraten — hier wußte man nicht, wann Tag und Nacht ist — ritzte ich immer nach dem Empfang der Suppe mit dem Fingernagel in die mit Wanzenblut reichlich verschmierte Wand meinen Kalender ein. Die Festtage des Jahres darf ich in meinem Gebetsleben nicht übersehen! Die Sprüche meiner Vorgänger, die mit einem spitzigen Gerät oder Fingernagel an die Wand geschrieben waren, wechselten nach politischer Einstellung. Von den ver-

hafteten Partisanen während des Krieges las man Haß gegen den Okkupator und die Kollaborateure. Zwischendurch ist ein christliches Kreuz
gekratzt. Das Hakenkreuz ist verkritzelt. Ein anderer ließ ein Andenken
seiner Liebe zur Frau und Kindern mit rührenden Abschiedsworten vor
der Hinrichtung zurück; es tröstete ihn ein Wiedersehen in der Ewigkeit.
„Radije grob nego rob!" (Lieber im Grab als ein Sklave) war die Lo-
sung eines anderen Todeskandidaten.

Ich wurde ins oberste Stockwerk des Gefängnisses geführt. Eine Tür
ging auf, und ich wurde hineingeschoben. „Setzen Sie sich hier!" lächelte mir freundlich ein eleganter Herr entgegen und wies auf den Stuhl
vor seinem Schreibtisch.

„Gruber!" sagte er jetzt ernst, „wir wissen alle Ihre Vergehen. Das
sind peinliche Dinge, die wir miteinander gründlich behandeln müssen.
Daß Sie aber wissen, wir wollen Ihnen gütig entgegenkommen. Wir wollen Ihnen ehrlich aus ihrer schweren Lage helfen, wenn Sie guten Willen
zeigen und alles offen gestehen."

„In Sarajevo habe ich bereits alles mitgeteilt, was ich zu sagen hatte."

„Nur langsam, lieber Freund, Sie waren nicht nur in Sarajevo und
Dubrovnik tätig. Wie ein fliegender Holländer zogen Sie überall im Lande herum und meinten, den Notleidenden zu helfen, nicht wahr? Sie haben uns dadurch viel geschadet?"

„Meine einzige Absicht war, den Ärmsten der Armen zu helfen, und
ich betrachte meine Unternehmungen als gute Tat."

„Sie brauchen also keine Angst zu haben, darüber klar und offen zu
sprechen!" lächelte er mit einem schmeichelhaften Ausdruck. „Erzähle
alles und wenn Du keine Fehler begangen hast, kannst Du ruhig nach
Hause gehen!"

„Mein Gewissen macht mir keine Vorwürfe, diese Hilfsaktionen
durchgeführt zu haben, wie das im Protokoll angeführt ist!"

„Wenn Sie uns wohlwollend gesinnt wären, wäre doch der legale
Weg, bei unseren Volksorganen vorzusprechen. Warum haben Sie das
nicht getan?"

„Alle meine Bemühungen gingen dahin! Von der niedrigsten Ebene in
den Lagern, aber auch auf Kreis-, Provinz- und Bundesebene an verschiedensten Stellen habe ich diesbezügliche Versuche gemacht. Als sich
jedoch alle Wege verschlossen zeigten, schlug ich diesen Weg ein, den
Sie mir jetzt als Spionageakt ankreiden."

Um Mitternacht rüttelte man mich aus dem Schlaf: „Auf! Komm!"
Ich wischte mir den Schlaf aus den Augen, erhob mich vom Boden und
ging dem Wächter sofort nach, da ich immer in meinen Kleidern schlief.
So befand ich mich wieder vor dem Vernehmungsbeamten.

,,Sie behaupten, die Kirchenmänner wären uns gut gesinnt. Wie zeigt sich das? Was für Beweise können Sie dafür anführen? Erbringen Sie Tatsachen, denn dadurch können Sie Ihre Lage vielfach verbessern. Wo sind die Tatsachen über Ihre wohlwollende Haltung zu den Partisanen? Ein offenherziges Bekenntnis bedeutet für uns eine freundliche Gesinnung." —

Er will also seine Karten im Spiel verborgen halten, und ich soll kindisch offen vor ihm spielen, eigentlich eine Lebensbeichte ablegen.

,,Wenn eure Partisanen in so ein Unglück gestürzt wären, hätte ich ohne Zweifel auch für sie Hilfsaktionen unternommen. Euren kranken und verwundeten Soldaten, die während des Krieges von den Ustaschas gefangen genommen waren, stand ich hilfsbereit gegenüber. Sie lagen in unserem Seminarbau!" Er schüttelte den Kopf, ohne meinen Worten Glauben zu schenken. ,,Sie leben in alten reaktionären Lebensauffassungen. Diese Gedanken müssen Sie ablegen, die heutige Realität erfassen, den progressiven Standpunkt aneignen, in die neue Ordnung sich einfügen!"

Er meinte wahrscheinlich, ich müsse mich mit dem teuflischen Haß erfüllen. Ich erwiderte gelassen: ,,Ich bin meines christlichen Standpunktes sicher!"

,,Sie täuschen sich leider!" antwortete er gehässig. ,,Der Titoismus hat in den letzten Monaten so einen Fortschritt erzielt, daß die Volksmassen ihn jubelnd umschwärmen. Du bist der einzige Starrkopf im Lande geblieben, der sich seinen Befreiungsideen widersetzt. Die überwiegende Mehrheit deiner Kollegen hat sich diesen Tatsachen gefügt und hat sich bereit erklärt, beim Aufbau des Landes mitzumachen." —

Er spielte sichtlich auf die sogenannten ,,Friedenspriester" an, die man mit Peitsche und Zuckerbrot in den Dienst der Partei treiben möchte. ,,Die sozialistisch-kommunistischen Ideen sind in Italien, in Frankreich, in Deutschland, ja überall zum Durchbruch gekommen. Ich sage Ihnen in aller Güte, verlassen Sie ihren verschrobenen Standpunkt und lassen Sie sich von den fortschrittlichen Ideen der Arbeitermassen überzeugen. Es ist zu Ihrem Vorteil!" — Ich schwieg und senkte meinen Kopf.

,,Ihre ganze Haltung, Ihre Schriften, strotzten von Anklagen gegen uns. Aus Ihren Worten kann man doch folgern, daß Sie uns als Verbrecher betrachten. Wie kommen Sie dazu, unseren gerechten Befreiungskampf als ein Verbrechen hinzustellen?" Blitzartig durchzogen meinen Geist alle Greueltaten, die von den Kommunisten an Millionen von Unschuldigen verübt wurden, das Lügenmachwerk der roten Propaganda schwebte vor meinen Augen, daß ich am liebsten eine bis zum Himmel tönende Anklage erhoben hätte, aber ich fühle mich wie in einer Zange.

,,Nach Ihrer Schrift sind wir also die Verbrecher?"

,,Das habe nicht ich, sondern Sie gesagt!"

,,Daß du weißt", schrie er voller Wut auf, ,,alles, was die Partei tut, ist gerechtfertigt. Alles, was dem Sieg der Proletarier dient, muß als erlaubt betrachtet werden!"

Spät nachts wurde ich geweckt. Auf dem obersten Stockwerk empfing mich ein Vernehmungsrichter, der mit mir zum erstenmal zu tun hatte. Er bot mir freundlich eine Zigarette an. Auf meine Ablehnung zwang er mich in seiner Liebenswürdigkeit, doch eine anzurauchen, daß ich besser wach werde und die Gespräche besser in Fluß kämen. Meine letzte Zigarette rauchte ich beim kameradschaftlichen Fest nach meinem Abitur vor 14 Jahren. Der Genuß des Rauches mit dem betäubenden Aroma packte mich. Sofort hatte ich den Hunger vergessen, der mich ständig plagte. Die Erinnerung an die Studentenzeit an der päpstlichen Universität Gregoriana brachte das Gespräch in Schwung. Bei den Sehenswürdigkeiten des römischen Altertums beginnend, kam unser Gespräch zwanglos auf das Forum Romanum, Kolosseum, die Katakomben und auf verschiedene berühmte Museen. Mein Gesprächspartner machte gut mit, da er die ewige Stadt kannte. Er bewunderte die Kuppel der St. Peterskirche, das Werk Michelangelos, die Kollonaden von Bernini. Wir kamen einander geistig immer näher, denn die Kunstwerke wirken mit ihrer suggestiven Kraft auf die Menschenseele.

Als er nach meinen Wegen auf dem Römerpflaster forschte, gerieten unsere Gedanken plötzlich auseinander. Wie ein Spürhund der Polizei suchte er nach meinen Spuren. Als dieses Gespräch ins Stocken geriet, stellte er andere Fragen.

,,Was meinen Sie über die Struktur der Kirche? Im Zeitalter der sozialen Revolution ist dieses altmodische System doch überholt, nicht wahr?"

,,Generationen werden noch diese Kunstwerke bewundern. Diese Werke sind der Abglanz des ewig Schönen, und die Menschen werden immer voll Bewunderung vor ihnen stehen," wich ich ihm aus.

,,Sicherlich, die sozialistische Revolution hat auch die Kirche im Kreml nicht zerstört. Vor den Kunstwerken der Vergangenheit soll man stets Respekt bewahren, allerdings nur als museale Denkmäler von hohem Wert", meinte er.

,,Das Leben geht weiter, wie in Moskau, so in Rom. Neue Entwicklungen bahnen sich auch in kirchlichen Kreisen an. Im niederen Klerus der katholischen Kirche zeigen sich doch immer mehr progressive Bewegungen gegen die ausbeuterische Haltung des hohen Klerus."

Sprich nur, dachte ich mir, und laß mich schweigen, denn ich sehe schon, wohin du mit deinen Ausführungen zielst.

„Aus der ganzen Welt kann man solche Berichte lesen. Die Unterdrückten in der Kirche rühren sich! Sie schließen sich zusammen und verlangen ihre Rechte."

„Genosse, ich sehe das ganz anders! Das Fußvolk muß mit den Offizieren dem Kommando des Generalstabs übereinstimmen und so für jeden gegebenen Augenblick einsatzbereit sein. Nur so kann die große soziale Revolution, die Jesus Christus entfachte, zum siegreichen Erfolg gelangen", gebrauchte ich die Redensart des Kommunisten.

„Gewiß, Christus war ein einmaliger Revolutionär seines Zeitalters. ‚Ich glaube an Christ', weil er Kommunist', zitiert er das Revolutionslied, aber sogleich wurde seine Stimme nervös. Sind die Herren im Vatikan von dieser revolutionären Linie Christi nicht total abgerückt? Ist das Christentum aus den ersten Zeiten nicht allzusehr entartet?"

„Sie meinen, Genosse, die Kirche hätte einen Verrat am Programm Christi verübt, oder wie Sie sagen würden, sie wäre von der Idee der Befreiung des Proletariats abgerückt und wäre ins kapitalistische Fahrwasser geraten?"

„Das ist es eben, worauf ich hinweisen wollte. Die Kirche als Institution ist völlig verkapitalisiert. Karl Marx und Lenin waren die volkstümlichen Kämpfer für das Recht der Arbeitermassen, wofür sich Christus damals in seinen Predigten eingesetzt hatte."

Ich versuchte ihm auseinanderzusetzen, daß auch die Kirche sich für die Arbeiter eingesetzt habe und daß sich umgekehrt die Vorhersagen des dialektischen Materialismus nicht erfüllt hätten. Nirgends sei wirklich die klassenlose Gesellschaft zu sehen. Er warf mir dogmatisches Verhalten vor, mußte aber zugeben, daß auch die Kommunisten nach „Dogmen" handeln. Immer wieder versuchte er, meine Hilfsaktionen als Spionagetätigkeit im Auftrag des Vatikans zu verdrehen. Es entstand eine verbissene Zänkerei um den Begriff „Spionage". Zuletzt wollte er mir sittliche Verfehlungen andichten, um mich zu demütigen. Rede und Gegenrede wurden immer heftiger. Er schrie zuletzt so ohrenbetäubend, daß seine Helfershelfer und Schergen aus den Nachbarzimmern herbeieilten. Sie zerrten mich in einen Raum, wo die Streiche mit Händen, mit Fäusten, mit Stiefeltritten ohne Rücksicht nur so herabprasselten.

Ich stürzte auf den Boden, und so konnten sie mich mit ihren eisenbeschlagenen Stiefeln noch besser bearbeiten. Man trampelte auf mir mutwillig herum. Noch hab ich trüb vernommen: „Sollten wir die Taufe anwenden?" Es handelt sich wahrscheinlich um die übliche Wasserqual. Nach einigen schmerzvollen Hieben wußte ich nichts mehr von mir.

Eine Gewissenserforschung

Es vergingen Wochen und Monate. Die blauen, gelben und grünen Flecken, Folgen der Folter an meinem Leibe, verblaßten langsam. Die Zeit heilt Wunden! Ich wurde weiter seelisch unter Druck gesetzt, unter anderem mit der Behauptung, alle meine Ordensbrüder hätten sich der „Friedenspriester-Bewegung" des Regimes angeschlossen.

Die Hungerschraube, die Luftschraube, die Kälteschraube wurden immer fester und erpresserischer angezogen. Auch seelisch hat man mir zugesetzt durch Demütigungen, durch Beschimpfungen, durch Beleidigungen und Verfluchungen gemeinster Art, daß mir das karge Stücklein Maisbrot mit der geschmacklosen und salzlosen Brühe, die man Suppe nannte, vergällt wurde. Eine große Qual bedeutete Tag für Tag die Notdurft, da sie keinen üblichen Kübel in meinen Bunker gaben. Aufmachen wollten sie einfach nicht, als ob sie mir durch das Öffnen der Tür, die in die kleine Zelle einströmende frische Luft nicht gönnen wollten.

Ich mußte viel Kraft aufbringen, um geistig wach zu bleiben und nicht dem Irrsinn zu verfallen. Meine Feinde wollten mich unter allen Umständen seelisch brechen, mich einfach zum Aufgeben zwingen. Das Gebet und der Gesang hatten Vorrang in meiner Tagesbeschäftigung. Im Dezember, in der Adventszeit, machte ich monatliche Exerzitien nach dem Vorbild des heiligen Ignatius von Loyola.

Aus dem Gottvertrauen, aus dem Gespräch mit Maria, den Engeln und den Heiligen Gottes schöpfte ich Tag für Tag Kraft und neuen Lebensmut. Weihnachten 1947! Wie nahe fühlte ich mich dem göttlichen Kind in meiner erbärmlichen Misere und in dem mir so zusetzenden Hunger. Mein Bunker verwandelte sich plötzlich in Bethlehems Stall. Erst jetzt habe ich die Armut und die Not der Heiligen Familie recht verstanden. Das Zittern des göttlichen Kindes vor Kälte auf dem Stroh empfand ich an mir selber. Erst jetzt fühlte ich mich als Jünger Christi, der sich ihm so nahe und so innig zugesellt hat. In einer Zelle, nicht weit von mir, sang eine Gruppe deutscher Gefangener das „Stille Nacht" und andere Weihnachtslieder. Es schien mir wie der Gesang der Engel über den Fluren, wo die Hirten Wache hielten. Eine unaussprechliche Freude überfiel mich, die ich bei keinem Weihnachtsfest bisher empfinden durfte. Ich sang mit. Alle Pein und Bitterkeit war mir wie weggenommen! Ich weinte vor Freude ...

An diesem Weihnachtsfest, wie ich kein anderes erlebt hatte, beschäftigte mich eine große Gewissenserforschung. Wie konnte es mit den Christen in diesem Lande so weit kommen, daß sie nicht imstande waren, den gottlosen Kommunismus zu verhindern? Viel lag an der Lauheit, an dem Indifferentismus der Christen, viel auch daran, daß sie sich — Priester wie Laien — zu blind in den Dienst eines nationalistischen Staates gestellt hatten. Ich wandte mich mit dem Rücken zur Zellentür, so daß meine Hüter mich durch das Guckloch nicht sehen konnten und redete gestikulierend. O, wenn wir Christen doch nur einen Teil von jener Begeisterung der Kommunisten hätten, mit der sie sich für ihre falsche Idee so aufopfernd einsetzen! — Plötzlich blieb ich still. Ein Gedanke hatte mich gebannt. Werde ich nicht in meinem Unternehmungsgeist überall anecken? Werde ich nicht bei vielen lauen Christen, auch bei manchen Mitbrüdern im Amt, Widerstand erwecken? Werde ich nicht als unerträglicher Eiferer, als überspannter und maßloser Zelot erscheinen, dem man Klugheit und Rücksicht beibringen müsse? Werden meine bittenden Beschwörungen in meiner Umgebung nicht als Vorwürfe betrachtet werden? Ich ließ mich auf meine harten Dielen nieder, denn dieser bedrückende Gedanke überwältigte mich!

Verbindung mit der Außenwelt

Ein Bleistift, umwickelt mit einem Stück Papier, rollte durch die Fuge unter der schwerbeschlagenen Zellentür in meinen Kerkerraum. Ein Gruß vom Nachbarn! Heftig klopfte ich an die Betonwand als Freudensgruß. In der Antwort, die auf dem Zettel erfolgte und die mein Nachbar auf einem bestimmten Platz im Waschraum finden wird, stellte ich mich als Priester vor, der seine Heimatstadt Osijek (Essegg) gut kennt. An den Morsezeichen hätte ich großes Interesse, nur sind sie mir aus dem Gedächtnis entfallen. Am folgenden Tag flatterte ein Zettel mit dem Morse-ABC in meine Zelle. Nachrichten werden jetzt fleißig an die Wand geklopft. Mein Zellennachbar ist ein Kroate und gläubiger Christ. Als Offizier ist er im antikommunistischen Widerstandskampf in den bosnischen Bergen gefaßt und in diese Todeszelle gebracht worden. Er erwartet jeden Tag die Hinrichtung, teilte er mir kurz und bündig mit.

„Ist es möglich, durch die Wand mein Beichtbekenntnis abzulegen?" fragte er mich.

„Ja, das ist gut möglich!" war meine Antwort.

„Wann könnte man das machen? Eine Liquidierung könnte möglicherweise schon diese Nacht erfolgen."

„Wann Sie wünschen! Ich stehe Ihnen immer zur Verfügung!"

„Machen wir es etwas später ... Jetzt ist so viel Lärm ... es könnte uns stören!"

„Einverstanden! Einfach anrufen, wenn es für Sie günstig ist!"

„Wenn Sie, Pater, die Freiheit wieder erlangen sollten, geben Sie einen Bericht an meine Frau!"

„Gerne! Aber auch in meinem Fall sprechen die Untersuchungsrichter von einer sicheren Hinrichtung!"

Auf den Betongängen der Glavnjatscha ist es stiller geworden. Kein wichtigtuerisches Schreien mehr, kein zorniges Toben und keine aufgeblasene Befehlerteilung der Unteroffiziere ist mehr zu hören. Das Poltern der leeren Suppenbottiche, das Geklirr von Wassereimern, womit den ganzen Tag der Beton auf den Gängen gewaschen wurde, verschwand. Die Redari (Ordner), Häftlinge mit einer niedrigen Strafe, verrichten diese Hausarbeit lieber, als in der Zelle untätig zu brüten und zu grübeln. Die Mächtigen des Gefängnisses haben sich in ihre Familie, oder besser in ihre Lokale zur Nachtunterhaltung zurückgezogen. Die Häftlinge, seien sie bewußte Todeskandidaten, oder jene, die sich gegen diesen Gedanken immer noch sträuben und sich alle nur möglichen Vorwände vortäuschen und sich so nach dem letzten Hoffnungsstrahl wie nach einem Strohhalm strecken, alle haben sich zur Nachtruhe wie Bienen in diesem riesigen Wabennest zurückgezogen. Glücklich ist jener, der eine Decke als Schutz gegen die Kälte hat. Etwa acht Monate bin ich hier und vermisse jedwede Vorteile der Bettbedeckung. Die Kälte hat sich wie ein wildfressender Rost an die Knochen aller meiner Glieder gelegt, so daß ich mich zeitweise kaum mehr bewegen kann. Meine Hände und Füße sind ständig blau und vor Kälte angeschwollen. Blutiger Eiter fließt aus den zahlreichen Frostbeulen. Es klopft an der Wand.

„Wollen wir beginnen?" fragt der Todeskandidat.

„Gut! Ich bin bereit!" war meine Antwort.

Die Morsezeichen mit Finger- und Faustschlägen als Punkt und Strich flitzen nur so durch die Wand. Es ging mit seinen Herzensanliegen rasch zu Ende. Er hatte sich vor Christus, seinem Heiland, aus der Tiefe seines Herzens ausgesprochen, wobei der Priester als Beichtvater bloß die Schattenrolle Christi spielte. Die sonorische Resonanz unseres Pochens übertrug der Beton weit hinauf in die oberen Stockwerke, denn ein Wächter schrie plötzlich mit schriller Stimme seinem Kameraden am anderen Ende des langen Ganges zu: „Es klopft irgendwo!" Ich habe diese Stimme genau vernommen.

„Reueerweckung! Folgt Lossprechung!" und schon lag ich in der Mitte meiner Zelle und schnarchte fürchterlich. Das Zuklappen der eisernen Bedeckung am Guckloch in meiner Umgebung vernahm ich genau. Er ist also in der Nähe auf der Suche nach dem „Verbrecher". Ein böses Auge schaut durch die kleine Öffnung zu mir herein und murmelt:

„Nichts verdächtig!" Erst jetzt bemerkte ich, daß mein Finger vom festen Klopfen an die Wand schlimm blutete. Ich nahm ihn in den Mund und leckte ihn, wie die Hunde ihre Wunden behandeln. Getrost schlief ich ein. Am anderen Morgen versuchte ich meinen Nachbarn zu begrüßen, aber er gab keine Antwort. Für seine Seele betend, war ich froh, daß ich diesem Leidensgenossen den Glaubenstrost und den Seelenfrieden noch vor seinem letzten Schritt hatte spenden dürfen. Allein um diese Tat zu vollziehen, hätte es sich gelohnt, sich in diese Pein zu stürzen. Christus der Herr wäre bereit, die Todesqual am Kreuz auch nur für einen Menschen auf sich zu nehmen und ihn dadurch zu retten. Vom Himmel stieg er herab, diesen hohen Lösepreis in der Todesqual für uns sündhafte Menschen zu zahlen.

Den ganzen Tag stand ich unter dem Eindruck, meinen Kameraden so tragisch verloren zu haben. Wieviel Trost spendeten wir uns gegenseitig durch die Wand! Die heldenhafte Gesinnung dieses kroatischen Freiheitskämpfers hat mich in meiner zaghaften Feigheit, die mich manchmal so zermürbend überfiel, sehr beschämt. Hart sprach ich mir in solchen Stunden zu, wenn mich die Angst überfallen wollte. „Du Hasenfuß! Was klammerst du dich so krampfhaft an das Leben! Du mußt doch einmal sterben. Damals hast du deinem Feldherrn Jesus, der mutig sein Kreuz voran trug, große Versprechen gemacht, ihm zu folgen, wohin er nur gehen würde, und jetzt willst du dich drücken!" — Es tröstete mich dabei der Gedanke, daß auch der Herr im Ölgarten stöhnend zu seinem Vater betete: „Vater, wenn es möglich ist, nimm diesen Kelch von mir, aber nicht mein, sondern Dein Wille geschehe!" (Lk 22, 42).

Ein bedeutsames Datum

Den Hunger, der mich unheimlich peinigte, versuchte ich mit Würde und Mut zu ertragen. Man verabreichte mir seit Monaten nur so viel Speise, daß ich gerade nicht sterbe. Während ich ständig mit dem Hungertod ringen mußte, umschwärmten Halluzinationen meine Phantasie. In einem Trancezustand schien ich in der Luft zu schweben. O wie ist das Fliegen in der Luft schön! Dann erwachte ich wieder wie aus einem Traum und wurde mir des Todeskampfes so bitter bewußt. Unbeweglich lag ich auf dem Boden. Eine Ärztin kam und verabreichte mir Injektionen. Wer weiß, zu welchem Zweck? Sie ließ sich nicht in ein Gespräch ein. In meiner Apathie war mir auch alles egal geworden.

Der Kampf um die Existenz ist im Menschen ein Urtrieb, den Gott in das Wesen des Menschen hineingelegt hat. Von Zeit zu Zeit gelang es

mir, im Wasch- und zugleich auch Klosettraum aus der Mülltonne, wohin alle Abfälle geworfen wurden, einige Brocken harten Brotes heraus-
zufischen, was andere Häftlinge hineingeworfen hatten. Unter meiner
Jacke versteckt, gelang es mir so, ein Stück der Gabe Gottes in meine
Zelle zu schmuggeln, und nachdem ich es „desinfiziert" hatte, verschlang ich es in einer Hast, die mich demütigte. Der Hunger macht den
Menschen blind. Dabei bat ich Gott, daß die daranklebenden Bazillen
mir nicht schaden mögen. Auch diesmal wanke ich wieder knieschlot-
ternd zum Waschraum. Vor meinen Augen wurde es finster. Wacklig
gehend hielt ich mich an der Wand, um nicht umzufallen. Der begleiten-
de Wächter war in ein lebendiges Gespräch mit seinem Kameraden über
ein Sportereignis verwickelt und ließ mich momentan aus dem Auge.
Als ich den übel nach Amoniaksäure stinkenden Klosettraum betrat,
stoben schwirrend die fetten Ratten auseinander. An der Wand und an
den Kabinenbrettern kletterten sie geschickt mit ihrer großen und kleinen Sippschaft empor.

In der Abfalltonne sah ich ein schönes Stück Brot, das eine feiste Rat-
te umklammerte und vergnügt daran nagte. „Greif zu und umfaß es!"
rief ich mir zu. Das Biest verschwand wirklich durch mein Erscheinen
aus dem häßlichen Faß, und der Rest des kostbaren Brotes verschwand
unter meiner Jacke. Hast Glück gehabt, sagte ich mir, und wackelte un-
sicheren Schrittes auf das nervöse Rufen des Wächters „Br̂e!" (Schneller!) in meine Zelle. Auf der Türschwelle aber folgte eine Körperunter-
suchung. Er entdeckte den Brotbrocken und geriet in heftige Wut. Er
entriß mir den Schatz und warf ihn in die Mülltonne zurück. In einem
zornigen Wortschwall schrie er, daß man es weit in allen Zellen hören
konnte: „Popovi lopovi!" (Die Pfaffen sind Diebe!) — Er hielt sich genau an den Befehl seines Auftraggebers: „Krepieren soll der Vatikan-
spion vor Hunger, wenn er sich in unser System nicht einfügen will!"

Darauf erschien einer von den Mächtigen vom obersten Stockwerk
und fuhr mich zynisch an: „Nicht stehlen, Pfaffe!" — So sind die abscheulichen Biester im Klosettraum vor euren Augen mehr wert als ein
Menschenleben?, mußte ich verschwiegen diese Frage verschlucken.
Dann platzte es aus mir wie ein Geschoß: „Wenn ihr mich schon um-
bringen wollt, warum wartet ihr und quält mich ständig? Vollzieht doch
einmal das, was ihr vorhabt!" und bebte am ganzen Körper vor Erregung. Diese lautschreienden Worte überschlugen meine Stimme. Der
titoistische Funktionär stand einige Augenblicke vor mir wie versteinert.
Er faßte sich allmählich und überschüttete mich mit beleidigenden Lä-
sterungen. Es rieselte nur so von beschämenden Verhöhnungen: „Du
Schwindler, du Betrüger, du Dieb, du Verbrecher, du Bandit, du Volks-

Die bedeutendste Wallfahrtskirche in Österreich ist Maria Zell, wohin jährlich tausende Pilger auch aus verschiedenen Nachbarstaaten kommen. Mit Vorliebe pilgern zu diesem Marienheiligtum die Ungarndeutschen. Kardinal Mindszenty, ein Opfer der kommunistischen Verfolgung, erwählte diesen Ort zu seiner letzten Ruhestätte.

Von weither reisen die Scharen der Geretteten vom Kommunismus ins Heiligtum
Unserer lieben Frau von Altötting. In den Volkstrachten ihrer verlorenen Heimat
kommen sie, Maria, der Hilfe der Christen, Dank zu sagen.

Altötting in Bayern ist der meist besuchte Wallfahrtsort der deutschen Katholiken.
Pater Wendelin Gruber lud alle seine geretteten Landsleute in dieses Marien-
Heiligtum, das abgelegte Versprechen vor dem Hungertode im Vernichtungslager
Gakowa und Rudolfsgnad zu erfüllen.

feind, du lügnerischer Heuchler, du Volksverführer, du Reaktionär, du Konterrevolutionär, du übler Erzspion, du Menschenabschlachter!'' und zuletzt als Krone von allem: ,,Du elender Papstknecht!'', verspritzte er das ganze Gift seiner Seele und spuckte auf mich.

Da die Verhandlungen mit den verschiedenen Untersuchungsrichtern mit mir festgefahren waren, ließ man mich wieder einen ganzen Monat hindurch in meinem Bunker schmachten. Da nachher mit mir wieder nichts geschah, drohte ich mit Hungerstreik, um die Herrschaften zu zwingen, nach ihren Gesetzen zu handeln. Ein beleibter Genosse trat in meine Zelle: ,,Streike nur, dann haben wir dich endlich los!'' Er grinste sarkastisch dabei. Ich kam zur Einsicht, daß ich auf diese Weise meinen Gerichtsprozeß nach einem Jahr Bunkerhaft nicht vorantreiben könnte.

Alle Schimpfworte, mit denen man mich Tag für Tag überhäufte schienen mir noch erträglich, da sie doch nur ihre eigene seelische Verwüstung wiederspiegelten. Als sie aber begannen, mich mit sexueller Immoralität und schamlosem Schmutz zu bewerfen, wurde es mir in meiner Seele sehr übel. Diese Schmutzfinken sind imstande, mich als Schürzenjäger in Dirnengeschichten und geschlechtlichen Perversitäten zu verwickeln, was mein inneres Wesen aufs äußerste empörte.

Der hartgesottene Vernehmer klopfte dann energisch auf den Tisch und tobte mit feuerrotem Kopf: ,,Wir haben Zeugen!'' —

In der Zelle saß ich anschließend, vor Schwäche an die Betonmauer gelehnt und starrte vor mich hin. So haben sie es wirklich mit einigen meiner Mitbrüder getan. Sie konnten sich nicht verteidigen und sanken so beschmutzt vor den eigenen Gläubigen ins Grab. ,,Mein Gott, nur das nicht!'' flehte ich aus meinem tiefsten Herzensgrunde. Den gottlosen Machthabern ist es daran gelegen, keine Glaubensmärtyrer, sondern die Priester als schändliche Verbrecher abzuurteilen. Haben es die Nazis nicht auch so getan? Meine ganze Geisteskraft bäumte sich gegen diese Zumutung. Wie könnte ich mich schon dreinfinden, daß man mir eine so zärtlich geschützte Tugend zertrampelt und meine ganze Priesterexistenz vor der Weltöffentlichkeit schändlich beschmutzt?! Die ganze Nacht hindurch wälzte ich mich auf den harten Dielen meiner Zelle und stöhnte in einem unsagbaren Seelenschmerz. ,,Mein Gott, alles, aber das laß nicht zu, besonders wegen des Ärgernisses der unschuldigen Kinder, die Du mir bei meiner Seelsorgstätigkeit zu betreuen gabst!'' Und leise schien mir die Stimme des Herrn zuzuflüstern: ,,Du wünschest eine schön glitzernde Krone als Anerkennung für dein tugendhaftes Streben? Schau doch auf meine Dornenkrone, die ich als letzter Verbrecher für meine Wohltaten, die ich den Menschen spendete, erhalten habe. Möchtest du es besser haben als ich?'' — ,,Herr, hilf mir, Dir zu folgen. Ziehe mich Dir nach! Ohne Deine helfende Gnade kann ich nichts tun!"

Wochen gingen dahin. Jeden Tag strich ich die abgelöste Zeit an meinem an der Wand vorgezeichneten Kalender ab. Es ging in eine Seelennacht, die ich hier nicht ausführlich schildern kann. Meine körperlichen, wie auch seelischen Kräfte waren sichtlich am Schwinden. Elend lag ich in meinem Bunkerverließ und wehrte mich gegen einen körperlichen Zusammenbruch, noch mehr jedoch gegen geistige Umnachtung.

Wieder packten mich Gedanken der Aussichtslosigkeit und Hoffnungslosigkeit. Die Zwecklosigkeit meines Unterfangens in den Vernichtungslagern drückte mich in finstere Verzweiflung. Da meine letzten Kräfte zu schwinden schienen, so wurde mein gutgemeintes Wagnis zu einem nutzlosen, ja unvernünftigen Blödsinn. „Du hast geglaubt, dein Leben wagen zu dürfen, dein Volk aus der Todesnot zu befreien. Jetzt stirbst du, und deine Leute fallen ins Massengrab, ohne daß jemand sie seelisch aufrichten und den letzten Trost spenden könnte." Ein Volksstamm wird ausgelöscht, ohne daß jemand auch nur den Finger zur Verteidigung erhebt. Die blutigen Henkersknechte erscheinen vor der Weltöffentlichkeit als Gentlemen, Heroen und Vorkämpfer der Menschlichkeit. Sie ernten reichen Applaus in Ost und West. Das Böse und Mörderische ist heute salonfähig geworden. Der Einsatz für das Wahre und Gute wird als Unsinn dahingestellt. „Ist dein Leben nicht verpfuscht und auf Abwege geraten?" fragte ich mich. Dauernd erschienen aus einer für mich bisher unverständigen Tiefe, wie aus einem Höllenschlund, Anfechtungen, als würden sie direkt vom Leibhaftigen kommen. Sie versuchen mich immer tiefer in Verzweiflungsgedanken herabzureißen und zum Selbstmord zu verführen.

Worauf ich gehofft und vertraut hatte, war im Schwinden begriffen. Hohl, nichtig, bedeutungslos war alles geworden, was ich bisher in meinem Leben und Studium mir an Überzeugungen angeeignet hatte.

Mächtige pechschwarze Wolken und Stromwirbel brachen mir die letzte Widerstandskraft. Verzweiflung hatte sich meiner bemächtigt. Der rote Drache hatte seinen gräßlichen Rachen weit vor mir aufgerissen. Er versuchte, in mir den letzten Hoffnungsstrahl auszulöschen. Ich zitterte vor dieser Wirklichkeit. Kalte Schauer durchschüttelten mein ganzes Wesen. Unwiderstehlich schien mich etwas in die Tiefe hinab zu zerren.

Inständig rief ich Maria um Hilfe an. Wem sonst als ihr kann ich das helle Licht verdanken, das mich plötzlich umstrahlte? Dem Mysterium tremendum und fascinosum bin ich begegnet. Felsenfest war ich der Überzeugung, ohne einen geringsten Zweifel, ohne einen kleinsten Funken der Unsicherheit war es mir so klar: „Das Gelöbnis der tausenden Versklavten in Gakowa und Rudolfsgnad ist erhört! Die Lagermenschen sind frei, und die Vernichtungslager sind aufgelöst!"

Möge jemand dieses Ereignis erklären wie er will, so einen himmlischen Trost, der mich plötzlich ergriff, habe ich noch nie in meinem Leben erfahren. Aus einer finsteren Nacht wurde ich überraschend in ein überaus freudiges Licht versetzt. Auch wußte ich in diesem Augenblick genau, daß ich nicht hingerichtet würde.

„Welcher Tag ist es denn heute?" fragte ich mich und wandte mich zu meinem Wandkalender, den ich im Beton mit dem Fingernagel eingezeichnet hatte. Es war der 24. März 1948, der Jahrestag unseres Gelöbnisses im Todeslager Gakowa. An diesem marianischen Vigiltag vor Maria Verkündigung war es uns damals gegönnt, in Tränen unser feierliches Versprechen der Treue zu Gott durch Maria abzulegen. In meinem Bunkerverließ jubelte ich vor überschwenglicher Freude auf. Jetzt könnten die Häscher mein Leben nehmen. Mein Ziel ist erreicht, da die Gefangenen in Freiheit gekommen sind. Ohne Rücksicht auf meine gottlosen Beobachter sang ich in der Zelle freudestrahlend Marienlieder. Die Wächter guckten in meinen Käfig und munkelten sich zu: „On je poludio!" (Er ist verrückt!).

* * *

Vor dem Ende

Töricht um Christi Willen

Mit dem plombierten Wagen wurde ich zum Belgrader Bahnhof gefahren. Da stand ich in einer Ecke mit gefesselten Händen. Umhüllt war ich mit Sonnenstrahlen, die mir so gut taten. Ich muß wirklich fürchterlich ausgesehen haben, denn die Schulkinder, die vorbeigingen, schauten mich verängstigt an und lispelten: ,,Ein Bandit!`` — Die Erwachsenen wichen mir in weitem Bogen aus. Die Lautsprecheranlage schrie in schrillen Tönen Kampfesreden gegen die Volksfeinde. Ich zuckte zusammen. Ist das gegen mich gerichtet? Wird das Volk vielleicht gegen mich aufgeputscht, daß man mich eventuell lynchen sollte? — Es geschah jedoch nichts. Das Begleitpersonal hatte sich an eine Bahnhoftheke gelehnt und trank vergnügt eine Erfrischung, während sie ihr Auge nicht von mir ließen. Diese Hetzreden im Lautsprecher waren zweifellos gegen die Stalinisten gerichtet, die jetzt so radikal aus dem Land ausgemerzt wurden. Noch vor kurzer Zeit war Stalin das Idol der jugoslawischen Kommunisten.

Im Zug nach Zagreb bewachte mich mein Begleiter sorgfältig. Keine Zeile in der Zeitung konnte ich lesen. Am Zagreber Bahnhof war eine große Volksmenge versammelt. So trieb mich mein Wachtposten zur Eile, daß ich als Priester nicht auffiel. Die Roten hörten es nicht gern, daß man sie als Kirchenverfolger bezeichnete. Der Blick und der Gesichtsausdruck der Menschen im katholischen Zagreb war ganz anders als jener im pravoslawischen Belgrad. Das konnte ein Priester besonders gut feststellen. — Das Mitleid, der Schreck, das Staunen der vorbeiziehenden Unbekannten wurde mit ,,Schau, ein Priester in Ketten!`` begleitet. ,,Den Pater kenn ich!`` — Wie wollte ich den guten Leuten zurufen: ,,Geht doch, sagt es meinen Mitbrüdern, daß ich vor Hunger sterbe!``

Die schwarze Maritza verfrachtete mich in die Haftanstalt der Savska Straße. Man steckte mich in ein Vorzimmer, als die Aufnahmeformalitäten erledigt waren. — ,,Hoppla! Eine Zeitung! Eine ganze Zeitung! Ist das möglich?`` — Sofort machte ich mich ans Lesen. Mit fetten Buchstaben stand da der Titel: ,,Dr. Dragoljub Jovanović als Volksfeind zu 10 Jahre Haft verurteilt!`` Der linksorientierte Bauernführer hatte Tito in den Sattel verholfen, und jetzt muß er gehen, weil er kein Spielzeug der kommunistischen Partei sein will. Die politische Spielregel der Kommunisten hätte diesem Universitätsprofessor bekannt sein sollen. Er hätte sich vorher nicht blindlings ausnützen und sich vor den roten Karren spannen lassen dürfen.

Alle kriminalistischen Maßnahmen, fotografieren und die Fingerabdrücke, wurden vorgenommen, was vor drei Jahren, als ich hier zum ersten Male zu ,,Gast" war, noch nicht stattgefunden hatte. Ein Beamter trennte wieder alle Dinge, die ich in die Zelle mitnehmen durfte, von jenen, die aufbewahrt blieben. Unter meinen Büchern erblickte ich das kostbare Büchlein ,,Nachfolge Christi" in ungarisch und bat ihn, mir diesen Schatz zu überlassen. Als Preis schob er vor mir, ohne ein Wort zu sagen, meine Uhr in die Tasche. In diesem Gefängnis begann wieder das Hungern, aber ich war froh, eine Beschäftigung durch das Lesen der ,,Nachfolge Christi" zu haben und die Zeit so ,,totschlagen" zu können. Als ich das wertvolle Büchlein schon etliche Male durchgelesen hatte, begann ich die schönsten Kapitel auswendig zu lernen. Das große Kapitel über das Kreuztragen hat mir so gefallen, daß ich im Memorieren gute Fortschritte machte. Durch die Einsamkeit hatte mein Gedächtnis viel an seiner Schärfe verloren. Durch diese Übung wollte ich den Verlust nachholen. In einigen Tagen konnte ich schon einige Seiten auswendig hersagen.

Im Zagreber Gefängnis in der Savska Straße kam ich wieder auf das harte Hungerregime. Meine Kräfte waren erneut am Schwinden. Die Avitaminose und das lang anhaltende Hungern warfen mich auf den Boden, daß ich mich kaum rühren konnte. Wie Hiob stöhnte ich und flehte Gott innigst an, er möge doch mein elendes Leben von mir nehmen. Wenn der Aufseher meine Zelle öffnete, mir den Löffel geschmacklosen Wassers, das man Suppe nannte, in den Napf verabreichen wollte, zitterte ich schon vor Angst, mich bewegen, ja bloß einige Schritte machen zu müssen. Der Mann erbarmte sich meiner und kam selbst in die Zelle und füllte meinen Topf mit der salzlosen Brühe. Ich war überzeugt, daß die Zeit meiner Auflösung gekommen war. Die auswendig gelernten Seiten vom 12. Kapitel des II. Buches der Nachfolge Christi erfüllten meine Seele mit einem himmlischen Trost. Am nächsten Tag wurde ich zur Vernehmung auf das obere Stockwerk beordert. Auf den Beinen konnte ich mich nicht halten. So krabbelte ich wie ein Vierfüßler, langsam einmal den Arm, dann wieder das Bein nachschleppend, die Treppe empor. Das hatte eine schöne Weile gedauert ...

Als ich ins Vernehmungszimmer hereinkroch, sah ich, wie der Parteibonze aufbrausend vor Zorn ein krebsrotes Gesicht hatte. Man bot mir einen Stuhl an. Der kleine Mann mit einer ausgeprägten Nase und feurigen Augen blätterte in meinem Untersuchungsfaszikel. Nachdem man meine ,,Missetaten", die ich in Serbien und Bosnien verübte, kurz eingesehen hatte, wäre jetzt zu überlegen, welche Schuld ich durch meine Untaten in der Kroatischen Republik als Reaktionär und Konterrevolutionär auf mich geladen habe.

„Genosse, daß ich Ihnen aufrichtig bekenne, ich bin unschuldig!" Es folgte eine Kanonade von Schimpf- und Fluchworten, womit mir alles Heilige und Ehrfurchtsvolle abscheulich beschmutzt und bespuckt wurde.

„Genosse, wenn Sie an Gott nicht glauben wollen, warum verfluchen Sie ihn? Schließlich, was hat Ihnen meine verstorbene Mutter in den Weg gelegt, daß man sie so verhöhnt?" — Der Kordunasch schrie wütend mit seiner schrillen Stimme, die sich plötzlich überschlug, fürchterlich. Darauf eilten aus allen Ecken und Buden nervös die Helfershelfer seiner Sippschaft herbei, um zu sehen, was mit ihrem Chef eigentlich los wäre. Ob ihn vielleicht nicht wieder die Krampfanfälle, die man mit dem klingenden Namen „Kozaritis" bezeichnete, überfallen hätten? Während die serbischen Partisanen, von denen jetzt die Geheimpolizei in Kroatien geleitet wird, sich im Zimmer, auf der Türschwelle und auf dem Flur so zahlreich postiert hatten, brüllte ihr Mordchef mich an: „Unterschreibe hier, was du bisher hartnäckig verweigert hast!"

„Daß Sie wissen, ich unterschreibe nichts!" schrie ich mit Leibeskräften, die letzte Kraft aufwendend, um so meine Stimme in höchsten Tönen erklingen zu lassen. „Wenn ihr mich ermorden wollt, tut es doch sofort! Warum quält Ihr mich so lange?" und sackte erschöpft zusammen. —

Es entstand eine Totenstille im Raum. Die Mordgesellen schauten sich beklommen an. Schließlich unterbrach der Chef dieses Mordtrupps die peinliche Stille und sagte ganz ruhig, aber mit ernstem Ton: „Führt ihn in die Zelle! Er hat somit sein Todesurteil unterzeichnet! Er ist eigentlich ein Narr!" Man ließ mich jetzt langsam die hohe Wendeltreppe bis in meine unterste Zelle im Keller herabrutschen. Der Begleiter trieb mich nicht mehr zur Eile an. Sein Kamerad kam vorbei und fragte ihn, was da los wäre. „Ach was, einer ist des Todes!" und winkte kaltblütig mit der Hand ab.

In den folgenden Tagen gab mir der Aufseher eine doppelte Ration der leeren Suppe. Er griff mit dem Schöpflöffel tiefer in den bretternen Bottich. So bekam ich diesmal auch etwas Bohnen oder Gerstenkörner. Von jetzt an reichte man mir Brot, so viel ich wollte. Ich lächelte in mir darüber, wie brav auf einmal mein Schutzpersonal geworden war. Er bat mich, ihn nicht zu verraten.

Was in meinem Innern in den folgenden Tagen, Wochen und beinahe zwei Monaten geschah, kann ich nicht schildern. Nach allem bisherigen

Studium der geheimen Seelenkräfte im Menschen, sei es Psychoanalyse oder Parapsychologie, kam ich noch nicht auf eine schlüssige Antwort. Fand ich die Lösung meines Seelenzustandes in der Mystik? Ich schrecke zurück, mich darüber zu äußern.

Eines wußte ich mit Bestimmtheit, daß ich nicht irrsinnig war. Mit einem kleinen Lichtchen meines noch vorhandenen Verstandes drang ich nicht durch die stockfinstere Dunkelheit, die sich in mein ganzes Menschenwesen herabließ. Ich war mir bewußt, daß etwas völlig Abnormales, bisher in meinem Leben nie Dagewesenes, etwas Bösartiges mich überwältigen wollte. Mit dem gläubigen Gebet griff ich wie mit einer schwachen Hand aus der Grube, die sich über mich in dunkler Nacht schließen wollte.

Durch die bessere Verpflegung, die mir meines Erachtens einzig auf Treiben des gutherzigen Dienstpersonals heimlich verabreicht wurde, kam ich wieder auf die Beine. Gott vergelte ihnen ihre Güte! Dieses menschliche Entgegenkommen des Bodenpersonals in der kommunistischen Hierarchie wie auch die entzückenden Trostworte des großen Mystikers Thomas von Kempis durch sein kleines Werk ,,Nachfolge Christi'' durfte ich nicht lange genießen. Eines Tages hieß es: ,,Heraus mit Sack und Pack!'' Es verfloß keine halbe Stunde, und ich war durch die ,,Schwarze Maritza'' in eine andere Haftanstalt verbracht worden. Ich war der festen Überzeugung, daß ich mich im Gerichtsgefängnis befinde und daß jetzt der Schauprozeß mit mir beginnen würde. Ich hatte mich getäuscht. Ich wurde in ein großes Zimmer gestoßen. Ein Durcheinander von Häftlingen verschiedenster Nationen und Verhaftungsursachen fand ich vor. Auf die Frage, wo ich wäre, sagten meine neuen Kameraden: ,,In der Petrinska! Hier ist das Transportzimmer. Alle hier werden in ein oder zwei Tagen in andere Gefängnisse verfrachtet.'' Als mein Nebenmann mein fürchterlich zugerichtetes Gesicht sah, suchte er mich zu trösten und sagte: ,,Keine Angst mein Freund! Hier ist es nicht gefährlich! Speise ist reichlich vorhanden.''

Im Zimmer lungerten deutsche Kriegsgefangene herum. Abgemagert, herabgekommen, mit verschlissenen Uniformen saßen sie auf dem Boden. Wenn sie mit ihren deutschen Kameraden sprachen, dann geschah das sehr leise und nur zu zweit.

Junge kroatische Männer, unreife Bürschlein, möchte ich fast sagen, die durch ihre Beweglichkeit und durch lautes, witziges, manchmal bissiges Reden die Aufmerksamkeit auf mich lenkten, zeigten jedoch mit meinem elenden Zustand entgegenkommendes Mitleid. Einer reichte mir ein Stück Brot und ließ sich neben mir nieder.

,,Sie sind doch ein Velecasni (Hochwürden), nicht wahr? Das sieht man ihnen doch an!'' und er betrachtete mich zutraulich. Durch seinen

Zagreber Dialekt wußte ich, daß er ein katholischer Kroate ist, aber sein freches Benehmen wie das der Gassenbuben aus der Großstadt machte mich stutzig und zurückhaltend. In seiner jugendlichen Offenheit rückte er verwegen heraus: ,,Sehen Sie, Pater, alle diese Buben, die in unserer Bude so viel Dummheiten treiben, alle sind sie meine Kameraden. Echte Kreuzler, die den unerbittlichen Kampf den gottlosen Teufeln angesagt haben. Wir dürfen nicht ruhen, bis wir diese Feinde Hals über Kopf aus Kroatien verjagt haben. Die serbischen Eindringlinge, die uns den Kommunismus gebracht haben, sollen in ihre Heimat gehen. Wenn sie dort nach den Prinzipien von Stalin leben wollen, haben wir nichts dagegen! Keine Angst, Pater, unsere Sache steht gut. Unsere junge Generation steht treu zur Sache Christi. Der Kampf gegen den Teufel geht weiter! Unser Glück, daß sich die Moskoviten und Titoisten jetzt gegenseitig auffressen!'' Unbemerkt wischte ich die Freudentränen aus meinen Augen, denen ich mich einfach nicht erwehren konnte. So schwach war es mit meinen Nerven bestellt. So weit bin ich also, daß die christlichen Jugendlichen mich trösten müssen? Der Junge tätschelte mit seiner Hand mein Knie, zwischen denen mein Kopf herabsank. Ich bedeckte mein Gesicht, um die Tränen zu verbergen.

Auch unter diesen Leuten sollte ich nicht lange bleiben. Der Kreis schloß sich: Ich wurde in meine Heimat überstellt, weil dort ein endgültiges Urteil gefällt werden sollte.

Das Gericht in Neusatz, der Hauptstadt der Autonomen Woiwodina, meiner geliebten Heimat, sollte mich richten. In einem kellerartigen Raum eines eleganten Privathauses, wahrscheinlich einer enteigneten deutschen Wohnung, wo die Spitze der Staatspolizei meiner Heimat ihre Zelte aufgeschlagen hatte, wurde ich untergebracht. Durch das viele Reisen in der letzten Zeit hatte ich die Tage durcheinander gebracht. Das aber wußte ich, daß es Anfang September war und daß ich nicht weit vom HABAG-Haus (Zentrale des Kulturbundes) untergebracht war. Mein Leben und Wirken in der Woiwodina wurde gründlich durchgehechelt. Die Genossen der Geheimpolizei wußten genau, daß meine Daten und Schilderungen über die Vernichtungslager genauestens stimmten. Ich könne aber mein Leben nur dann retten, wenn ich bereuend zugeben würde, daß ich gelogen habe. Das Verhalten der deutschen Minderheit in den letzten zwanzig Jahren wurde vor mir aufgerollt. Für alle angeblichen Fehlgriffe, die man als kriminell hinstellte, wollte man mich verantwortlich machen. In diesem Monat kam es in meinem seelischen Schmerz zu einem gewissen Höhepunkt. Ich durfte jedoch auch viel innerlichen Trost von Gott und Maria spüren. Vom Vernehmer habe ich den Eindruck bekommen, daß er theologisch sehr gut ausgebildet war, sei es katholisch oder evangelisch. Er hatte den besten Einblick in das Lagerleben der sieben „KZs mit spezialem Regime", wie die Partisanen die Vernichtungslager bezeichnet haben.

Aus allen Reden kam ich zur Überzeugung, daß man meinen Diözesanbischof Msgr. Lajtscho Budanovic in den Schauprozeß verwickeln möchte. Entschieden widersetzte ich mich dem Ansinnen der Polizeiagenten, ihn als Hauptakteur, da er mir die Jurisdiktion verlieh, anzuklagen. Es schien mir gelungen zu sein, den Genossen doch zu beweisen, daß ich mich gegen den Willen des Bischofs ins Lager begab. Bei den Vernehmungen des Bischofs behaupteten die Genossen, daß ich alle Schuld auf ihn schiebe, was er natürlich geglaubt haben soll, und gegen mich entrüstet war.

In diesem Monat waren meine Nerven total erschöpft, und ich spürte, daß ich vor einem Nervenzusammenbruch stand. Die ganzen Nächte hindurch konnte ich kein Stündchen schlafen. Ein abscheuliches Ringen zwischen Licht und Finsternis, wenn man damit Gotteswelt und Teufelsmacht bezeichnen wollte, umzingelte mich. Meine einzige Bitte an die himmlische Mutter Maria war, daß keine andere Person in meinen Gerichtsprozeß einbezogen werde. „Wenn ich am Leben bleiben sollte, werde ich Deinen Ruhm, o mächtige Jungfrau und Mutter, überall, an allen nur möglichen Wallfahrtsorten verkünden! Für Deine Ehre und die Ehre Deines Sohnes Jesus werde ich leben, kämpfen und sterben!"

Eine entscheidende Frage des theologisch gebildeten Vernehmers war: „Warum lügst du ständig?"

„Ich lüge nicht!"

„Gebrauchst du die Restrictio mentalis?"

„Jawohl! Das erlaubt mir mein Gewissen!"

Er schlug die Aktenmappe zu. „Dein Schicksal ist besiegelt. Demnächst erscheinst du vor Gericht!"

Verteidigungsrede vor dem Volksgericht

Ich wurde ins Gefängnis des Kreisgerichtes von Neusatz überführt. Nach einigen Tagen wurde mir die Anklageschrift des Staatsanwaltes ausgehändigt. Eine lange Liste von Beschuldigungen mit einer Anzahl von Verbrechen wurden mir auf einigen Papierbögen aufgezählt, so daß ich mich selbst fragte, wie und wann ich imstande gewesen wäre, dies alles zu verüben.

Am nächsten Tag kam ein Mann in meine Zelle und stellte sich als mein Verteidiger bei Gericht vor. Im Auftrag der staatlichen Rechtsan-

waltskammer hätte er sich bereiterklärt meine Verteidigung zu übernehmen. Danke für die Bereitschaft, aber ich hätte einen eigenen Advoka-
ten in Aussicht. Nur müßte mir die Möglichkeit gegeben werden, mit
ihm Verbindung aufzunehmen'', sagte ich.

,,Aussichtsloses Bemühen! Ihr Prozeß ist ein besonderer Fall, der geheim abgewickelt werden muß'', war die energische Antwort.

,,Aber die *freie* Verteidigung ...''

,,Sie werden sich über meine Verteidigung nicht zu beklagen haben'',
unterbrach er mich. ,,Übermitteln Sie mir die einzelnen Entgegnungen
über die Verteidigungsrede ... ''

,,Genosse Advokat! Alles, was hier gegen mich erhoben wird, ist er-
dichtet, ist erlogen. Die einzige Wahrheit ist mein Einsatz für Tausende
unschuldiger Menschen, meistens Mütter und Kinder, die ohne Gerichtsverfahren dem Hungertod ausgeliefert wurden. Von diesen haben
mehrere Zehntausend ihr Leben in Massengräbern lassen müssen. Das
ist die Wahrheit! Neben meinem Bemühen als priesterlicher Trostspen-
der bei diesen Verzweifelten suchte ich die Rolle eines Rechtsanwaltes
vor der Weltöffentlichkeit zu übernehmen. Ich wandte mich an den
Papst, den Vater der Christenheit, da alle legalen Möglichkeiten im
Land erschöpft waren.''

,,Es wird schwer möglich sein, eine solche Begründung vor dem Gericht anzuführen. Sie würden damit eine Anklage gegen die Regierung
erheben! Verstehen Sie! Das darf nicht sein!'' Mit ernstem Gesicht ging
der Vorsitzende der Advokatenkammer.

Es verstrichen einige Tage, dann teilte man mir mit: ,,Morgen, am
5.Oktober 1948, Gerichtsverhandlung!'' Man rasierte mich, man schnitt
mir das Haar. Ich konnte mich ordentlich waschen. Auch meinen Prie-
stertalar durfte ich anlegen. Als ich unter der Begleitung der Wachtposten in den Gerichtssaal zur Anklagebank geführt wurde, sah ich eine
junge Frau mit mädchenhaftem Aussehen zwischen zwei älteren, sehr
korpulenten Herren als Beisitzer des Volksgerichtes, rechts der Staatsanwalt und links der Verteidiger. Noch eine weitere Person war neben
der Schriftführerin anwesend. Es war der Pastor der kalvinistisch-
reformierten Gemeinde von Neusatz, der als Chefredakteur des kommunistischen Tageblattes »Magyar Szó« ein Pamphlet gegen mich ver-
öffentlichte.

Der Klagevertreter Zivko Boroski begann seine Rede mit viel Emotion
und Gestikulation, die sich im Laufe seiner stundenlangen Ausführungen immer mehr in Wutausbrüche hineinsteigerte. Schließlich verlangte
er im Namen des Volkes die strengste Strafe für diesen Volksfeind.

,,Diese Person auf der Anklagebank sollte in Anbetracht der vielseitigen

Schäden, die sie der freiheitlichen Revolution unseres Volkes zugefügt hat, für immer aus der Menschengemeinschaft entfernt werden!'', schrie er.

Das bedeutete die Todesstrafe. Ich wußte es.

Die Richterin fragte mich jetzt: ,,Warum haben Sie sich von einer fremden Macht, vom Vatikan, als Spion anwerben lassen, um unserem Land zu schaden?''

,,Ich habe mich von niemand als Spion anwerben lassen.''

,,Wir haben verschiedene Aussagen aus Ihrer Untersuchungshaft, worin Sie diese feindliche Tätigkeit zugegeben haben.''

,,Die Aussagen sind unter Torturanwendungen erpreßt. Ich erkenne die Aussagen nicht als die meinigen an!'' Ich blieb fest. Die anderen machten große Augen. Noch ein paar Fragen, und dann war die Verhandlung im weiteren dem Verteidiger Branko Perić überlassen. Er sprach von meiner Kindheit und Jugendzeit. In einer religiös beschränkten, rückständigen Familie geboren, wäre der Angeklagte aus dieser bürgerlich-kapitalistischen Umgebung den Kämpfern des Papsttums übergeben worden, — den Jesuiten, die ihn in ihrem Dunkelmännergeist, jeder Freiheit abhold, ausgebildet hätten. Als junger Mensch, einfältig, ohne eigenes Urteilsvermögen, wäre er im Vatikan geschult, blind ausgenutzt und in dessen feindselige Netze einbezogen worden. ,,Wegen dieser mildernden Umstände befürworte ich eine gemäßigtere ... ''

Ich erhob mich schnell von meiner Bank und sagte laut: ,,Darf ich das Gericht bitten, es möge diese Verteidigungsrede unterbrechen, weil sie mich beleidigt.''

Absolute Stille entstand im Saal.

,,Ich möchte mich ab jetzt selbst verteidigen!''

,,Gut, wenn Sie wollen. Ich übergebe Ihnen das Wort.'' Ich sammelte mich und fing an:

,,Ehrwürdiges Gericht! Wenn ich jetzt Worte der Selbstverteidigung ergreife, so will ich dabei nicht auf alle einzelnen Punkte der Anklage eingehen. Hinweisen möchte ich nur auf meine Geisteshaltung, die mich zu Handlungen veranlaßte, welche mich hier zum »Volksfeind« stempelten. Einzig der Wahrheit soll hier der Platz eingeräumt werden. Erstens wurde meine ganze Erziehung im Elternhaus zum Dienst am Mitmenschen hingelenkt. Schon in meinen Kinderjahren hielt ich es für eine einfache Menschenpflicht, unter eigener Lebensgefahr einem ertrinkenden Mitschüler ins Wasser nachzuspringen und ihn an Land zu ziehen. Für eine solche Gesinnung bin ich von meinen Eltern erzogen worden. Auch meine Lehrer der Mittel- und Hochschule sind unantastbar, denn wer setzt sich mehr für die Menschlichkeit und Gerechtigkeit bei unterentwickelten, ausgebeuteten Völkern in den Kolonialländern ein, als gerade die Jesuiten es taten und tun? Keine Missionsgesellschaft stellte mehr hochqualifizierte Kulturträger in ihren etwa 30 Hochschulen mit Universitätsrang bereit, als eben dieser Orden. Die Kriegswirren waren die einzige Ursache, daß ich heute nicht bei diesen Vorkämpfern der Freiheit unter den Entrechteten in Indien mitwirken kann. Meinem Leben wurde diese andere Aufgabe zuteil: Wir waren 1941 im Bombenhagel in Sarajevo. Die Mitbürger der Stadt — Muselmanen, Serben und Kroaten — wurden unter den Trümmern begraben. Das amtliche Rettungskommando versteckte sich in die Luftschutzkeller. Ich verließ den Keller und begann mit Menschen ohne Unterschied von Religion und Nation eine Hilfsaktion zu organisieren und die Verschütteten zu bergen. Erst am späten Nachmittag kamen die bezahlten Hilfstrupps an. Warum führe ich das an? Nicht um mich zu loben, sondern um der Wahrheit willen. Man wirft mir vor, die ,,Spionageschule'' der päpstlichen Universität in Rom besucht zu haben. Die Wahrheit ist, daß ich mich mit den armen Kindern, von denen es in Rom wimmelte, befaßte, soweit es die Schuldisziplin erlaubte. Auch die von den Nazis verfolgten Juden, denen der Vatikan Asyl gewährte und die durch die Caritas Internationalis betreut wurden, wuchsen mir ans Herz. Kann also die Mithilfe der sorgenvollen Hingabe des Hl. Vaters Pius XII und mein Einsatz für hunderttausende Kinder und Mütter in den Konzentrationslagern der Woiwodina, die an Hunger starben, ,,Spionage'' genannt werden? Sind meine Rettungsversuche für diese unschuldigen Menschen ein Verbrechen? Man verlangt von mir ein Reuebekenntnis zu meinen ,,Missetaten'', offen aber muß ich meine Reue darüber bekennen, nicht noch mehr für diese Verfolgten während des Krieges getan zu haben.

Der Anklagevertreter verlangt die Todesstrafe. Das bringt mich keineswegs aus der Fassung. Die geforderte Hinrichtung läßt mich in völliger Ruhe. Es hat ja Christus seinen Jüngern vorausgesagt, daß sie der Wahrheit und der Gerechtigkeit wegen wie er selbst verfolgt würden.''

,,Genug davon! Kürzen Sie Ihre Rede!'' protestierte die Richterin, die aus Unbehagen alle Farben ihres Gesichtes gewechselt hatte. Ich fuhr fort: ,,Wir leben in einem freien Land. Und der Angeklagte hat das Recht, sich zu verteidigen.'' Sie neigte den Kopf. Ich fuhr fort: ,,Selig sind, die Verfolgung leiden um der Gerechtigkeit willen, denn ihrer ist das Himmelreich.'' Ich wurde immer lauter: ,,Selig seid ihr, wenn euch die Menschen schmähen, euch um euren guten Namen bringen, alles Böse fälschlich wider euch aussagen ...'' Sie rückten unruhig auf ihren Sitzen hin und her. Ich schrie: ,,Fürchtet euch nicht vor denen, die den Leib töten, aber die Seele nicht töten können. Liebet eure Feinde, tuet

Gutes denen, die euch hassen." Der Staatsanwalt sah zur Tür, als wollte er davonlaufen, die anderen zeigten Erregung.

„Segnet die, welche euch fluchen, betet für die, welche euch beschimpfen!" rief ich über ihre Köpfe hinweg. Ich stockte aus Erschöpfung. Es entstand eine peinliche Stille. Ich sagte leise: „Das ist meine Verteidigung!" Ich setzte mich.

Die Richterin faßte sich zuerst: „Stehen Sie auf! Sie haben kein Recht, sich niederzulassen." Ich erhob mich wieder. Das Gericht entfernte sich.

Nach einer Pause wurde die Strafe verkündet: „14 Jahre Zuchthaus mit Zwangsarbeit." Ob ich eine Beschwerde erheben wolle, fragte die Richterin. „Nein", antwortete ich, denn bei wem sollte ich mich beklagen? Es wurden mir die Hände gefesselt, und ich wurde abgeführt.

Das Gespräch, die Kameradschaft mit den anderen Verurteilten wurden mir zu einer großen Hilfe und retteten mich vor einem Nervenzusammenbruch. Die eigene Kraftanwendung, das ignatianische „agere contra" leistete mir die beste Hilfe. Nun durfte ich im Hof mit den anderen am Spaziergang teilnehmen. Unsere Gruppe, die schwere Ketten an den Füßen und Händen nachschleppten, bildeten den traurigsten Anblick. Paarweise, mit gesenktem Kopf, schritten wir im Kreis, doch die Augen spähten hin und her ...

Was sehe ich da vorne in der Reihe der Leichtbestraften? Ein kleines Männlein wendet sich dauernd gegen alle Disziplinregel, und dann schreit er in deutsch, daß ich es gut hören kann, zu mir hin: „Wendl, bist von den Toten auferstanden?" — Es war der Heimatpfarrer Peter Müller. O, wenn wir uns umarmen dürften! Doch am nächsten Tag war Besuchstag. Er schenkte mir sein Eßpaket. Nach 18 Monaten war ich das erste Mal wieder satt. Welch ein merkwürdig ungewohntes Gefühl, das auch die Seele erfaßte. Immer wieder mußte ich mir die Tränen aus den Augen wischen.

Die Tage kamen und gingen ... Es wurde die Zellentür aufgerissen. Eine Gruppe eleganter Herren zeigte sich neben der Tür. Wir erhoben uns. Jeder einzelne wurde gefragt. warum er verurteilt sei. Ich antwortete: „Ich weiß es nicht. Ich bin unschuldig."

„Was, du weißt es nicht? Genosse Kommandant, warum ist er bestraft?"

„Ein gemeiner Spion des Vatikans!" Einer der Herren wendet sich an mich: „Weißt du nicht, daß die Hände des Papstes triefend sind vom Blute der Unschuldigen?"

„Nein, das weiß ich nicht. Leicht zu behaupten, schwer zu beweisen!"

„Soll das etwa nicht wahr sein? Hier wirst du deine Knochen lassen! Hier!" Sie schlugen die Tür zu und verschwanden. Ein Mitgefangener sagte: „Wie kannst du nur so antworten? Er ist doch ein Minister, der Jude Moises Pijade, die rechte Hand von Tito."

„Ist doch egal! Er müßte doch wissen, wie viele tausend Juden Papst Pius XII. aus den Gaskammern Hitlers gerettet hat."

„Das hohe Vieh in seiner Begleitung ist Dr. Reich, ein Politiker an der Spitze der Woiwodina-Regierung. Er wurde von einem Deutschen aus Ruma vom Tod gerettet."

„Ja, und zum Dank nahm er mit Pijade tausendfachen Tod an unschuldigen Frauen und Kindern auf sein Gewissen", bemerkte der andere Gefangene, der serbischer Parteikämpfer und in Ungnade gefallen war.

*

In den folgenden Wochen durfte mich meine Schwester besuchen. Als ich ihr über ein Gitter die Hände zum Gruß reichte, konnte sie an den Armgelenken die blutiggeschwollenen Streifen sehen, die von den Handschellen geblieben waren. Wir konnten vor Freude fast nichts sprechen. „Wir haben doch geglaubt, du wärest tot", brachte sie doch schließlich heraus. „Wir haben alle die Totenmesse für dich gefeiert. Überall auf den Amtsstellen teilte man uns deinen Tod mit."

* * *

V

DER LANGE WEG

Nach seiner Befreiung wurde Pater Gruber nach dem Wallfahrtsort Schönenberg/Ellwangen eingeladen, um dort vor 30 000 Wallfahrern, vor dem Bischof und vor den Vertretern der Regierung seinen Dank an Maria, die Helferin der Christen, in einer Predigt auszusprechen.

Aus Platzmangel versammeln sich vor dem Heiligtum U.L. Frau Mary Lake (Toronto, Canada) Tausende von Flüchtlingen und Heimatvertriebenen aus Canada und den Vereinigten Staaten. Sie legten lange Reisestrecken zurück, um der himmlischen Mutter für die Befreiung aus der Tyrannei der Kommunisten zu danken. Sie erfüllen so das Versprechen, das sie in den Vernichtungslagern Titos abgelegt hatten.

Eine Prozession zum Gedenken der Opfer in den Vernichtungslagern.

In Ehrung der Tausende von den Kommunisten Hingerichteten, tragen die Männer von Entre Rios, Guarapuava, sieben Kreuze mit den Namen der sieben schlimmsten Vernichtungslager in der Woiwodina.

Im Zuchthaus von Mitrovitza

Kriminelle und Politische

Eines Novembertages 1948 wurde ich mit noch drei Leidensgenossen gefesselt und zum Bahnhof gebracht. Bela, etwa zwanzig, war ein Banater
und die anderen zwei waren serbische Widerstandskämpfer, die man im
Wald geschnappt hatte. Jeder von uns hatte sein Schlafzeug, seine Eßwaren, die man von Zuhause bekommen hatte, bei sich. So gekettet
konnte ich meinen Winterrock nicht mehr anziehen. Man hat ihn mir
über die Schultern geworfen. Im kleinen, separaten Wagenabteil ging es
gut, aber in Mitrovitza angekommen, war kein Fahrzeug vorhanden. So
mußten wir den Weg zum Zuchthaus zu Fuß zurücklegen. An der Pforte
angekommen, betrachtete mich ein korpulenter Türwächter von Kopf
bis Fuß. Er übernahm die Begleitschrift des Gerichts aus der Hand des
Milizlers und blätterte darin. Nach einer Weile rief er triumphierend:
,,Zu vierzehn Jahren! Da bleibst du aber lang unser Gast! Ein Pope bist
du ... im Dienst des Vatikans ...'' Er erhob seine Augen von der Schrift
und sein zorniger Blick wollte mich durchstechen. ,,Diese dummen
Flausen werden wir dir schon aus dem Kopf bringen!'' Er öffnete das
große eiserne Gittertor und ließ uns in den Gefängnishof treten. Ein rie-
siger Bau mit vielen kleinen vergitterten Fenstern stand vor uns.
   Der Begleiter wies uns nach rechts und wir wurden in Bau II eingewiesen. Wir traten in einen großen schiffsartigen Raum, der mit einem
Glasdach bedeckt war. Die zweistöckigen Galerien waren mit einer
Wendeltreppe verbunden. Es kam mir das Dante-Wort in den Sinn:
,,Laßt alle Hoffnung fahren, die ihr hier eintretet.'' Im Erdgeschoß erhielten wir Neulinge eine gemeinsame Zelle. Man löste uns die Handschellen, und so atmeten wir erleichtert auf. An diesem Tag haben wir
nichts zu essen bekommen. Bela rief dem Türschließer zu: ,,Wir sind
hungrig!'' — ,,Ihr seid heute noch nicht auf der Verpflegungsliste!''
war die Antwort. Wir richteten unsere Betten auf dem Boden und meine
Kameraden schliefen plötzlich ein. Meine sorgenvollen Gedanken ließen
mich nicht los. ,,Mein Herr und mein Gott, was hast Du mit mir vor?''
schloß ich mein Abendgebet.
   Am anderen Morgen rasselte der Schlüssel im schweren Türschloß.
Auf der Türschwelle stand ein junger, stattlicher Milizler. Es war Kommandeur Peritsch. Spöttisch begann er nach unsern Namen und nach
der Höhe der Strafe zu fragen. Er wandte sich dann mir zu und begann
stichelnd: ,,So, du kommst von Zagreb ... bist ein Knecht von Stepinac,

dem Volksverräter ... dem werden wir es schon noch zeigen!'' — Peritsch war einer der maßgeblichen Agenten, die den Auftrag hatten, die kommunistische Umschulung der Häftlinge durchzuführen.

Ich lernte die Leute in meiner Umgebung kennen, obwohl sie heimtückisch ihre Schuld zu verdecken suchten. Es waren durchwegs Räuber und Diebe, Einbrecher und Mörder mit einer grausamen Vergangenheit. Jetzt beherrschte sie eine finstere Benommenheit, die ihren verbrecherischen Traum von gestern abgelöst hatte.

Nie zuvor sah ich mich einer solchen seelischen Misere gegenüber, die sich jedoch so protzig und aufgeblasen gebärdete. Einen Zug hatten diese meine Leidensgenossen gemeinsam. Alles was nämlich über sie kam, nahmen sie mit einer natürlichen Selbstverständlichkeit hin und wunderten sich über gar nichts. Da dachte ich mir: Von diesen Kollegen hast du etwas dazu zu lernen, wenn du deine Haftzeit ohne seelischen Schaden überleben willst. Das barsche Benehmen der Zuchthausbonzen und die rücksichtslose Gemeinheit der Sträflinge bedrückten mein Herz so sehr. Inneren Seelentrost fand ich in der Betrachtung des leidenden Heilands unter den gemeinen Henkersknechten am Karfreitag. Es war für mich eine harte Lebensschule, in dieser so bunten, sittlich so herabgekommenen Räuberbande leben zu müssen. In den ersten Tagen meines Zuchthauslebens bin ich zur Überzeugung gekommen, daß ich bei diesen moralisch total verkommenen Menschen keine sittlichen Ansprüche erheben dürfe; das würde mein Leben unter diesen frechen Menschen völlig unmöglich machen. Sich jedoch völlig passiv den Ereignissen des Alltags gegenüber zu stellen, wäre eines Priesters unwürdig.

In privaten Gesprächen begegnete ich nicht selten echter christlicher Gesinnung, die aber von der überwältigenden Umgebung einfach fortgerissen wurde. So begann ich sofort saubere Menschen unter den verschiedenen Nationen und Religionen ausfindig zu machen. In ruhigen Stunden kam so mancher zur Einsicht des vorhandenen Übels. So gestand mir einer gelegentlich: ,,Der Teufel hat viele Schuhsohlen durchlaufen müssen, bis er uns alle hier versammelt hatte.''

In einem engen Raum waren wir 15 Mann zusammengepfercht. Von einer Bewegungsmöglichkeit war keine Rede. So saßen wir ringsum an der Wand auf unseren Sachen. Neben den Kriminellen waren die Politischen, hauptsächlich die serbischen Tschetniks (Freischärler im Zweiten Weltkrieg und Anhänger des Königs), die überall tonangebend waren. Als alle Dummheiten und frechen Witze erschöpft schienen, trat ein serbischer Bauer in Volkstracht in die Mitte des Raumes. Er glättete sich seinen buschigen Schnurrbart und erzählte über seine politische Vergangenheit. Er war Abgeordneter im Parlament und gehörte zur Regierungspartei der Radikalen, die eine Vormacht-Politik der Serben über die anderen Völkerschaften Jugoslawiens betrieben. Sein heller Kopf und sein rednerisches Talent sind mir sofort aufgefallen, obwohl er kaum lesen konnte. Alle in der Zelle horchten auf, als er die Situation im Belgrader Parlament so dramatisch wie ein Schauspieler mit viel Mimik und Gestik schilderte.

„Hier saßen die Radikalen, dort die Kroaten in der Opposition, an deren Spitze Stjepan Raditsch fungierte. Als die Gesetzesvorlage unserer Regierungspartei den Kroaten nicht entsprach, protestierten sie dagegen. Da erhob sich Punischa Ratschitsch, einer von den Unseren, zog den Revolver und schoß auf die Kroaten, wodurch einige tödlich verwundet wurden. Der Kroatenführer Stjepan Raditsch starb bald darauf. Seitdem haben die Kroaten mit den Serben nicht mehr zusammengearbeitet. König Alexander führte die Diktatur ein." Der Erzähler gestand offen, daß der Attentäter unmittelbar vor der Parlamentsitzung mit dem König Gespräche geführt hatte. So vermutet man, daß die Direktive zu dieser Tat vom Königsthron kam. Vor allem auch deswegen, da der Attentäter nur formell verurteilt wurde. Kam das Attentat auf Kronprinz Franz Ferdinand in Sarajevo nicht aus derselben Quelle?

Nach diesem begeisterten Bericht wurde mir meine Lage noch klarer. Einerseits war da der teuflische Haß der Kommunisten gegen den Priester und andererseits die nationale Gehässigkeit der chauvinistischen Serben gegen alles Nicht-Serbische, da sie hier die überwiegende Mehrheit der Häftlinge bilden. Vor einer zweifachen Front also muß ich mich bewähren.

Am nächsten Tag wurden wir ins Sammelbad getrieben, bekamen die Häftlingsuniform mit der Nummer und so wurden wir zu regelrechten Sträflingen erklärt. Alle meine Kameraden in der Quarantäne wurden in Bau I zu den Arbeitern überführt, nur mich schob man in die Disziplinarabteilung, wo die Geheimpolizei ihre offiziellen Beobachtungen anstellte. Man steckte mich in eine Zelle, wo drei Männer auf ihrem Strohsack saßen. Der vierte Strohsack, in dem sehr wenig Stroh vorhanden war, wurde mir zugewiesen.

Das wenige Stroh war zu Spreu zertrampelt, so daß ich fast auf dem nackten Beton lag. Der stinkende Kübel für die Notdurft war an mein Fußende geschoben. Diese kleinen Zellen waren in normalen Zeiten für eine Person vorgesehen. —

Es war Zeit, daß ich mich meinen Zimmergenossen vorstellte. Die kalte Aufnahme überraschte mich. Auf mein Verlangen sagte der erste, er wäre Professor am Gymnasium in Nisch, der zweitgrößten Stadt Serbiens. — Bald darauf erfuhr ich, daß er katholischer Ordenspriester

gewesen war, der von seiner Kirche abgefallen und ein serbisches Mädchen geheiratet hatte. Der zweite sagte, er wäre hoher Beamter im Kö-
niglichen Ministerium gewesen und jetzt als Nationalist und Neditsch-
Anhänger verurteilt. Später habe ich erfahren, daß er aus seiner katholischen Kirche ausgetreten und orthodox geworden war. Auch er hatte ein
serbisches Mädchen geheiratet, um so einen hohen Beamtenrang erhalten zu können. Der dritte war als hoher Richter zu 20 Jahren Zuchthausstrafe verurteilt worden. Eine völlig fremde Welt ging vor meinen Augen auf. Es wurde in der Zelle nicht diskutiert, aber von Zeit zu Zeit verabreichte man mir harte Bemerkungen. Nach der Tagesordnung folgte
der Spaziergang. Paarweise gingen wir schweigsam im Kreis, geneigten
Kopfes mit den Händen auf dem Rücken. Bessere Gelegenheit für mein
Morgengebet hätte ich mir gar nicht wünschen können. Nach einer
Stunde begleitete man uns wieder in die Zelle. Es folgte darauf das Mittagessen. In der wässrigen Suppe konnte man einige Gerstenkörner finden. Meine Stubengenosen konnten in das Paket von Zuhause greifen,
wo gute Sachen vorhanden waren. Der Monatsbesuch meiner Schwester
mit dem Paket wird für mich ein großes Ereignis sein, aber das muß geduldig mit knurrendem Magen abgewartet werden.

Nachmittags um drei Uhr wurden wir zum zweiten Spaziergang geführt. Jetzt konnte man sich frei unterhalten. Sofort befand ich mich als
Neuling in der Mitte von Priesterkollegen aus meiner Heimatdiözese
Batschka. In unserem gemeinsamen Elend war das eine freudige Überraschung. Bald trennte sich unsere Gruppe, um den Wachtposten nicht
aufzufallen. Ivan begleitete mich und weihte mich in die vorhandenen
Gefahren ein. Nach seiner Meinung sollte man nirgends auffallen,
schon gar nicht als Priester, sondern in der Masse der Gefangenen verschwinden, denn sonst sei man gehässigen Schikanen ausgesetzt. Hier
werde man auf Schritt und Tritt beobachtet. Unter den Häftlingen gäbe
es eine Anzahl von Spionen, die im Dienste der Verwaltung stünden. Die
kleinsten Dinge wurden dem Geheimdienst zugetragen.

Mein Freund schilderte mir die Gestalt des Verwalters Duschan Mile-
nowitsch. Er war ein Mann in den Vierzigern. Seit Beginn des kommunistischen Sieges war er Herr über Leben und Tod dieser etwa viertausend
Häftlinge. Er steht sozusagen an der Spitze der quälenden Mißhandlungen. Für Kleinigkeiten straft er mit höchstem Maß, nicht um die Häftlinge zu verbessern, sondern um sie zu vernichten. Drei Monate ohne ein
Paket von Zuhause und ohne Recht auf monatlichen Besuch der Angehörigen waren Strafen, die er nur so aus dem Ärmel schüttelte. Eine ge-
wöhnliche Strafe war 14 Tage Aufenthalt im feuchten Keller mit der
Hälfte der gewöhnlichen Lebensmittelration. Dieser Kelleraufenthalt

war ein schwerer Schlag gegen die Gesundheit. Wenn der Verwalter einem Häftling eine sechsmonatige Bunkerstrafe verhängte, dann war das gegen jede Regel der Zuchthausvorschriften. ,,Ich werde ihn schon weich machen!'' pflegte er zynisch zu sagen, wenn er jemandem das Rückgrat brechen wollte.

Nach dem Verwalter hatte sein Stellvertreter Toroman Miroljub die zweitmächtigste Befugnis im Zuchthaus. Diesen blutigen Vorgesetzten eiferten verschiedene Helfershelfer wie Kecovitsch, Grbitsch und Peritsch nach. Die Greueltaten schrien zum Himmel. Die Kriminellen wurden aufgefordert, die Politischen zu beobachten und anzuzeigen. Nach einem Spionageerfolg wurden sie freigelassen.

Der freie Spaziergang nachmittags war für meine zerrütteten Nerven eine Wohltat. Der Gedankenaustausch mit Gleichgesinnten war eine seelische Erleichterung. Die Rückkehr jedoch in die Zelle mit den drei Männern, die sich sehr mißgünstig gegen mich verhielten, erweckte in mir schmerzliche Gedanken. Wieviel tausende solcher Tage, die immer einer dem anderen gleichen, werden mich so quälen? In diesem bitteren Gefühl, das mein Herz beklommenmachte, ergab ich mich dem Gebet. Damit ich jedoch unbeobachtet bliebe, zog ich liegend meine Decke über den Kopf.

Weihnachten 1948! Eisige Kälte ... quälender Hunger ... nicht hinreichende Bedeckung bei Tag und Nacht ... Ich fühlte mich völlig im Stich gelassen. Ein Freund aus Neusatz steckte mir bei der Rückkehr vom Spaziergang ein Stück Kuchen in die Tasche und lächelnd wünschte er mir ,,Frohe Weihnacht!'' — Im Innern ärgerte ich mich, von der Kost so abhängig geworden zu sein. Tag und Nacht hingen meine Gedanken am knurrenden Magen.

Nach einigen Tagen kam das erste Paket von meiner Schwester an. Eine Geborgenheit, ein Gefühl, nicht vergessen zu sein, kam in mir wieder auf. Auch an die Trauben hat meine Schwester gedacht. Daraus gibt es Wein. In einer Schachtel gab es Hostien, die unbemerkbar zu Tabletten geschnitten waren. Jetzt kann ich die hl. Messe feiern! So bin ich endlich doch zur Kraftquelle des Geistes gelangt. Ein neuer Hoffnungsstrahl ist in mir aufgetaucht. An einem der kommenden Tage, als alle zum Spaziergang gingen, blieb ich allein im Zimmer und feierte die hl. Messe. Wie in den Katakomben der ersten Christenverfolgung habe ich mich gefühlt. Diese Gnadenkraft hat mein Inneres völlig umgewandelt. Eine Freude hat mich überflutet. In den kommenden Tagen habe ich mich in meine Lage immer mehr eingelebt und mich mit meinem Schicksal versöhnt. Und in den kommenden Tagen fand ich auf dem Spaziergang auch immer mehr Freundschaft. Auch die Mithäftlinge erschienen mir nicht mehr so mürrisch wie zuvor. Unter den Katholiken forschte ich nach, welchen ich das Angebot machen könnte, die hl. Kommunion zu empfangen. Diese Vorbereitung brauchte einige Tage. Wie in der Katakombenzeit habe ich dann die geweihten Hostien in weißes Papier gewickelt und geheim in die Hand des Empfängers auf dem Spaziergang gedrückt. Es entstand eine Gruppe von Christen mit hellem Lichtstrahl in den Augen. Auch meine katholischen Mithäftlinge warfen nicht mehr solch mürrische und boshafte Blicke in die Umgebung wie zuvor. Man hat sich mit der Fügung Gottes in unserem harten Schicksal versöhnt. Obwohl auch mir im Traum immer wieder die Bilder eines freien Lebens erschienen, so kämpfte ich doch gegen diese ständige Sehnsucht, die Freiheit schnellstens zu gewinnen, an.

Durch die Eucharistie ist in mir die freudige Lebenskraft und der Eroberungswille eines Jüngers Christi aufgewacht. Ich freute mich jeden Nachmittag auf ein angesagtes Gespräch und zwar nicht nur mit den Katholiken, sondern auch mit der überwiegenden Mehrheit. Äußerlich erschien das wie ein unterhaltendes Plaudern, aber im Hintergrund ging es mir um das Forschen nach der inneren Haltung dieser hohen Offiziere, Staatsminister, Universitätsprofessoren und Parteipolitiker. Ein besonderes Problem war für mich Vlasta Lauschewitsch, ein serbischer Soldat, der bei seinen orthodoxen Priestern keine Antwort für seine Lebensprobleme erhielt. Die serbischen Popen waren erstrangige Parteipolitiker und die Religion und der geistige Beruf bloß eine Lebensquelle für den Alltag. Vlasta hatte die Hl. Schrift etliche Male durchgelesen und gründlich studiert. Er hat aus eigener Erfahrung die Unterhöhlung seiner Kirche von einer totalen Verweltlichung durchschaut und wollte in die katholische Kirche aufgenommen werden. Systematisch gab ich ihm Glaubensunterricht.

Stadt der Toten

An das Leben in der Einsamkeit zur Zeit der Untersuchungshaft hatte ich mich schon irgendwie gewöhnt. Das Leben in der Gemeinschaft mit anderen Sträflingen sollte an sich eine Erleichterung sein. Wenn man jedoch auf so einem engen Raum zusammenleben muß, dabei nichts, aber auch gar nichts vor dem anderen verbergen kann, nicht einmal die Notdurft, dann wird man sich gegenseitig zur Pein. Besonders noch, wenn nach vielen Jahren erschöpfenden Haftlebens, nach so vielen Entbehrungen und Hungersnot, die Nerven dauernd überstrapaziert werden, sind die geistigen Kräfte am Platzen. Eine Fassungslosigkeit, eine innere Empörung und Bitterkeit hat mich in der ganzen Dauer meines Gefängnislebens begleitet und nie habe ich es fertiggebracht, mich in mein so aussichtsloses Dasein fügen zu können.

Auf meinem zerrissenen Strohsack ohne Bettgestell und Leintuch habe ich mich bis über die Ohren zugedeckt, um womöglich niemanden zu hören und im Gebet das innerliche Gleichgewicht wieder zu gewinnen. — Bett, Stuhl, Tisch, Kleiderschrank, Bücherregal, Schreibpult: alles in einem war der Strohsack. — Die Flöhe benutzen ihn als gediegenes Wohnviertel. Sie verließen ihn nur zur Nahrungsaufnahme und den Sträfling nicht einmal dazu.

Die bissigen Anmerkungen meiner gar nicht freundlich gesinnten Umgebung versuchte ich mit Freundlichkeit und Spaß abzustumpfen. Nach einigen Tagen nahmen sie mich doch als verträglichen Leidensgenossen in ihre Gesprächsrunde auf. Ich mußte mich natürlich um des Friedens willen vor jedem umstrittenen Thema, sei es auf nationaler oder religiöser Ebene hüten. Auch beim freien Spaziergang mußte ich mich auf die giftigen Blicke der serbischen Politiker und Popen gefaßt machen.

Die politische Spannung zwischen den serbischen und kroatischen Politikern war seit der blutigen Abrechnung im Parlament und durch die Ermordung des König Alexander in Marseille in den darauf folgenden Kriegsjahren vielfach verschlimmert worden.

Aus dieser nationalen Gehässigkeit stammte auch die Abneigung der serbisch-orthodoxen Geistlichen. Meine Pläne, mit diesen serbischen Priestern ein ökumenisches Gespräch in voller Brüderlichkeit und Offenheit zu führen, waren verfrüht. In den Herzen glühte noch immer ein gehässiges Rachegefühl. Man muß die Heftigkeit des balkanischen Menschenschlages kennen, wenn man diesen feindseligen Zornausbrüchen ausgesetzt ist. Diese bösartige Haltung nannte man heroischen Patriotismus, was ich nicht verstehen, noch weniger gutheißen konnte. Die serbisch-nationale Haltung wurde von den Führungskräften in der Isolation im zweiten Stock des II. Baues geschürt. Wir auf dem ersten Stock waren ein Strafbataillon unter der Prüfung. Von oben, an einem Faden befestigt, kamen die Direktiven, wie der oppositionelle Trotz gegen Tito weitergeführt werden sollte. An demselben Faden gingen nachts die Informationen hinauf, da man dort keine Zeitung lesen durfte. Die Führungskräfte der serbischen und kroatischen Politik, die man verschwinden lassen wollte, waren hier in diesem Bau konzentriert und deswegen trug er mit Recht den Namen ,,Stadt der Toten''.

Den Fall von Rachomir Lajtmanovitsch ließ ich mir erzählen. In Wien absolvierte er die Akademie der Wirtschaftswissenschaft und war

Professor an der Handelsakademie in Belgrad. Er konnte sich vor der Aufgeblasenheit der Henkersknechte und Handlanger des Verwalters nicht zurückhalten. Er schleuderte ihnen die Wahrheit ins Gesicht. Darauf verprügelte man ihn und warf ihn in die Isolation in den zweiten Stock. Nach 19monatigem Aufenthalt in diesem Elend ist aus diesem Häftling kaum ein Schatten geworden. Im Winter mußte er ohne Bedeckung auf dem Beton schlafen. Von der dadurch zugezogenen Krankheit hat er sich nicht mehr erholt. Als der betagte Kumanndi, der gewesene Präsident des Parlaments in Belgrad, einmal morgens aufstand, stellte er fest, daß sein Zellengenosse schon steif und kalt war. Er hat den Besuch seines Sohnes, der unmittelbar aus dem Gefängnis in Nisch befreit wurde, nicht mehr erlebt.

Ein anderes Beispiel des unmittelbaren Zornausbruches eines Balkanmenschen geschah bei Leko Radimirovitsch, einem serbischen jungen Mann von 30 Jahren. Eines Tages sagte er vor allen Häftlingen zum Verwalter: ,,Wählen Sie noch heute die Telegraphenstange, an der Sie hängen werden, wenn sich das alles einmal ändert.'' — Der Verwalter bestrafte diese unbesonnene Frechheit sofort. Er winkte Grbitsch, seinem Gehilfen, in Aktion zu treten. Leko wurde gefesselt, mit den Stiefeln zertrampelt und geschlagen. Auf sein Stöhnen verfluchte man ihm die Mutter: ,,Wie konntest du nur die Säuberungswelle überleben, da wir doch alle solche liquidiert haben. Damals bist du davongekommen, jetzt aber nicht ... Ich zertrete dich wie eine Schlange ... hier wirst du deine Knochen lassen!'' — Zerbrochen, mit eigenem Blut übergossen, trug man ihn in seine Zelle in den zweiten Stock zurück. Er ist zwar am Leben geblieben, er ging jedoch wie ein Greis am Stock und zog seine Glieder nach. In derselben Zeit wurde auch seine Mutter mit 70 Jahren verhaftet und zu Geständnissen gezwungen, von denen sie keine Ahnung hatte. Nach unzähligen Peinigungen wurde sie entlassen. Seine Schwester wurde verurteilt und ins Zuchthaus nach Požarevac gebracht. Von dort brachte man sie mit vielen anderen Frauen nach Kroatien, um die Sümpfe am Fluß Lonja auszutrocknen. Hier haben unzählige Häftlinge ihr Leben lassen müssen. — Sein Vater ist während des Krieges von den Partisanen ermordet worden. So sind unzählige Familien von Serben und Kroaten im Kampf mit dem Kommunismus zerstört worden.

Verschiedenartige Auswirkungen hatte die Umschulungstendenz von Toroman, der rechten Hand des Verwalters. Nicht alle konnten die Pein bis ans Ende ertragen. Petar Simitsch war Oberst und Kommandant der Königsgarde. Wegen seines serbischen Patriotismus wurde er von Toromans Inquisition schwer gemartert. In der Einzelzelle des II. Baues lehnte er alle angeblichen Verbesserungsmaßnahmen ab. Als er am Ende seiner Nervenkraft war, ging er in den Tod. Morgens, am 18. Juli 1948, als er aus der Zelle geführt wurde, um den Kübel auszuschütten, stürzte er sich über das Gitter vom zweiten Stock kopfabwärts in die Tiefe und rief seinen Kameraden zu: ,,Brüder, verzeiht, daß ich euch verlassen muß. Ich kann nicht mehr." Er schlug mit seinem Schädel auf den Betonboden und war sofort tot. Alle Häftlinge mußten sofort in ihre Zellen zurück. Im ganzen Bau entstand eine Totenstille. Man hörte von Zeit zu Zeit nur die Fluchworte der Milizionäre. In den Zellen waren alle auf den Beinen zur letzten Ehrenerweisung. Man betete das ,,Vater unser" für die Ruhe seiner Seele. Alle fühlten sich mit dem Toten verbunden, der in einer geistigen Umnachtung ihre Reihen verließ.

Milovan Gjorjevitsch, Friseur aus Belgrad, ging lieber in den freiwilligen Tod, als seine Kameraden zu verraten. Als Friseur rasierte er die Häftlinge, die mit Isolation bestraft waren. Der Vizeverwalter Toroman und seine rechte Hand, Kommandeur Peritsch, wollten ihn unbedingt für ihre geheimen Dienste ausnützen und als Spion einsetzen. Tag für Tag wurde er von den Herren zur Umschulung gerufen und in alle Richtungen bearbeitet, mit verschiedensten Aufgaben beauftragt. Alle verräterischen Dienste hat er entschieden abgelehnt. Um sein Leben unter den weiteren Mißhandlungen nicht lassen zu müssen, erhängte er sich 1949 im Erdgeschoß des II. Baues.

Die Haltung des slowenischen Advokats, Dr. Starko Barté, ist mir wegen seines traurigen Gesichtsausdrucks während der Spaziergänge besonders aufgefallen. Ich versuchte, mich diesem Mann zu nähern. Es gelang mir aber nicht, mit ihm ein Gespräch anzuknüpfen. Im März 1950, während der morgigen Spaziergangszeit erhängte er sich in seiner Zelle. Als seine Zimmergenossen zurückkamen, hing er an seinem Gürtel hinter der Tür. Sein Körper war noch warm, aber jede Mühe, ihn ins Leben zurückzurufen, war vergebens. Dieser betagte Mann verließ seine alte Mutter, seine Frau und seinen Sohn im Zuchthaus zu Požarevac.

Radomir Atanasijevitsch, ein Opfer der geistigen Umnachtung, entschloß sich am 15. Juli 1950 das Leben zu nehmen. Unter physischen Druck hatte er zugesagt, sich der Partei zu unterwerfen. Er sah jetzt seine Feigheit ein. Aber zurück zur wahren Lebenshaltung getraute er sich nicht, weil er als Schwächling und Verräter von seinen früheren Freunden gebrandmarkt worden wäre.

Gojko Ristitsch kam vom zweiten Stock zur Gruppe auf den Ersten Stock. Dieser orthodoxe Priester sprang beim Morgenspaziergang plötzlich aus den schweigsamen Reihen und warf sich selbstmörderisch auf die spitzigen Fundamentsteine, nachdem er aus Leibeskräften geschrien hatte: „Die UDBA ist an allem schuld!" Der Schlag mit dem Kopf auf die Steine war so heftig, daß er blutüberströmt in Ohnmacht fiel. Im Lazarett hat der untersuchende Arzt eine Geistesstörung festgestellt.

Diese und ähnliche Fälle veranlaßten mich, bei meinen Leidensgenossen nach ihrem seelischen Zustand zu forschen. Allein durch eine tiefe Gottesgläubigkeit kann man ihnen Mut und Zuversicht vermitteln. So war der freie Spaziergang am Nachmittag immer zu kurz. Mit viel Einfühlungskraft versuchte ich, in die Weltanschauung der einzelnen Häftlinge einzudringen. Von so manchem hochgebildeten Universitätsprofessor bis zum einfachen Bauer versuchte ich, in unserer Gruppe Gedanken der christlichen Orientierung einzuflößen, um so manche verzweifelte Seele aufzurichten. Die Katholiken waren in übergroßer Minderheit. Für sie und für mich war die Eucharistie eine Kraftquelle im täglichen Kreuztragen.

Leontija Moratscha, ein junger gebildeter Mönch, stammte aus einer angesehenen serbischen Familie in Mostar (Herzegowina). Er wurde verhaftet, da er als Geistlicher mit dem Kommunismus nicht mitmachen konnte. Er wurde dauernd mißhandelt, weil er den Untersuchungsrichtern keine Antwort schuldig blieb. Es wurde berichtet, daß man ihm als letzte Strafe die Füße an den Fußboden angenagelt habe. Er blieb trotzdem seinen Gedanken treu. Er hat sich in den Schmerzen tapfer gehalten und zeigte kein Zeichen der Nachgiebigkeit. Die Fußwunden von Leontija sind zwar geheilt, er konnte sich jedoch nur mit Schmerzen bewegen. Beim Gehen wankte er hin und her.

Die orthodoxen Priester im Bau·II hatten beim Abbruch der beiden Zuchthauskirchen eine Priesterstola gerettet, womit sie geheim ihren Gottesdienst feierten. Die katholischen Priester verlangten diesen sakralen Gegenstand, damit auch sie damit ihre Gebete verrichten könnten. Leontija war der heftigste Gegner und lehnte es ab, den Katholiken dadurch eine brüderliche Sympathie zu zeigen. So mangelhaft war damals noch die ökumenische Gesinnung. Leontija starb bald darauf durch eine tuberkulöse Erkrankung.

Im Lauf der Jahre hat man das deutsche Offizierslager in Werschetz aufzulösen begonnen. Durch ein Scheinurteil wurden Hunderte von Offizieren und Generälen verurteilt und nach Mitrovitza gebracht. Eine Anzahl von ihnen wurde zum Tode verurteilt und sie erwarteten die Hinrichtung. Der Anblick solcher Gesichter war erschütternd. Zum Skelett ausgehungert schienen sie wandelnde Leichen zu sein. Die erste große Gruppe von Offizieren, die nach der Verurteilung nach Mitrovitza kam, waren Österreicher. Warum diese Gruppe nachts hinter den

Schweineställen ins Massengrab fiel, ist ein Geheimnis der Nachkriegs-
geschichte.

Hunger und Fron

In der pannonischen Ebene kann es bitter kalt werden. In allen Häft-
lingszellen war deshalb noch zu Zeiten Kaiser Franz Josefs die Zentral-
heizung eingeführt worden. Die Schneestürme tobten bissig von den
Karpaten herab. Das Glas der kleinen Fensterscheibe war mit dicker Eisschicht bedeckt. Der Atemhauch war den ganzen Tag vor dem Gesicht
zu sehen. Das Thermometer fiel bis 15° C unter Null. Die Heizkörper
hat man zwar probiert, ob sie funktionieren, aber die Wärme war nur
für die Stuben der Bediensteten bestimmt. Die Kälte schnitt uns unbarmherzig in die Glieder. Tag und Nacht zitterte ich unter meiner
schwachen Bedeckung. Von den damals zugezogenen Leiden in den Beinen und am ganzen Körper werde ich mich mein Leben lang nicht mehr
erholen. Wie ein bösartiges Gespenst schwebte die Kälte über dem ganzen Dasein der Häftlinge. Dagegen gab es keine Abwehr. Das Gesicht
und die Hände wurden dunkelblau und schwollen an. Das Blut hatte
keine Wärmekraft. In diesen Monaten haben sich die Todesfälle mehr
als verdoppelt. Bei vielen zeigte sich eine graue, gelbdunkle Gesichtsfar-
be. Sie waren vom Tod gezeichnet. In diesen Tagen erreichte mich neben
dem Lebensmittelpaket auch eine Sendung mit einer warmen Bettdecke.
Wie war ich meiner Schwester dankbar! Somit war ich aus der größten
Not befreit. Der Besuch meiner Schwester, war für mich eine Wohltat,
die mich aufrichtete. Die deutsche Sprache war damals so verpönt, daß
sie ungarisch über die Köpfe der aufsehenden Polizisten zu mir reden
mußte, da sie serbisch nicht sprach. Es war mir bewußt, daß meine
Schwester in ihrer Armut sich die mitgebrachten Nahrungsmittel vom
eigenen Mund absparen mußte. In Titos Kasematten gab es keine Lebensexistenz ohne das monatliche Lebensmittelpaket von 5 kg. Trotzdem litt man jeden Tag Hunger, wenn man das Erhaltene auf 30 Tage
einteilen mußte. Systematisch wurde die Hungerschraube angelegt und
nicht wenige brachen vor Erschöpfung zusammen. Sogar kräftige Männer unterlagen der Last, da sie in bitterster Hungersnot schwerste Arbeiten verrichten mußten. Morgens bekam man einen Schöpflöffel lauwar-
men schwarzen Wassers, das nicht nach Kaffee, sondern nach Gerste
roch. Zu Mittag und Abend bekam man wieder einen Löffel Flüssigkeit,
die auf Bohnen oder Kartoffel hinwies. Wenn man zufällig ein Stückchen von der Kartoffel erwischte, so war es schimmlig und sauer, da sie
feucht gelagert oder von Würmern angefressen waren. Im Herbst be-

gann die Krautperiode, wo Monate nur Krautsuppe gekocht wurde. Im
Frühjahr gab es Spinat, der aber so bitter war, daß man ihn wegschütten
mußte. Meine Leidensgenossen blieben lieber hungrig als so etwas zu
sich zu nehmen. Auch anderes Gemüse, so zum Beispiel Tomaten, wurden angeboten. Es war eine Ware, die man auf dem Markt wegen der
Fäulnis nicht loswerden konnte. Für die hungrigen Sklaven im Zuchthaus war sie gut genug.

In den späteren Jahren wurde das halbgebackene Maisbrot mit einer
anderen Mischung durchsetzt, wo auch etwas Weizenmehl eingemengt
war. Der Schimmelstich vom verdorbenen Mehl machte dieses Brot un-
genießbar und schadete den Verdauungsorganen. — In den Fünfziger
Jahren war es Vorschrift, dreimal in der Woche Fleisch zu verabreichen.
Aber auch hier stand ein Schwindel und ein Mißbrauch dahinter. Wenn
man frisches Fleisch kochte, was eigentlich selten war, dann waren es
Köpfe, Füße, Ohren, Schwänze und Eingeweide. Man hatte seltenes
Glück, wenn so ein Stück in den eigenen Portionsteller fiel. Meistens jedoch roch das Kraut nach Fleisch und das nannte man Fleischtag. Für
die Offiziere und Beamten mit ihren Familien wurde weißes Brot ge-
backen, das sie sich auf Kosten der Häftlingskost ergattert haben. Nicht
selten war das Fleisch so verdorben und voll Würmer, daß man den
Fäulnisgestank nicht ertragen konnte. Das Zuchthaus hatte riesige Vieh-
und Schweineherden, auch eine Geflügelzucht. Die Häftlinge haben sich
in den Stallungen und Gärten der Bonzen in harter Arbeit erschöpft.
Das Produkt war jedoch für die Herren in der Verwaltung und den Rest
hat man auf dem Markt verkauft. Für die Sklaven blieb nur der Abfall
übrig.

Es war Mitte Januar 1950. Gegen Abend erschien der Kommandeur
des Baues II mit einem Begleiter. Wir sprangen auf das Kommando
,,Mirno" von unseren Strohsäcken auf. Der Hauschef schaute sich die
Gesichter an und wollte schon zurückgehen, aber dann besann er sich:
,,Ach, den Popen, den schreibe auf. Der soll zeigen, was er kann!" Sie
gingen. In der Luft schwebte die Frage: Was wird morgen aus mir werden? — Kann ich überhaupt noch etwas leisten nach jahrelangem Her-
umlungern auf Gefängnisböden, nach diesem letzten Winter des Frie-
rens und Hungerns?

Am frühen Morgen wurden fünfzig Mann aus den Zellen unseres
Glashauses geholt. Wir marschierten in Doppelreihen, Hände wieder
schön auf dem Rücken gefaltet, durch den ganzen, großen Gefängnis-
komplex. Es war sonst kaum jemand unterwegs. Aus den Werkstätten
drang das leise Summen der Arbeit. Hunderte bärtiger Männer verga-
ßen da den Schiffbruch des Lebens, verdienten sich eine Suppe und

ein Stück Brot. Es ging zu einem rückwärtigen Tor hinaus. Ein Aufseherposten zählte langsam und feierlich, damit keiner zuviel in den Genuß der Arbeit käme. Es war ein nebeliger, kalter Tag. Man stolperte über den gefrorenen Lehm einer stillgelegten Ziegelei. Einem Riesenschlot der Backsteinfabrik sahen wir uns gegenüber. Unter dem niedrigen Dach der Ofenöffnung sahen wir uns den neugierigen Gesichtern der Sträflinge gegenüber. Jedes Wort, jede Begrüßung war verboten. Unsere Gemeinschaft ist ein Strafbataillon, die keine Verbindung mit den anderen Sträflingen aufnehmen darf. Meine Kameraden stürzen sich auf das Werkzeug in einem baufälligen Lagerraum. Bis ich mich zurechtgefunden hatte, war alles brauchbare Werkzeug vergriffen. Also langte ich nach dem nächstbesten Monstrum von Karre. Wenn ich Erfahrung gehabt hätte, wäre ich vorsichtiger gewesen, denn in solchem Griff liegt bereits Wohl und Wehe eines ganzen Arbeitstages beschlossen. Karre ist nicht gleich Karre. Und Schaufel nicht gleich Schaufel. Nun, ich hatte jetzt beides und zog damit los. Das Rad krächzte und schrie nach Schmieröl. Der Kasten lag schief und neigte auf eine Seite. Unterdessen war unsere Strafgruppe auf der Sole einer riesigen Lehmgrube gelandet. Ziemlich ratlos drängten wir Neulinge uns aneinander und suchten der Situation Verständnis abzugewinnen. Ich habe mich der Gruppe meiner priesterlichen Mitbrüder zugesellt. Auch sie waren unbewandert und fragten, was eigentlich zu tun wäre. Andere, die solche Srafexpeditionen schon mitgemacht haben, waren eifrig dabei, ihre Karre zu beladen und fuhren eilend weg. Staunend sah ich ihrer Hastigkeit zu. Sie waren in das Geheimnis der Normarbeit eingeweiht.

Der Jahresplan der Ziegelei sollte im kommenden Sommer verdoppelt werden, da eine neue Siedlung für die Zuchthausbeamten geplant war. Ein ganz langer Sommer und Herbst standen uns ausgesuchten Sträflingen auf diesem Tummelplatz bevor, und die schier endlose Ebene Syrmiens, mit so viel vergossenem Blut der ersten Christen, sollte auch für uns ein Leidensdrama ungeahnter Schmerzen werden.

Die Schaufel war stumpf, die Erdscholle hart gefroren. Auch mit dem Spaten habe ich nichts erreicht. Das krumme Blech wollte einfach nicht in die harte Erde dringen. Da zischt einer der blauen, schießeisenbewaffneten Aufpasser vom fünf Meter höheren Rand der Lehmgrube unsere schüchterne Gruppe an. Und wir hörten zum ersten Mal zu unserem nicht geringen Schrecken das aller volksdemokratischen Arbeit vorangestellte Wörtchen „Norma". Fünfzig volle Karren, etwa 200 m weit, etwa 8 m hoch: das war die Tagesaufgabe.

Einer sollte schippen, zwei fahren, einer hacken. Franjo brauste mit seiner Karre davon. Als er zurückkam, behauptete er, niemals 50 Karren schaffen zu können, und wenn er bis Mitternacht hier bleiben müsse. Darauf versuchte es Stanko. Schon nach 30 Metern war er der gleichen Ansicht. Die Steigung machte ihn vollends fertig, und das Kippen seines abscheulichen Fuhrwerks gelang nur mit letzter Kraft und weil ein hünenhafter Serbe beisprang. Als sie meine wackelige, total ausgehungerte Existenz sahen, beschloß meine Gruppe, jeder solle für sich, auf eigene Faust arbeiten. Jeder soll sein Schicksal wagen. Daß die Grenzen meiner körperlichen Leistungsfähigkeit so eng geworden waren, hätte ich nicht geglaubt. Wackelig begab ich mich auf den Sysiphusweg. Natürlich wurde die Arbeit genau registriert. Auf halbem Weg war eine Kontrollstelle, wo man im Vorbeifahren seine Nummer rufen mußte und alsdann auf einer allen sichtbaren Tabellentafel einen Kreidestrich bekam. Als der Milizler mich daherwackeln sah, näherte er sich mir und schrie: ,,Zu wenig! Nicht vollbeladen! Keinen Strich!'' Die halbe Karre habe ich kaum gepackt. Nach dieser ersten Fahrt sah ich schwarz für die Zukunft. In den Fingern und in den Armen hatte ich eben keine Kraft. ,,Was ist, wenn ich die Norm nicht erfülle?'' erkundigte ich mich. — ,,Sie sagen, jeder müsse solange hierbleiben, bis er 50 Karren nach oben gebracht habe'', war die Antwort.

Unsere Kameraden, durchwegs ausgesuchte junge Kerle, taten so, als ob es ihnen gar nichts ausmachte. In endloser Kette wanderten sie, ihre Karren drückten sie spielend vor sich auf der Einbahnstraße zur Kippe. Im Laufschritt zogen sie zur Neubeladung zurück. Schon hatten die meisten über 10 Striche, während meine Mitbrüder und meine deutschen Freunde erst unseren dritten Versuch starteten. Wir mußten öfters absetzten und ernteten natürlich Schimpfworte. Nach eineinhalb Jahren Hungerleben war ich total erschöpft. Ich zitterte vor Schwäche noch unter dem leeren Karren. Die Spitzenreiter hatten die Dreißiger erreicht! Vor jedem Schollen blieb ich stehen. Der eisige Wind blies mir ins Gesicht. Meine Schuhe rutschten auf dem gefrorenen Boden aus. Der Milizler, in einen schweren Pelzmantel gehüllt, daß man nur seine Nase und seine Augen sah, kam mir entgegen. Er schrie mich an: ,,Dein Karren ist nicht voll! Du bekommst kein Zeichen!'' Mir war alles egal. Ich fürchtete abzurutschen und in die Tiefe zu fallen. Ein Zigeunerbub eilte mir barfuß entgegen und schrie: ,,Eile dich, du wirst nicht fertig!'' Er war auf Außenkommando und wollte davonlaufen. Er wurde jedoch erwischt und büßte jetzt seine Strafe ab.

,,Semlja!'' (Erde) schrie eine Stimme von oben. Jetzt hatten sie mich am Wickel. Mein Zustand war erbärmlich. Sie haßten mich aus anderen Gründen. Sie machten sich gegenseitig auf mich aufmerksam, wie ich mich erfolglos abmühe ... ,,Heide pop, heide pop, guraj, guraj!'' brüllte es aus allen Richtungen. Meine Mitgefangenen waren die lautesten. Die Wärter grinsten. Ich brach zusammen und lag hilflos neben meinem Karren. Ein Offizier der Wache erschien und ließ mich abführen. Niemand kümmerte sich mehr um mich. Ein Opfer war gefunden und damit war der Fall erledigt. Niemand blieb länger als bis 4 Uhr, ob die Norm erfüllt war oder nicht. Der Kommandeur empfing mich in meinem Bau ohne ein Wort und ließ mich in meine Zelle. Ich meldete mich krank. Vom Arzt habe ich zwei Tage Verschonung bekommen.

Als genug Lehm gestochen war, holte man die Strafgruppe zu anderer Arbeit. Man wollte uns nicht mehr untätig in der Zelle sitzen lassen. Da ging ein Anschlußgleis vom Bahnhof Mitrovitza direkt in die Anstalt. Es war genau 1 km lang und so schlecht, daß nicht die kleinste Lok hätte drüberhin fahren können. Brauchte man auch nicht. Dafür gab es Menschen. So wurden jahraus, jahrein die leeren Waggons im Mannschaftszug geholt und, wenn sie mit den Erzeugnissen der Ziegelei, Tischlerei oder Seilerei beladen waren, im Mannschaftszug zurückgebracht. Manchmal gab es auch Rohmaterial, Kohle z.B. oder Holz oder Hanf auf umgekehrtem Weg zu befördern.

Die Schienen bogen sich unter jeder Achse, weil die Schwellen verfault waren, und am Stoß mußten die Räder von einer Schiene auf die andere klettern, gewissermaßen treppensteigen. Am Überweg war die Spurkranzrille voll gestampfter Erde, so daß die braven Waggons eine kurze Landpartie zu bewältigen hatten.

Das war im Frühjahr 1949. Und es war ein ganzes Jahr später noch genau so, und immer noch stemmten sich die Graukittel mit aller Kraft gegen die Spanten und Puffer.

Berittene Milizionäre pflegten den Treck zu begleiten. Von Zeit zu Zeit schrien sie „guraj, guraj — schiebt, schiebt", und fuchtelten mit der Flinte.

Die Wachmannschaft umgab uns in Form einer Kette und bewachte uns mit gelangweilter Miene. Vor uns breitete sich die syrmische Ebene aus. Die Frühlingssonne spendete ihre ersten warmen Strahlen, was für abgewelkte Geschöpfe wie uns eine Wohltat bedeutete. Mein Mitbruder Franjo, der sich mit voller Kraft und Gewissenhaftigkeit gegen den steckengebliebenen Waggon gestemmt und Schweißtropfen von der Anstrengung an der Stirn hatte, zog seinen Kittel aus. Schon wurde er vom Wachtposten geschnappt und als Flüchtling verdächtigt. Er wurde von uns allen getrennt und in die Strafzelle geworfen. „Da haben wir die richtigen Kapitalisten! Sie sollen mal das Brot des Arbeiters verkosten! Es ist jetzt ein für allemal aus mit der Ausbeuterei und weg ist das gute Leben auf Kosten der Armen!" Mit solchen Reden wurden wir die ganze Zeit von unserem Begleitpersonal berieselt. Sie waren besonders vergnügt, sich über eine Priestergruppe lustig machen zu können.

In der Ziegelfabrik

„Ti, ti, ti", rief der Herr Subdirektor in die Beschaulichkeit einer jeden Viererzelle, wobei er hier den Thomas, dort den Hans und wieder in einem anderen Verließ den Jupp meinte. Es gab ein großes Bündelschnüren im Haus II.

Das neue Heim lag außerhalb des eigentlichen Anstaltsbereiches und hatte seine eigene, 4 m hohe Umfassungsmauer. Mann für Mann wurden sie hineingezählt. Kaum waren wir im Hof, als sich ein Dutzend uniformierter Burschen auf uns stürzte, um das Gepäck zu kontrollieren. Der Eindruck verflüchtigte sich, daß es ein Vorzug war, in den Arbeitsprozeß eingegliedert zu werden.

Ein hoher Haufen ‚Überflüssiges' zierte die Walstatt, als die ‚Entrümpelten' in ihr Quartier gebracht wurden. Ein länglicher Raum mit acht Oberlichtfenstern auf der einen Seite tat sich auf. In den beiden Flanken eines ansehnlichen Mittelganges lag je eine durchlaufende Matratze aus nebeneinandergeschichteten Strohsäcken. Kein Bettgestell, nichts, was so etwas wie einen Lebensraum symbolisiert hätte. Ich zwängte mich zwischen die zwei nächstbesten Priester-Kollegen, die schon emsig ihre Decken ausbreiteten.

Nebenan war ein kleiner Waschraum und ein Abtritt. Dieser hatte nur zwei Löcher und jener nur einen intakten Wasserhahn. 50 Männer stürzten sich drauf. Und anderntags gings an die Arbeit.

Irgendwo im weitläufigen Gelände der Ziegelei stand ein unscheinbares Häuschen, nur ebenerdig gemauert, darüber ein Holzverschlag. Mitten im Aufgestockten gähnte ein breites Tor, zu dem eine steile, brückenähnliche Auffahrt führte.

Das Stampfen eines Schwerölmotors drang aus dem Inneren, begleitet von dem leisen Summen eines Dynamos und etlicher Treibriemen. Also ein Maschinenhaus.

„Tuff, tuff, tuff", dröhnte die Maschine und „Semlja" brüllte ein Blauer zum Scheunenfenster des Obergeschosses heraus.

„Tuff, tuff, tuff", dröhnte dauernd die Maschine und „Voda" schrie ein hemdärmeliger Sträfling unter dem Tor.

Erde und Wasser war das Futter, daß die Maschine in beängstigender Gefräßigkeit verschlang, patschnassen Lehm also, der droben im Stadel

Jährlich wallfahrten tausende Heimatvertriebene aus Canada und den Vereinigten Staaten zum Marienheiligtum Mary Lake. Sie danken für die Rettung aus
den Vernichtungslagern.

Der Gottesdienst ist im Freien, da das Marienheiligtum die Pilger nicht fassen
kann.

In Dankbarkeit für die Befreiung aus dem Rachen des roten Drachen er-
bauten die Donauschwaben in Parana neben den fünf Dorfkirchen noch
eine Wallfahrtskirche inmitten der fünf Dörfer zur Ehre der himmlischen
Mutter, Zuflucht der Betrübten, wohin sie jährlich wallfahrten, in Dankbarkeit für die Befreiung.

Das Volk fällt vor dem Bild Mariens auf die Knie, sich der Befreiung vor
der Vernichtung erinnernd.

in eine trichterförmige Bodenöffnung gestürzt werden mußte, um unten als vierkantige Wurst wieder zum Vorschein zu kommen.

Soweit war alles Sache der Maschine: Mischen, Kneten, Pressen, Formen. Zwei Motoren hielten sie auf Touren und die Tourenzahl entsprach einer bestimmten Zahl scharfkantig abgeschnittener Lehmklumpen. Damit war die Tagesnorm und das Arbeitstempo mehrerer hundert Menschen festgelegt.

Wenn die Maschine einmal aussetzen wird, weil kein Strom da ist, oder wenn sie einmal langsamer laufen wird, weil einer der Riemen durchrutscht, wird geflickt und geölt werden mit aller Zärtlichkeit, die einem so wichtigen und mächtigen Gesellen zusteht. Wenn die Menschen nicht so rasch Erde und Wasser herbeischaffen können, wird man sie als Saboteure bezeichnen.

Die Maschine hatte alle in der Hand, die da um sie herumwimmelten. Sogar den Herrn Gefängnisdirektor hatte sie in der Hand. Denn der mußte ja sein Plansoll von 6 Millionen Ziegelsteinen erfüllen.

,,Semlja‘‘, schrie die Maschine.

,,Semlja‘‘, schrie der Aufseher, die Hände in den Hosentaschen.

Der meisten Einheimischen bemächtigte sich eine für sie typische Nervosität. Argwöhnisch und gehässig machte sie gegenüber den Arbeitskameraden. Bummelt er nicht etwa auf Kosten der Allgemeinheit? Könnte er nicht schneller oben, schneller wieder zurück sein? Könnte er seine Schubkarren nicht voller beladen?

,,Voda‘‘, kommandierte die Maschine.

,,Voda‘‘, brüllte der Antreiber.

,,Wasser, Wasser, der Brei ist zu zäh‘‘, schrie die Maschine, ,,ich kann ihn nicht mehr hinunterwürgen!‘‘

,,Brrrsché!‘‘ peitschte die heisere Stimme des Kommandeuers auf die 50 halbnackten Rücken, die mit Spaten und Schaufel im gelben Boden wühlten, ihre Karren beluden und hochdrückten zur Tenne, wo der gierige Trichter stand.

Slavko war beim Wasserkommando. Slavko schleppte Wasser aus einer Zisterne bis zu einer kleinen, fahrbaren Feuerspritze. Zwei katholische Priester pumpten ohne Pause und der ehemalige Direktor der Batawerke zu Vukovar zog mit der Brause in der Hand von Arbeitsplatz zu Arbeitsplatz, um den stäubenden Lehm zu befeuchten.

Natürlich wurde dadurch die Fracht um vieles schwerer, saurer die Fahrt mit ihr in den Oberstock. Weshalb man sie nicht oben erst besprengte, blieb unerfindlich.

Aber was lag schon am Menschen, wenn die Maschine nicht überlastet werden durfte! Man hatte nur eine einzige Maschine, aber Menschen genug. Brach einer in die Knie, holte man einen neuen aus dem Vorrat des Hauses II, wo viele darauf warteten, eine dicke Maissuppe verdienen zu dürfen.

,,Brrrsché!"

,,Schnell!" Es ist das perfideste Antreibewort, das es in irgendeiner Sprache gibt. Man kann es eigentlich nur zischen, durch zornig zusammengebissene Zähne fauchen. Man kann es niemals freundlich aufmunternd, stets nur drohend, beschimpfend, mißhandelnd gebrauchen.

Und sie gebrauchten es oft, alle die müßig herumstehenden großen und kleinen Kommandeure und besonders heute, wo sie eine Auswahlmannschaft Schwerverbrecher vor der Flinte hatten, die ,,Politischen aus Haus II".

Man brachte die Mittagsuppe und das Brot ins Gelände. Ohne Pause lief die Maschine weiter, forderte Erde, Wasser und wieder Erde. Schaufelnd und essend, Karren schiebend und kauend versuchten ihre Knechte, das Tempo zu halten. Es drückten die Schuhe. Was für Schuhe! Es waren absatzlose, formlose Gummisandalen, die den Arbeitern zugeteilt worden waren. Bei anschwellenden Füßen erwiesen sie sich als viel zu eng. Die harten Kanten rissen Löcher dicht unterhalb der Knöchel. Einer lief ein paar Runden barfuß und ertrug auch dies nicht, da die Fahrbahn mit Koksschlacke bestreut war.

Acht Stunden waren vergangen, vierzehn Stunden hatte der Arbeitstag. Die Sonne stand im Zenit. Von jetzt ab würden die Schatten länger werden. Aus einer Gießkanne löschte man den Durst.

Die Maschine stampfte und surrte. Erwin stand dicht vor ihren Schneidezähnen und hatte eine Art Teewagen mit drei Etagen neben einem grobkalibrigen, dreiviertelnackten Serben. Der knallte ihm Schlag auf Schlag immer drei Kuchen auf sein Wägelchen. Wenn das unterste Brett voll war, auf das mittlere, schließlich auf das oberste. In Sekundenschnelle ging das vor sich. Erwin mußte die neuen Bretter zuschieben, denn unablässig quoll aus der Presse neues Material. Die Maschine diktierte das Tempo.

Der Teewagen war voll. Ein blasser Graukittel sprang zu, faßte vorne an, Erwin hinten. Zusammen rissen sie das hochlastige Gefährt auf stählerner Platte herum, damit der Nachfolger Platz bekam. Wumm, klatschte der nächste Ziegeldrilling nun auf sein Brett, indessen Erwin und sein Kumpel ihren Rollwagen in die Gleiszunge steuerten und eilig davon schoben.

Es ging zum Trockenplatz. Der heutige war dreihundert Meter weit weg. Da half nur Trab. Acht Wägelchen befanden sich im Einsatz, und ehe das achte beladen, mußte man mit der gesäuberten und sandbestreu ten eigenen Kutsche wieder vor der Maschine stehen. Die Maschine kannte keine Rücksicht, schleuderte ihre Produktion in den Dreck, wenn sie niemand auffing.

Erwin keuchte. Über Weichen und Drehscheiben ging die Fahrt, die so alt und gebrechlich waren, daß sie nur mit Köpfchen passiert werden konnten. Sein Beifahrer wußte Bescheid. Immer an den richtigen Stellen beschleunigte oder stoppte er die Fahrt, da jedes Hindernis anders genommen werden mußte. Umwerfen war Sabotage.

Lauerte nicht irgendein Blauer hinter dem nächsten Steinhaufen? Ach natürlich: „Herr Peritsch!" Wohl aus Tarnungsgründen trug er Zivil mit einer Schirmmütze. Als weltanschauliches Vereinsabzeichen leuchtete sein Schillerkragen aus dem Schatten eines Ziegelstapels.

Rasch vorbei an dem Spitzel! Unermüdlich war er auf der Suche, irgendeinen Übeltäter zu ertappen. Selten hatte er Glück, denn ein warnendes Stichwort überholte seinen schleichenden Schritt. Wir werden's den Kameraden am Bankett erzählen, daß er kommt, nahm sich Erwin vor. Wie unsympathisch der Bursche aussieht, war der nächste Gedanke, während der Körper sich mit ganzem Gewicht gegen das auf einer liederlichen Drehscheibe steckengebliebene Fahrzeug stemmte.

Oder hatte man ihm nicht erzählt, daß der Schurke neulich 14 Leute seines eigenen Geblüts, die rechtmäßig abgelöst waren und sich gemütlich gelagert hatten, schlankweg für 14 Tage in den Bunker schickte? Seither war alles auf der Flucht, auch während des Verschnaufens.

Die zwei erreichten den Trockenplatz. Der Vorgänger war noch nicht ganz entladen. Eilige Hände griffen in seine feuchtklebrige Fracht und schleppten sie 20 Meter seitwärts des Gleises, Männer, die das besorgten hießen ‚Bankettari' und hatten nichts zu lachen. Wagen für Wagen schickte ihnen die Maschine, keinen durften sie warten lassen, wenn nicht die gesamte Zirkulation in Unordnung kommen sollte.

Unter ihnen Thomas, schon ganz gelb im Gesicht und wackelig auf den Beinen.

Erwins Kumpel zog die Karre ein paar Schritte vor. „Koliko?" fragten ihn seine Landsleute vom Bankett. Die wievielte Runde, wollten sie wissen „Ossamnaist!" war die kurze Antwort (die achtzehnte!). Es war eine gute Nachricht. Sie bedeutete nur noch 40 Minuten Schufterei, wenn die Maschine so weiterlief. Die Maschine war der Zeit übergeordnet. Sie diktierte, wieviel Uhr es war.

„Tuff, tuff, tuff", sagte der Motor. Dann schwieg er beleidigt. Ein Draht des Schneideapparats war gerissen. 300 Menschlein legten für einige Minuten die Hände in den Schoß. Es war wie in Dornröschens Schloß, als die böse Nadel zustach. Drüben in der Lehmgrube fielen die ersten Spaten zu Boden und hörten die Schubkarren auf zu kreischen. Die Wasserspritze gab keinen Strahl mehr von sich, die Teewägelchen reihten sich zärtlich aneinander, leer vor der lärmlosen Ladestelle, die Bankettari fielen in den Schatten ihrer selbstgebauten Spielzeugstadt und die Milizionäre steckten sich eine Zigarette an, weil sie nun eine Weile nicht mehr ‚heide' und ‚brrrsché' zu brüllen brauchten.

Erwin saß auf seiner Bank und träumte ein wenig. Von hier aus sah man in die Ferne. Durch keine Mauer begrenzt liefen Blick und Wünsche über unendliche Maisfelder hinweg zu Fruśka Gora, jenem kleinen Gebirge, hinter dessen Rücken die Donau fließt. Es gab also immer noch jene unwahrscheinlich schöne Welt, voller Werden und Vergehen nach der stillen Norm des Himmels, die dem hektischen Geschrei der nächsten Umgebung Hohn zusprach.

Da war es schon wieder!

,,Heide wagontschitsch!'' Der Draht war durch einen Neuen ersetzt. ‚Tuff, tuff, tuff,' machte der Motor. Ihre Majestät, die Maschine fraß wieder Erde, schluckte wieder Wasser, spie wieder Ziegelsteine. ,,Gurei, gurai'', brüllten die Blauen in die Schar der Schubkarrenkulis; Hacken klirrten, Schaufeln scharrten und die Räder der Teewägelchen humpelten wieder über die verdreckten Geleise. — ,,Tempo, Tempo!''

Den Rythmus bestimmte die Maschine. Runde um Runde wurde gezählt. Es war nur ein Rechenexempel aus Umdrehungszahl einer Kurbelwelle und der Größe eines Ziegelsteins, eine Rentabilitätserwägung aus Ölverbrauch und Kubikmeterpreis versandfertigen Baumaterials. Was nicht zählte, war das Mark der Männer. Diese hatten sich der maschinellen Leistung eben anzupassen. Dafür erhielten sie 600 g Brot und zweimal dicke Suppe. Und etwas Zucker in den Tee, nicht zu vergessen. Dafür zahlte man ihnen 8 Dinare täglich, wie man hörte, anzulegen in Zwiebel, Tomaten, Salat und Rauchwaren aus der Kantine. Wenn die Milch der Anstaltskühe zufällig sauer geworden sein wird, werden sie sich auch Quarkkäse kaufen dürfen, um 140 Dinar das Kilo. Wer damit nicht auskam, konnte sich ja Zusätzliches schicken lassen. Na also!

Endlich erlosch das ‚Tuff, tuff, tuff'. Feierabend! Schon etwas rötlich stand die Sonne genau im Westen über dem großen Trockenstadel. Waschen.

300 Männer voll Schweiß und Lehm, voll Staub und Öl. Aber auf jeder Stube nur 1 Wasserhahn zu Repräsentationszwecken!

Also stürzte sich alles Volk noch vor dem Einrücken auf die zwei Zapfstellen im Gelände. Man sah, daß etliche sich Eimer zu besorgen verstanden hatten, sogar Warmwasser aus dem Maschinenhaus. Sie versteckten die Dinger hinterher sorgfältig, wer weiß wo.

Die meisten hingen wie eine Traube Wespen an einer faulen Pflaume um den Pumpbrunnen. Die Einheimischen bewiesen ein bewundernswertes Geschick, bei diesem Geschäft tatsächlich sauber zu werden. Sie pumpten sich wechselseitig den dicken Strahl auf die mehr oder minder feisten Rücken.

Ziemlich unglücklich standen wir im Morast. Wenn einer den linken Fuß gesäubert hatte, mußte er ihn in die gleiche Pfütze stellen, aus der er gekommen, um den rechten zu entflecken. Wir würden auch dies noch lernen.

Hauptsache, die Maschine stand still.

Und sie stand wirklich still. Matt wie herbstliche Fliegen stellten sich die Graukittel zur Zählung, fast jeder ein Stück Brot in der Hand, das er zum Abendbrot verzehren wollte.

Morgen früh um 3 würde die Maschine sie wieder rufen, wußten sie.

,,Jedan, dwa, tri ..." Es fehlte keiner, nachdem als letzter sich der Maschinenmeister in die Reihe gestellt hatte.

* * *

Jahre der Not

Gefahren der Seele

Im Spätherbst wurde die Arbeit an der Ziegelei wegen Unwetters und Kälte eingestellt. Unser Strafbataillon wurde aufgelöst. Die Seilerei hatte Hochbetrieb und benötigte Arbeitskräfte. So wurde ich im Winter 1949/50 zum Hilfsarbeiter in diese staubige, gesundheitsschädliche Seilereiwerkstatt eingewiesen. Auch hier galt es, gleichgesinnte Freunde zu gewinnen, um so in gegenseitiger Hilfe das harte Leben brüderlich zu gestalten. Die maßgeblichen Meister waren christlich gesinnte Männer, seien es Serben oder Kroaten. So entstand eine gegenseitige Zusammenarbeit, die allen wohltat. Im Gegensatz zu den politischen Führungskräften im II. Bau bestand unter der Arbeiterschaft im I. Bau eine versöhnliche Stimmung, obwohl sie aus verschiedenen Richtungen politischer Tätigkeit stammten. Es bestand jedoch immer ein furchtbarer Haß zwischen den Serben und Albanern. Im Gegenteil dazu vertrugen sich die Skipetaren mit den Kroaten und Deutschen sehr gut.

Die vorgeschriebene Norm wurde genau erfüllt. Zu den Wachtposten war man freundlich und so hatte man seine Ruhe. Früh habe ich meine Ansicht gegenüber den furchtbarsten Verbrechern ändern müssen. In diesem neuen Lebensbereich, hauptsächlich im großen Gemeinschaftszimmer, wo etwa 200 Mann auf ihren Strohsäcken auf dem Fußboden lagerten, habe ich dauernd die Menschen beobachtet. Bei so manchem Menschentyp mußte ich feststellen, obwohl er nicht gemordet hat, daß er furchtbarer und unausstehlicher in seinem äußerlichen Benehmen war als ein beliebiger anderer, der vielleicht verschiedene Mordtaten auf seinem Gewissen hatte.

Hier habe ich einen besondern Typus von Mördern kennengelernt. Dort lebt ein Mann, ein Bürger der kommunistischen Machtherrschaft, still und friedlich in seiner Gemeinde. Die tyrannische Unterdrückung wird ihm jahraus, jahrein immer bitterer und unerträglicher. Er leidet andauernd an seinem schweren Geschick. Lange Zeit lebt er so dahin, bis er aus seinem angehäuften Zorn platzt und sich auf seinen frechen Unterdrücker stürzt. In diesem Kampf wurde der Titoist getötet. So etwas geschieht oft, wenn die armen Bauern aufgefordert werden, ihre Jahresabgabe dem Staat abzuliefern, wobei der letzte Schweißtropfen abverlangt wird.

Nach der Arbeit, in ruhiger Stunde, kommt der Tscheche M. aus Slawonien und schüttet all das Gift seines Herzens vor mir aus. Er weiß, daß er durch den Mord vor Gott gesündigt hat. Er bereut seine Tat von Herzen, aber die Parteibonzen haben ihn doch dazu gezwungen, da sie ihm das letzte Stückchen Brot von seiner Familie weggestohlen haben. Dabei kann er sich nirgends beschweren oder eine Hilfe erwarten. — Wieviel Tausende von armen Bauern sind es, die in solcher Zwangslage Tag für Tag ihr Leben fristen müssen. Einen Mord zu begehen ist gewiß etwas Abscheuliches, aber ich muß mich in die Lebenslage dieser meiner Leidensgenossen einleben und darf sie keineswegs hart verurteilen. Deswegen kommen sie so häufig zu mir und suchen ein Trostwort vom Priester, denn ihr Herz ist voll Bitterkeit, Angst und Zweifel.

Ein ganz anderer Menschenschlag ist der Befreiungskämpfer Franjo G., der als Ustascha vier Jahre in den Reihen der Kroatischen Nationalisten stand. Rechts von ihm standen die serbischen Nationalisten, die königstreuen Tschetniks, die von einem freien kroatischen Staat nichts wissen wollen. Links von ihm die roten Partisanen, die für ein rotes Jugoslawien kämpfen, das Moskau hörig ist. Franjo kommt oft zu mir auf meinen Strohsack. Auch er sucht den Seelenfrieden. Er hat keine höheren Schulen mitgemacht. Für sein geliebtes Kroatien ist er sehr sensibel. Im Laufe der Kriegsjahre wurde er für sein Vaterland so wach, daß ihm seine Heimat fast zum Idol geworden ist.

Als seine militärische Einheit nach dem Krieg zusammenbrach, ergab er sich nicht. Er ging mit Gleichgesinnten in die bosnischen Berge und leistete Widerstand. Im Winter haben sie sich in die Erde gegraben und warteten ab. An der Schneespur hat man sie entdeckt. Mit der Freischärlermethode ihres Feindes haben sie gekämpft. Jeden Verdächtigen haben sie umgelegt. Wenn sie gesiegt hätten, wären sie Heroen. Jetzt sind sie Kriegsverbrecher. — Mein Bestreben war es, ihn zu Christus zu führen. Mit so einem vor Wut vergifteten Herzen kann man den eucharistischen Herrn und Heiland nicht ins Herz aufnehmen. Bei ihm ist der Versöhnungsweg noch weit. Meine Mühen darf ich jedoch nicht aufgeben.

Ein anderer Menschenschlag war Schusta, ein junger Mann, der anscheinend nur für die Zigarette lebte. Das Stückchen Brot war für ihn nicht wichtig. Eine total gebrochene Seele! Als er sah, daß sein Kroatien am Zusammenbrechen war, schlich er sich zu den Partisanen, um sein Leben zu retten. So wie er auf der nationalistischen Seite eine volle Lust am Blutvergießen hatte, fand er in diesem Geschäft bei den Partisanen schnell volle Anerkennung. Durch seine bestialische Art, Menschenleben auszulöschen, fand er bald volle Beschäftigung in der Heimat der Donauschwaben, als man Kind und Kegel in die Vernichtungslager geschleppt hat. Als es keinen unschuldigen Menschen mehr als Opfer abzuschlachten gab, stieg ihm das Blut in die Augen. Im Zorn und Streit ließ er das Blut seines Kameraden fließen. So kam er mit einer lebenslänglichen Strafe nach Mitrovitza. Hier ist er bald durch Disziplinlosigkeit den Kommandeuren aufgefallen. Er saß mehr in Kellerräumen als in den Häftlingswohnungen. Etliche Male versuchte er durch Flucht über die Demarkationslinie in die Freiheit zu gelangen. Immer wieder wurde er erwischt, verprügelt und zum Häuflein Elend geschlagen. Seine Nerven waren total ruiniert. Nur durch den Tabak kam er etwas zur Ruhe. Mit den anderen Katholiken kam er auch auf meinen Strohsack. Bei diesem, zum Halbnarren geschlagenen Menschen prallten meine priesterlichen Worte wie von einem Stein ab. Auch ihn, der beim Abschlachten und Zertrampeln meiner Angehörigen und Volksgenossen dabei war, konnte und wollte ich nicht aufgeben, obwohl mich seine Anwesenheit angeekelt hat. Er war jedoch sonderbar, ihm war seine Welt voll Missetaten noch nicht zusammengebrochen. Er stand noch immer zu seinen „heroischen Taten", wie von den Ketten des Bösen gefesselt. Soll man ihn zur Natur des linken Schächers zugesellen?

Ganz anders wieder war es mit dem Serben Jovan, der mit seinem abgemagerten, bleichen, von Blattern völlig vernarbten Gesicht einen abstoßenden Eindruck machte. Bei den serbischen Tschetniks ist ihm das Morden zur zweiten Natur geworden. Dann kam er nach dem Krieg nach Hause. So sehr hat er sich nach seiner Mutter und seiner Frau gesehnt. Er wollte endlich einmal ein normales Leben führen. Aber da sind zwei Welten zusammengestoßen. Beim ersten heftigen Streit mit seiner Mutter und mit der Frau stieg ihm das Blut in den Kopf und er hat beide grausam ermordet. Diesen Mann habe ich lange Zeit beobachtet, da ich mit ihm Dachziegel fabrizierte. Er war vor seinen Richtern zusammengebrochen. Alle meine Bemühungen, ihn innerlich anzusprechen, sind gescheitert. Da er jedoch keine Führung hatte, wurde er zum jämmerlichen Speichellecker, mit dem die rote Umerziehungsgruppe machen konnte, was sie wollte. Die tiefe Kluft zwischen ihm und mir schien sich erst nach Jahren des Zusammenlebens doch zu einem vertraulichen Verhältnis entwickeln zu wollen. In jedem Menschen ist ein guter Kern.

Über Josef Heinrich schrieb in den Jahren 1950 die Tagespresse viel. Er ist Donauschwabe aus Semlin, Metzger von Beruf und ist in seinem 30. Lebensjahr zum Tode verurteilt woren. Die Todesstrafe ist in eine lebenslängliche, dann in 20 Jahre Zuchthaus verwandelt worden. In Abwesenheit seiner Frau, die im Entbindungsheim weilte, hatte er seine minderjährige Cousine vergewaltigt, und damit diese ihn nicht verraten könne, ermordete er sie, zerhackte sie in Stücke, warf sie in einen Sack und legte ihn unter sein Bett. Er schlief schlecht und recht über dieser verstümmelten Leiche. Am anderen Tag ging er mit dem Sack an die Donau, die in diesem Winter zugefroren war. Er zerbrach das Eis und versenkte den Sack unter der Eisschicht. Das Verbrechen wurde später aufgedeckt und er wurde verurteilt. Jetzt sitzt Josef an meinem Kopfende und will mit mir über seinen Seelenzustand sprechen. Offensichtlich suchte er den Seelenfrieden. Nur zögernd rückt er mit seinem Schmerz heraus. Solch einem Seelsorgeproblem stand ich noch nicht gegenüber. Auch für so einen Sünder ist der Herr am Kreuz gestorben. Ich führte ihn in meinen Auslegungen zur Barmherzigkeit Gottes hin. In der Tiefe seines Herzens war er gerührt und hat innerlich mitgemacht.

So entwickelte sich meine priesterliche Seelsorgetätigkeit im Zuchthausalltag.

Der Banater Rumäne Petru wurde vom Freiheitswahn gepackt und entschloß sich, mit Aleksa zu fliehen. Es ist ihnen gelungen, Soldatenuniformen zu klauen und so gingen sie, völlige Ruhe zeigend, durch das Zuchthaustor als Kuriere hinaus. Nach einiger Zeit wurden sie entdeckt zurückgeführt und bekamen in der Strafzelle mehr Prügel als zu essen. Sie landeten in meiner Strafkolonne. Petru stellt mir die Frage, ob Selbstmord Sünde sei, wenn man vor der Gefahr steht, erneut gepackt zu werden? Es ist mir nicht gelungen, ihm seine neuen Fluchtgedanken auszureden.

Der junge Kroate Mijo erzählte mir zutraulich wie er zur Strafkolonne kam. Als Heizer war er im unterirdischen Heizraum bei der Küche beschäftigt. Er entdeckte den Ableitungskanal. Seine Kameraden waren einverstanden, alles vorzubereiten, durch diese Öffnung die Flucht zu ergreifen. Tag und Nacht hat die Heizungsgruppe Vorbereitungen getroffen. Das Gelingen stand unmittelbar bevor, aber durch einen Verrat kamen sie in die Strafkolonne.

Im Sägewerk hat sich ein junger Serbe unter Brettern versteckt, damit er in der Nacht über den Drahtverhau entfliehen könne. Die Polizeihunde haben ihn entdeckt. Durch einen tödlichen Schuß wurde sein Freiheitshunger für immer gestillt.

Sepp W. war ein Werschetzer Bub. Immer wieder, wenn er meinen Strohsack frei von Besuchern sah, kam er zu mir. Es war für ihn die höchste Freude, in der Muttersprache über seine Heimat sprechen zu können. Er ist zu langjährigen Strafen verurteilt worden, weil er bei der Prinz-Eugen-Division mitgemacht hat. Er weiß, daß er niemanden umgebracht hat, daß er ein treuer Soldat war und jetzt muß er seine Gesundheit hier begraben. Von seiner Banater Heimat mit dem goldenen Werschetz träumt er ständig. Wenn ich ihm von seinen Landsleuten im

Vernichtungslager Rudolfsgnad erzähle, kann er das nicht glauben. Daß fremde Gesichter aus den Fenstern seines Elternhauses schauen, kann er sich nicht vorstellen. Er wurde bei der Waffenniederlegung gefangen genommen, verbrachte mehrere Jahre in Arbeitslagern, wo er seine Kameraden massenweise in ungeheurer Not und Elend sterben sah. Er verdankt seine Lebensrettung dem Gebet und der Güte Gottes. Von seiner Liebschaft, vom braven Mädchen, von seiner zukünftigen Familie, ist seine Phantasie voll. So kommt mein Ehevorbereitungsunterricht zur rechten Zeit.

Als die Frühlingssonne allen Schnee und das Eis verschwinden ließ, wurde die Schwerarbeit an der Ziegelei wieder möglich. Die Brigade der „Unverbesserlichen" wurde gebildet und dabei war natürlich auch der „unnachgiebige Pop", zu dem ich von den Umerziehern gestempelt wurde. Es war das zweite Jahr, daß ich diese Fronarbeit leisten mußte. Die Folgen der bitteren Hungerjahre mit der zermürbenden Gehirnwäsche trug ich noch immer in meiner erschöpften Körperkonstitution. In manchen Stunden verlor ich den Mut, und wenn ich an die Zukunft dachte, wurde mir schwarz vor den Augen. Wird es den Genossen gelingen, mich hier unter die Erde zu bringen?

Plötzlich erschien eine Rettungschance vor meinen Augen. War das wirklich möglich? So verstaubt und verdreckt, so verlumpt und herabgekommen, wie ich war, wurde ich von der Erdgrube in die Kanzlei eines der roten Funktionäre vorgeladen. Ein schmierig schmeichelhaftes Gesicht kam mir mit einem freundlichen Lächeln entgegen.

„Gruber, Sie arbeiten an der Erde für die Ziegelbrennerei, nicht wahr?" Erstaunt erhob ich meinen Blick. „Das ist doch keine Arbeit für Sie!" überraschte er mich noch liebenswürdiger.

Was bedeuten die Ausdrücke des Mitleids im Munde eines hohen Parteiorgans? Nimm dich in acht, war meine erste Reaktion. Der Funktionär muß den Ausdruck meines Schreckens beobachtet haben, da er noch freundlicher seine Ausführungen fortsetzte. „Wir meinen es gut mit ihnen! Sie sind doch ein Intellektueller mit hohem akademischem Studium. Dazu beherrschen Sie verschiedene Sprachen! Wir haben eine Arbeit für Sie, die Ihnen nicht nur entsprechen, sondern auch Freude machen wird. Die Bedingung ist, daß Sie darüber absolut schweigen. Wenn Sie nur ein Wort darüber verlauten würden, könnte es Ihr Leben kosten." Ein Unbehagen durchzuckte mich bei diesen Worten und ich fragte mich: In welche Teufelshöhle werde ich jetzt geworfen? Der elegante Mann vor mir unterbrach jedoch meine verworrenen Gedanken. „Sie haben doch für den Vatikan gearbeitet! Sie bekommen in einer Zelle einen Radioapparat und hören alle Sendungen in italienischer, französischer, englischer, spanischer und deutscher Sprache ab. Russisch haben Sie doch auch gelernt! Besonders sind wir aber an den Sendungen in kroatischer und slowenischer Sprache interessiert. Den Inhalt schreiben Sie genau nieder. Bis nach Mitternacht soll diese Arbeit jeden Tag abgeschlossen sein.''

So eine Arbeit ist wirklich nicht gegen mein Gewissen, dachte ich mir. Mir wurde sofort klar, daß die fünf Exemplare jeden Morgen auf den Tisch von Tito, Djilas, Kardelj, Ranković und Pijade flattern werden. Diese fünf Erzrevolutionäre sollen nur die Lehre der Kirche erfahren! Das wird ihnen sicherlich von Nutzen sein!, dachte ich mir, als ich zwar nicht ohne innere Angst und Beklemmung sehr zögernd dem Offizier zunickte.

Aus dem tiefsten Sklavendienst wurde mir ein verhältnismäßig luxuriöses Häftlingsdasein in einer sauberen Zelle gewährt. Ein Bett mit Strohsack und Leintüchern, ein Tisch, ein Stuhl, lauter Sachen, die ich schon längst nicht mehr gesehen, geschweige denn genossen hatte. Meine Lumpen wurden mit einer sauberen Kleidung vertauscht. Das Radiogerät und die Schreibmaschine stand mir zur Verfügung.

Auch die tägliche Kost war nicht schlecht. Diese Übersetzerarbeit hat im III. Bau begonnen, wurde aber im Laufe des Jahres 1950 in den Bau II übertragen. Im Erdgeschoß war die Übersetzergruppe im Dienste des Innenministeriums. Auf dem ersten Stock war die Arbeit für das Verteidigungsministerium untergebracht. Auf dem zweiten Stock war die Abteilung Tanjug, der Abhördienst von 148 Radiosendungen in 13 Sprachen, 24 Stunden am Tag. Aus fast allen Zuchthäusern Jugoslawiens — aus Zenica, Lepoglowa, Stara Gradischka und Maribor — waren fähige Kräfte — etwa 300 Personen — für diesen Dienst zusammengeführt worden. Sie standen unter schwerer Bewachung des Geheimdienstes.

Die Übersetzerarbeit gefiel mir. Wie ein Kind weinte ich bei den Übertragungen der hl. Messe aus der Peterskirche und jubelte vor Freude, als ich die Stimme des Hl. Vaters hörte. Vor meinen Fenstern waren zwar die eisernen Gitter, aber mein Geist schwebte in die freie Welt. Um Mitternacht war meine Arbeit erledigt. In den nächsten Tagen kam die erste Bemerkung aus Belgrad: ,,Der oberste Chef ist wütend, wenn er Ihre Schriften liest. Könnten Sie Ihre Berichte nicht etwas milder gestalten?'' meinte ein Leiter unserer Informationsstelle. ,,Ihr wollt doch die Wahrheit? Ich kann und darf doch keine Lügen erdichten und niederschreiben!'' — Der Beamte zuckte mit seinen Schultern und ging.

Am nächsten Tag erfuhr ich die Reaktion des Zentralkommitees der Partei auf die Vatikansendungen. In den Zeitungsartikeln mußte ich feststellen, daß alle Berichte verdreht, falsch dahingestellt und gehässig mißdeutet wurden. Meine übermittelten Nachrichten gingen durch die kommunistische Lügenküche und wurden zu einer feindseligen Hetzkampagne gegen die Kirche mißbraucht. In mir erwachte das Gewissen. Bin ich nicht unwillkürlich zu einem Rädchen in einer fürchterlichen Lügenmaschine geworden. In der guten Absicht mein Leben vor dem Tode in der Ziegelei zu retten, fiel ich in ein Schlangennest, wo nur Lügengift gespritzt wird.

In meinem Herzen fand ich keinen Frieden mehr. Wie rette ich mich aus der Umgebung dieser seelenmörderischen Menschen, die so liebenswürdig mir entgegenkommen? Entschieden trat ich vor meine Arbeitgeber und erklärte ihnen, daß ich nicht mehr mitmachen könne. Sie verlangten von mir die Gründe meines Ausscheidens. Ich versuchte natürlich die letzten Motive zu verheimlichen, um meine Lage nicht noch mehr zu verschlimmern. Sie versuchten mit Güte und Drohungen mich umzustimmen. Ihr Versuch mit neuen günstigen Versprechungen, sogar der baldigen Befreiung, war erfolglos. Zum Schluß unserer schweren Verhandlungen warf man mich in die Isolation, wo ich im harten Hungerleiden und in Einsamkeit nachdenken solle. Fest blieb ich bei meinem Entschluß. Körperlich geschwächt und abgemagert kam ich nach Wochen wieder zu meinen Kameraden am Ziegelofen, wo ich die Sklavenarbeit unter besonderer Aufsicht, aber ruhigen Gewissens fortgesetzt habe. In den Augen meiner christlichen Kameraden schien ich nicht mehr als Verräter, der mit den Gottlosen paktieren wollte. In kurzer Zeit gewann ich wieder das Vertrauen der Katholiken, der gläubigen Orthodoxen, der evangelischen Christen und sogar der gottgläubigen Mohammedaner, die auch auf ihre Art beim ,,Gottesmann'' ihr inneres Leid gebeichtet haben und sich in ihrer Bitterkeit ausgesprochen haben.

Ein Weihnachtsfest

Das Weihnachtsfest 1952 war herangerückt. In den stillen Abendstunden kam das Wort unter den Freunden immer wieder auf das kommende hohe Fest. Einer bemerkte: ,,Meine dritten Weihnachten hinter den Zuchthausmauern!'' — Der andere sagte: ,,Meine sechsten und dazu kommen noch die vier vorhergehenden Jahre des Krieges!'' — Für mich war es das fünfte Jahr, außerhalb der Klostergemeinschaft dieses Fest feiern zu müssen. Schon warf einer in die Runde: ,,Wird mich zum Fest jemand besuchen?'' — Der andere erwiderte: ,,Zu mir wird niemand kommen. Wenn sie nur ein Paket schicken würden!'' — In den Wintertagen waren die Schlafzimmer voll von Arbeitslosen. So mancher drängte sich in die Schreinerei, um irgendwie Spiritus zu entwenden, um sich so durch alkoholische Getränke zum Festtag berauschen zu können. Auch das ist eine Art, die bedrückende Not und das bittere Heimweh für einige Augenblicke zu vergessen.

Wie viele wehmütige Erinnerungen regen sich in den Gemütern dieser von der Welt so abgeschlossenen Menschen? Diese hohen Festtage sind es, die sich dem christlichen Volk so tief ins Herz geprägt haben. Was waren das damals für festliche Tage des familiären Zusammenseins, derer man sich im Zuchthaus so schmerzlich erinnert! Die Feier des Weihnachtsfestes war für Katholiken wie für Orthodoxe eine Herzensangelegenheit, die von den kommunistischen Vorstehern umso mehr verpönt wurde. Auch am Weihnachtsfest mußte man zur Arbeit gehen. Man beschäftigte sich jedoch nur, wenn der Aufseher vorbeiging. Auch die schamlosen Flucher und die frechen Streitsüchtigen bemühten sich an diesem Abend, eine gewisse Würde an den Tag zu legen. Das freche Lachen, wußte man, ist nicht erwünscht. Die Orthodoxen hielten mit, denn nach einigen Tagen werden sie die Katholiken einladen. Die Weihnachtsstimmung der Sträflinge hatte etwas Rührendes, denn außer der angeborenen Ehrfurcht vor dem Festtage fühlte der Häftling instinktiv, daß ihn die Festlichkeiten gewissermaßen mit der ganzen Welt in Berührung bringen. Auch die gottentferntesten Zuchthäusler, die immer nur Gott verfluchen, gehen am heutigen Tag in sich. Von der Feststimmung waren auch jene ergriffen, die immer ein trübseliges Gesicht machten und meinten, sie wären verstoßen und zum Unglück verdammt.

Die kleine Gruppe der Katholiken hat völlig unbemerkt ihr Herz durch eine reumütige Beichte für die Ankunft des Christkindes vorbereitet. Zu Mitternacht habe ich dann die heilige Messe auf meinem Koffer gefeiert. Der menschgewordene Gott hat es nicht verschmäht, auf das Stroh in der Krippe gelagert zu werden. Das Christkind in der Brotgestalt habe ich dann denen, die vorbereitet waren, ausgeteilt. Am Morgen des Festtages wurde festlich gratuliert. Die Pravoslaven kamen zu den Katholiken und sprachen ihre Glückwünsche aus. Der Tisch — ein Karton auf dem Strohsack — war mit Kuchen und Süßigkeiten aus dem Paket gedeckt. Alles Sachen, die man seit langer Zeit gespart hat, den Leidensgenossen eine Freude zu bereiten. Man saß zusammen und weckte Erinnerungen aus einer schönen, versunkenen Zeit. Alois, ein junger Student, Anhänger der Widerstandskämpfer ,,Weißer Adler'', kam mit einer Kerze: er zündete sie an und stellte sie in die Mitte des Festtisches auf den Strohsack. Ich erkannte sofort, daß das eine gefährliche Herausforderung in den Augen der Kommunisten zu bedeuten hatte. Kann ich an diesem heiligen Tag sagen, daß Alois die Kerze auslöschen soll? Dieses brennende Licht im halbdunklen Raum brachte beim betagten, total gebrochenen Prälaten Dr. Racki die Geschichte von Dostojewski über die Weihnachtskerze in Erinnerung. Spannend verstand er sie der festlichen Runde zu erzählen. Ein russischer Bauer war als Leibeigener gezwungen, zum hohen Festtag das Land des Feudalherrn zu ackern. Er wehrte sich gegen diese gottlose Zumutung des Mächtigen. Es blieb ihm jedoch nichts übrig als Gehorsam zu leisten. Er zündete aber eine Kerze an und befestigte sie auf dem Pflug und so ging er den Furchen nach. Wind und Sturm brachen ein, aber die Kerze ging nicht aus. Der hochbetagte, völlig erschöpfte Prälat — es war das letzte Weihnachtsfest vor seinem Tod in unseren Kerkermauern — ließ seine Augen über die jungen Gesichter gleiten und stellte die ernste Frage: Dürfen wir unser Glaubenslicht, das in unserem Herzen brennt, in dieser stürmischen Zeit auslöschen lassen?

Gerade hatte der Geistliche, an dem nur mehr Haut und Knochen übrigblieb, die Erzählung abgeschlossen, da erschien der Kommandeur und ging schnurgerade zum festlichen Kreis, in dessen Mitte die Kerze flackerte. Barsch fauchte er uns an: ,,Wer hat diese Kerze angezündet?`` Alle haben den Kopf geneigt, aber am tiefsten von allen in der Gruppe Alois. ,,Wer hat die Kerze angezündet?, will ich wissen``, schrie er voll Wut und Zorn. ,,Ich war es``, sagte ich und erhob meinen Kopf. Ich erlaubte mir, diese Unwahrheit zu sagen, um meinen blutjungen Freund Alois aus der peinlichen Lage zu retten. ,,Auslöschen und mitkommen!``

Meine Weihnachtsfeier endete im kellerartigen Strafraum. — Hier begegnete ich meinen Arbeitskollegen aus der Seilerei. Sie waren zwar in die Werkstatt gegangen, aber keiner gedachte zum Weihnachtsfest eine Hand an die Arbeit zu legen. Der Verwalter hatte sie rufen lassen: ,,Alle in den Keller! Diese Saboteure haben es nicht besser verdient!`` wütete er zornig. So traf ich meine Arbeitskameraden in diesem erstickenden dunklen Raum hinter den Gittern. Auf den Gesichtern aller strahlte die helleuchtende Weihnachtsfreude, die ihnen niemand auslöschen konnte. Die Strafe dauerte nicht lange, da man die Meister in der Werkstatt benötigte.

Nach acht Tagen feierten die orthodoxen Serben ihre Weihnachten. Insgeheim teilte ich Geschenke aus meinem Paket jenen aus, die keine Verbindung mit ihrer Familie hatten. Sie bedankten sich von Herzen ohne viel Aufhebens. Auch die Serben haben uns zu ihrem Weihnachtsfest eingeladen. Trotz der roten Kontrolle haben auch sie alles aufgeboten, das Fest würdig zu begehen und ihre christliche Nächstenliebe unter

Beweis zu stellen. Das war echtes Serbentum. Wobei ein gewisser Stolz, ein gewisses Zeremoniell und eine unbeschränkte Freigiebigkeit des Gastgebers nicht fehlten. Ein Serbe befahl uns auf sein Lager, währenddessen er seinen großen Pappkarton in die Mitte schob und mit weißem Papier überdeckte. Er schnipselte Speck, Wurst und Braten und häufte alles zusammen zu einem appetitlichen Hügel. Zwiebel, Knoblauch und ein Salzfaß standen griffbereit, als wir uns zu Tisch setzen durften. Bereit lagen auch Backwaren aus Blätterteig, auch rotwangige Äpfel.

Um dieses Miniaturschlaraffenland hockten wir Kahlgeschorene mit um die Schultern gezogenen Decken und griffen hinein in die unfaßbare Menge und Güte all des Hausgemachten. P. Jovanovitsch teilte sein gebratenes Ferkel in der anderen Ecke aus. Jahr für Jahr brachte es ihm seine Mutter aus Südserbien. Hätte das gefehlt, so hätte man gegen die langjährige serbische Sitte gefehlt.

Im Zuchthauslazarett

Im Sommer 1953 bei der Arbeit in der Ziegelei, wo ich jedes Jahr bei der Schwerstarbeit landete, überfiel mich ein heftiges Fieber. So war ich genötigt, mich krank zu melden. Man hat mich mit einer Gruppe anderer ins Krankenhaus zur Untersuchung geführt. Das Lazarett ist in einem Bau innerhalb der Zuchthausmauern inmitten eines Blumengartens mit einem grünen Zaun umgeben. Mit gemischten Gefühlen betrat ich den Garten mit den schattigen Zypressen und Pinien, da dieses Haus allgemein mit dem berüchtigten Namen ,,Haus des Todes'' bezeichnet wird.

Nun stand ich im Empfangszimmer, wo schon eine Menge Kranker auf die Untersuchung wartete. Ein Krankenwärter in Häftlingsuniform trat ein, musterte uns von oben herab und spöttelte. Er ging dann, dem Arzt Dr. Vajditsch Bericht zu erstatten. Dr. Vajditsch war kroatischer Militärarzt. Er hatte seine Truppen verlassen und war zu den Partisanen übergegangen. Jetzt war er wegen Pflichtverletzung zu hohen Zuchthausstrafen verurteilt. Er hat einen kranken Soldaten durch eine falsche Injektion umgebracht. Alle hoch angesehenen deutschen Ärzte, die in der Kriegsgefangenschaft zu hohen Zuchthausstrafen verurteilt waren und die Kranken des Zuchthauses betreut haben, waren schon entlassen. Dr. Vajditsch war wegen seiner Grobheiten bekannt. Nach der Untersuchung wurde ich in ein großes Krankenzimmer eingewiesen. Vor dem Zimmereingang mußte man sich völlig ausziehen und die Lazarettwäsche wurde einem ausgehändigt, die jedoch gar nicht sauber war. Nach vielem hin und her durfte ich in ein Bett steigen, dessen Bettwäsche mich anekelte. Im Zimmer war noch eine Anzahl von belegten Betten. Mein Kopf glühte im hohen Fieber und so interessierte mich meine Umgebung nicht. In der Stube herrschte ein starker Arzneigeruch, gemischt mit verschiedensten ekelhaften Ausdünstungen der Kranken. In der Mitte des Saales stand ein Kübel, der oft von den Diarrhöekranken benutzt wurde. Es fehlte die spanische Wand, was den Kranken eine doppelte Pein bereitete. So fürchtete ich mich jetzt schon, mich auf den Folterstuhl setzen zu müssen. Der Krankenwärter war ein roter Krimineller, denn Politische bekamen diesen bevorzugten Posten nicht. Er schrie frech umher, ohne sich etwas sagen zu lassen. Solchen rücksichtslosen Kerlen war man einfach ausgeliefert. Neben diesen Krankenwärtern konnte ein Patient sterben, ohne daß jemand einen Finger gekrümmt hätte. Die unbeweglichen Kranken lagen im Urin.

Stevan Pavlovitsch war paralysiert. Er fiel im Waschraum so unglücklich, daß er sich den Kopf verletzte und ohnmächtig dalag. Kein Krankenwärter kam herbei. Die Patienten trugen ihn auf sein Bett. Er starb bald darauf. Wer zählt die Toten, die vereinsamt hier ihr Leben lassen mußten?

Dr. Radenko Stankovitsch, Professor der Medizin an der Universität Belgrad, gewesener Kultusminister und Vormund des minderjährigen König Peter, war vom Schlag gerührt und lag in einer Ecke, sich selbst überlassen. Von den Wärtern kümmerte sich niemand um ihn, da sie ihn lieber tot als lebend gesehen hätten. Vor dem Sterben hat man ihn noch schnell entlassen. Der Chef des Krankenhauses, Kommandeur Sima, entließ ihn mit Zynismus: ,,Er soll zuhause sterben! Er hat nicht einmal faule Bretter für seinen Sarg vom Staat verdient.''

Kommandeur Sima war im Partisanenkrieg Krankenwärter, er ist auch hier die höchste Autorität. Er entschied, ob jemand simulierte oder ob er wirklich krank ist, überall mischte er sich hinein, natürlich auch in die Diagnose des Arztes.

Alle Krankheiten waren hier vorhanden, außer den Tuberkulösen, die auf dem oberen Stock untergebracht waren. Neurotiker, Epileptiker, Herzkranke, Paralytiker, Hautkranke, Nierenleidende und Magenkranke waren alle in diesem Raum untergebracht. Es war ein echtes Purgatorium. Mein Nachbar war ein Sträfling, den ich schon öfter gesehen hatte. Er war bei den Theatervorstellungen und Kulturveranstaltungen im Saal aufgetreten. Er war ein Partisanenkämpfer, der wegen der Veruntreuung von Staatsvermögen zu einigen Jahren verurteilt wurde. Er lag hier im Krankenhaus schon längere Zeit, ohne daß ihm etwas fehlte. Er versicherte den Ärzten, daß er krank sei. Es gelang ihm dadurch, sich vom Zuchthausleben fernzuhalten. Von Zeit zu Zeit kam ein Kranken-

Die donauschwäbischen Flüchtlinge verlassen
das Schiff in Santos.

Für die von Tito heimatvertriebenen Donauschwaben öffnet sich im Jahr
1950 und 1951 die gastfreundliche Pforte von Brasilien. Es wurden 2500
Personen aufgenommen und sie begannen auf den Feldern von Entre Rios
in der Umgebung von Guarapuava im Staat Parana eine neue Existenz zu
gründen und bauten fünf schöne Bauerndörfer auf.

Als fortschrittliche Landwirte tragen die Donauschwaben viel zur Entwicklung der ganzen Umgebung bei.

Die Prozessionen ziehen betend und singend durch die Weizenfelder. Der Diözesanbischof hält jedes Jahr die Dankespredigt.

wärter zu seinem Bett, setzte sich darauf und es begann ein geheimnisvolles Getuschel, worüber niemand etwas erfahren durfte.

Der Genuß in einem Bett zu liegen, dauerte für mich nicht lange. Es wurden neue Patienten eingeliefert. So wurde an mein Bett jenes des benachbarten geschoben und ein drittes kam in die Mitte. Er bekam ein Kopfkissen an unserem Fußende und seine Füße steckte er bis zu meinem Polster. Er war ein junger Skipetar vom Amselfeld. Er glühte vor Fieber wie ich und war feuerrot im Gesicht. Er machte sich nichts daraus und schwieg dauernd. Auf meine Fragen antwortete er kurz.

Am anderen Tag ist er zutraulicher geworden und teilte mir vertrauensvoll mit, daß er von seinen albanischen Landsleuten so viel Gutes über mich gehört habe. Auf diese Worte schaute ich ihn ernst an. Er setzte jedoch fort: ,,Ich weiß, daß Sie katholischer Priester sind und auch die Ursache ihrer Verhaftung.'' Die Skipetaren hielten im Zuchthaus fest zusammen und waren harte Antikommunisten.

Ahmet, so hieß er, besuchte die Lehrerbildungsanstalt und wollte sich in der Wissenschaft gut ausbilden, damit er sich gegen die Gottlosigkeit verteidigen könne. So fühlten wir uns schnell als Verbündete, obwohl wir gegenseitig uns die Füße ins Gesicht gesteckt haben. Unser kommunistischer Nachbar hatte es sich nämlich schnell so bequem gemacht, daß er Ahmet völlig zu mir ins Bett geschoben hatte.

Alle Ehre den gewissenhaften deutschen Ärzten, die ihre Pflicht im Dienste der Kranken nach aller Möglichkeit getan haben. Mit wieviel Dankbarkeit sprach man unter den Häftlingen von Dr. Koch, Dr. Riedl und Dr. Eller, die als Kriegsgefangene zu langjährigen Strafen verurteilt waren und wirklich im Dienste der kranken Menschen standen.

Mit viel Respekt hat man die Worte des mazedonischen Arztes, Dr. Cyrill Topuzovski, zitiert, die er dem primitiven Sima ins Gesicht geschleudert hat: ,,Mischen Sie sich nicht in Dinge hinein, die Sie nicht verstehen. Als Arzt muß ich meine Pflicht gewissenhaft erfüllen, mag mit mir geschehen, was will.'' — Wegen dieser aufrechten Haltung von Dr. Cyrill und wegen seiner allgemeinen Beliebtheit wurde er aus Neid von Dr. Vajditsch angeklagt. Er kam zu uns als gewöhnlicher Arbeiter zur Ziegelfabrik. Er pflegte zu sagen: ,,Alles mache ich, was sie mir befehlen, aber ins Hospital gehe ich nicht mehr zurück, mein ärztliches Gewissen zu verkaufen. Physisch leide ich zwar, aber seelisch bin ich beruhigt.''

Jakob Oblakovitsch kam in die Zuchthausanstalt Mitrovitza mit einem Magengeschwür. Er bat Dr. Lany um Spezialuntersuchung in der Stadt. Zynisch lehnte Dr. Lany die Bitte ab. ,,So sind wir denn von allen Menschen verlassen und auf die Barmherzigkeit Gottes angewiesen'', sagte

der Kranke. Das weitere Gespräch unterbrach Kommandeur Miko-
vitsch, der alles unter Kontrolle hielt und dazufügte: „Wenn du von
Gott Hilfe erwartest, warum bist du hierher zum Arzt gekommen?
Scher dich davon!"

„Achten Sie darauf, Gott darf man nicht verhöhnen!" Zwei Monate
später fehlte dieser Kommandeur beim Dienst. Es hat sich herumgesprochen, daß er plötzlich an einem Magengeschwür gestorben sei, als man
ihn ins Krankenhaus zur Operation bringen wollte. Gott läßt sich nicht
verspotten!

Da die Ärzte nichts gegen mein Übel unternahmen und ich selbst festgestellt hatte, daß mein Fieber bedeutend gesunken war, bat ich um Entlassung. So konnte ich wenigstens wieder mein eigenes Bett erhalten.
Einige Tage Verschonung von der Schwerarbeit erhielt ich dazu. In meinen großen Schlafraum zurückgekehrt, nahm ich mich der dortigen Gei-
steskranken an. Sie wurden mit viel Gelächter in die Gemeinschaft aufgenommen, aber nach einer gewissen Zeit wurde man ihrer überdrüssig.

Nicht ohne tiefste innere Erregung bin ich diesen Geistesgestörten begegnet, da sie doch ein Opfer schwerster Tortur und Umschulungsbe-
strebungen von Markovitsch waren. Dort in der Ecke lag Rakovitsch
dauernd zur Wand gewendet und in eine Decke bis über den Kopf einge-
wickelt. Wenn es nach der Suppe roch, erhob er sich instinktmäßig und
ließ sich einen Löffel von der warmen Brühe in den Napf gießen. Im
Handumdrehen hatte er sie getrunken und schon war er wieder unter der
Bedeckung verschwunden.

Auch den Narren Antun aus Subotica fand ich bei meiner Rückkehr
aus dem Lazarett wieder und nahm ihn unter meine Obhut. Auch er gab
kein Wort von sich und verstand eigentlich nur zu essen. Die intellektuellen Kräfte wurden ihm zerschlagen. Sein verwahrlostes Äußeres versuchte ich wieder in Ordnung zu bringen. Er war ein Opfer der brutalen
Umschulungstendenz.

Eine Nacht und ein Tag

Es war eine Novembernacht 1953. Leib an Leib gepreßt lagen die Schlä-
fer auf der Strohsackbettung, die auch hier die beiden Längsseiten des
Saales einnahm und in der Mitte eine Stallgasse freiließ. Etwas Mond-
licht mischte sich mit dem trüben Widerschein der Sicherheitslampen,
mit denen die Umfassungsmauern vor unserem Bau bestrahlt wurden.

Damit keiner entkäme! Aber es wollte doch gar keiner entkommen.
Dazu müßte man aufstehen, klettern, springen, laufen wahrscheinlich

kämpfen. Und dazu war man doch viel zu schlapp. Nur schlafen wollten sie alle, und in Träume fliehen, die eine sonnenhelle Wiese darboten und ein Stück Brot!

Ich lag wach. Die drückende Nähe meiner beiden Nachbarn hatte mich vorzeitig munter gemacht. Der 30 cm breite Streifen, der uns als Lager zugewiesen war, hätte wohl genügt, um einen müden Mann hochkant schlummern zu lassen. Allein er hatte bewegliche Grenzen. Kaum hatte ich mich als Eingepreßter damit abgefunden, die Last des linken Schächers auf dem eigenen Oberschenkel zu spüren, drehte ich mich um und bohrte nun eines meiner Knie in den Unterleib des Nachbarn. Man hätte sich jetzt auch selber vorsichtig herumwälzen können. Doch dann befand man sich Gesicht an Gesicht gegenüber dem Mitgefangenen und spürte dessen Atem bis zur Unerträglichkeit.

Wie das Bewußtsein dann dennoch entschwunden war, wußte ich nicht zu sagen. Nur daß es nicht lange gedauert haben mochte, war mir bewußt. Mein Nebenmann war aufgestanden, um das Klosett aufzusuchen, was jede Nacht viermal geschah und nicht geschehen konnte, ohne die lebenden Sargwände anzustoßen. Gut, man schlief ja auch gleich wieder ein, wenn der Tritt gegen das Schienbein nicht gar zu schmerzhaft ausgefallen war. Sicher war man selber schuld, weil man in das so plötzlich entstandene Loch in seliger Befreiung einfach hineingepurzelt war, sich nun schon mit dem übernächsten Schlafgenossen berührend. Wie sollte da der in der Dunkelheit Zurückkommende noch finden, wohin er gehörte?

Die Sirene heulte. Wecken! Das Grauen vor dem neuen Tag lag noch verborgen hinter der Maske des Schlafs. Die Fistelstimme des ‚Sobni‘, des Stubenältesten, kommandierte ‚Ruhe‘, obwohl keiner gesprochen hatte. Der breitschädelige Serbe kommandierte auch wohl nur ‚Ruhe‘, weil ihm nichts Gescheiteres einfiel, um kundzutun, daß er die Zuchtrute zu schwingen wieder bereit sei. Er war überhaupt der geeignete Hirte dieser Gemeinde der Verängstigten. Er rühmte sich, seine Frau, die ihm eine Geliebte mißgönnt hatte, mittels einer Handgranate umgebracht zu haben und wegen guter Führung demnächst entlassen zu werden. Die letzten Sporen wollte er sich an den ‚Kriegsverbrechern‘ verdienen.

Draußen regnete es leise. Jetzt ging es um die Arbeit. Da standen sie nun in einer Doppelreihe längs der Gebäudewand und warteten auf die Einteilung des Tages. Keine Arbeit bedeutete: kein Essen. Arbeit bedeutete: nicht genug Essen. Die Kameraden, diese fünfhundert deutschen Häftlinge waren aber auf die Anstaltsküche angewiesen. Ein Schrei nach Arbeit und Brot lag in der Luft. Gerade heute wäre es wichtig gewesen. Es war doch Sonnabend und der Arbeiter erwarb sich ein Anrecht auf dicke Suppe gleich für den Sonntag mit. Für den Sonntag, an dem es bekanntlich zum Abendbrot überhaupt nichts gab.

Das Gespenst dreier Hungertage ging um. Übermorgen würden sie dann wieder hier stehen, aber noch ein wenig klappriger, noch ein wenig frierender, und noch ein wenig sehnsüchtiger auf Arbeit warten, zu der sie noch ein wenig ungeeigneter geworden waren.

Ein blaubekittelter Arm teilte die Kolonne, auf daß sie in zwei verschiedenen Richtungen auseinanderfloß. Die Hälfte zum Kartoffelschälen, die Hälfte auf Stube. Was war unangenehmer?

Da standen die einen nun sechs Stunden im dämpfigen Küchenkorridor und schnippelten an schlechten Erdäpfeln herum. Doch auch die andern mußten stehen. ‚Sobni‘ und ‚Redar‘ warteten bereits auf sie. Der Bettenbau von heute morgen hatte nicht gefallen. Die Decken waren nicht glatt und die Kopfpolster nicht gekantet genug. Die Linie der Gepäckstücke, die wie ein doppelter Gartenzaun die Stallgasse entlanglief, wies eine leichte Krümmung auf. Nicht genug! Auf einem der Fensterbretter hatte sich ein Staubkorn niedergelassen!

An die 40 Mann wurden strafweise in den Waschraum verwiesen, wo es nur kalten Betonfußboden gab und nur einen nassen Steintrog zum anlehnen. Die Fenster wurden ausgehängt, damit sie keiner schließen könnte, während Gatten- und Muttermörder den langen Tag in ihre balkanisch bunten Decken gehüllt, verschliefen.

* * *

Verrat und Freiheit

Aus den eigenen Reihen

Das katholische und das orthodoxe Gotteshaus im Zuchthaus Mitrovitza standen nebeneinander. Nach der kommunistischen Machtübernahme wurden sie zerstört. Zu dieser Abbrucharbeit hat man bevorzugt Geistliche beider Religionen herangezogen. Es war ihnen jedoch nicht gelungen, jemanden zu bewegen, das Kreuz vom Turm abzunehmen. Zuletzt meldete sich ein kommunistischer Krimineller, der später an Epilepsie erkrankte. Allgemein hat man ihm das als Strafe Gottes zugeschrieben. Kirchenbücher und sakrale Gegenstände wurden versteckt und geheim hoch in Ehren gehalten. Der Trennungswand vor dem Heiligtum — von den Serben „Visoki dveri" genannt — ist man verstaubt in einer Ecke der Ziegelfabrik begegnet.

An Stelle der Kirche hat man einen Tempel der Musen errichtet: das Kulturheim, das zur Umschulung der Sträflinge dienen sollte. So ist es dem Chef des Geheimdienstes Radovan Markovitsch gelungen, mit seinen Helfershelfern eine bedeutende Anzahl von serbischen und kroatischen Nationalisten zum Kommunismus hinzuführen. Ich bedauerte diese Feiglinge, die sich so schändlich verkauft hatten.

Die Kulturarbeit begann mit Theatervorstellungen, zuerst mit indifferentem Inhalt. Die Komödien des serbischen Komikers Stevan Sremac, besonders das Werk „Pfaff Tshira und Spira" wurden mit Vorliebe dargestellt. Es folgten Szenen gegen die Ustaschas und Tschetniks, besonders jedoch wurden dabei beide Kirchen aufs Korn genommen. Es folgten weiter kirchenfeindliche Filme, die zur Vorführung gebracht wurden. Die führende Schicht der Zuchthäusler mit gesundem Urteil machten nicht mit. Eine Flüsterpropaganda verbreitete sich unter den politischen Häftlingen, nicht mitzumachen und den Besuch des Kulturheimes zu meiden. So wurde der große Saal bei den Veranstaltungen immer weniger besucht. Die Programmtrommel wurde deshalb von allen Seiten gerührt. Theaterspieler und Musiker wurden eingeladen, an der Kulturarbeit mitzumachen. An Sonntagvormittagen hat man besonders die Politischen durch Drohungen und Versprechen zu den Veranstaltungen gelockt. Wer nicht gehen wollte, wurde zur Sonntagsarbeit geschickt. An diesen Sonntagen, wo die Schlafsäle fast leer waren, konnte ich oft ganz unbemerkt in einer Ecke die hl. Messe feiern; jetzt aber fiel ich auch unter die Disziplinarmaßnahmen der Sonntagsarbeit, weil ich im Saal nicht mitmachte.

Wenn ein moralisch und politisch indifferentes Theaterstück oder ein Film vorgeführt wurden, hielten sich die Häftlinge im Saal ruhig und sittsam, um sich ihren Vorgesetzten und Beobachtern von der besten Seite zu zeigen. Welch seltsamer Widerspruch kindlicher Freude glänzte auf den Augen und Wangen der Sträflinge, die bis dahin düster und mürrisch waren oder bisweilen in höllischem Zorn auffunkelten. Auf diesen mageren Gesichtern drückte sich jetzt helle Freude aus. Das Orchester begann zu spielen. Die meisten Instrumente waren von deutschen Offizieren besetzt. Die Geigen kreischten und winselten recht erbärmlich. Die Leistung der Gitarrespieler war auch nicht hervorragend. Die Klarinetten und Trompeten übertönten rücksichtslos alle anderen Instrumente. Viel Spaß machten die Rollen der ,,Tänzerinnen" beim Volkstanz und die ,,Schauspielerinnen" bei Komödien, die durchwegs von Buben gespielt wurden. Alle, die auf der Bühne mitwirkten, wurden mehr oder weniger von den politisch Hartnäckigen zu Verrätern gestempelt, was an sich unrecht war.

Die Albaner, im Durchschnitt einfache Bauern, waren leidenschaftlich für das Theater eingenommen, da sie in ihren einsamen Bergen so etwas nie gesehen hatten. Sie erschienen auch vollzählig. Wenn keine spürbare politische Tendenz auf dem Programm und kein zynischer Angriff auf die Kirche zu erwarten war, ging auch ich und führte mit mir den fast totalen Narren Antun aus meiner Heimat Batschka, dessen Geisteskraft durch Mißhandlungen völlig erschüttert wurde. Sein sympathisches Gesicht schimmerte von einer solch schönen Freude, daß es für mich ein Vergnügen war, ihn zu beobachten. Ob er auch etwas von dem Spaß verstanden hat, ist mir fraglich geblieben. Wenn ein lustiger Trick des Schauspielers allgemeines Gelächter hervorrief, blickte ich sofort auf Antun, um seinen Gesichtsausdruck zu sehen. Er lachte mit, aber er lachte auch, wo nichts zu lachen war.

Wenn zwei Liebende einander küßten — es gab natürlich keine Frauen — und dann einer sagte: ,,Wisch dir gefälligst den Mund ab!" und sich dabei selbst den Mund wischte, brach alles in helles Lachen aus. Die Zuschauer sind immer offenherziger geworden und gaben sich ihrem Vergnügen ungezwungen hin. Die Rufe des Beifalls wurden häufiger. Da stieß einer seinen Nachbarn in die Rippe, um ihm schnell seine Eindrücke mitzuteilen, ohne Rücksicht, wer sein Nachbar war. Da wandte sich ein anderer plötzlich mit Entzücken an diejenigen, die hinter ihm standen und durch seine Handbewegung drückte er maßlose Freude aus. Er wandte sich dann im aufbrechenden Lachen wieder der Bühne zu. Andere schnalzten mit der Zunge und schnipsten mit den Fingern. Keiner von diesen durchwegs primitiven Menschen konnte sich ruhig auf

seinem Platz verhalten. Am Schluß kam der Höhepunkt des Stückes ...
Man halte sich einmal das Gefängnisleben vor Augen. Die Fesseln, die
Ketten, der Zwang, die langen und überaus traurigen Jahre der Be-
drückung und des Hungers, das alles war wie ein kalter Landregen an
einem trüben Herbsttag weggeschwommen. Jetzt gestattete man diesen
Bedrängten einmal, sich zu amüsieren, den dunklen Traum für kurze
Zeit zu vergessen. Eine gewaltige erzieherische Macht ist das Theater für
die Verbannten.

Wir kehren in die Schlafräume zurück. Es ist Nacht geworden. Ich
verrichte noch mein Abendgebet. Neben mir liegt mein Schützling Antun in friedlichem Schlummer seiner Jugend. Bis zum Einschlafen hat er
noch gelacht und unverständliche Worte gesprochen und Namen aus der
Komödie wiederholt. Vor mir, vor meinem Geist, zieht der letzte Tag,
ziehen die Wochen, die Monate vorüber. Alles kommt mir ins Gedächtnis zurück. Ich erhebe meinen Kopf und richte mich auf.

Ich schaue auf ihre bleichen Gesichter, auf ihre Armut und ich muß
mich davon überzeugen, daß diese Wirklichkeit kein Traum ist, sondern
unwiderrufliche Wirklichkeit von unsagbarem Elend. Dort hört man
Stöhnen ... hier beginnt ein anderer halblaut im Schlaf zu sprechen. Ein
inniges Gebet erhebt sich aus meinem Herzen: Herr hilf uns, die wir hier
unschuldig und schuldig verdammt sind. Ich getraue mich nicht, an die
zweite Hälfte von sieben Jahren meiner Kerkerhaft zu denken, die noch
bevorsteht ...

An einem schönen Junisonntag, um fünf Uhr nachmittags wurde der
strenge Befehl erlassen, daß alle, ohne Unterschied, Gesunde und Kranke, aus allen Wohnräumen im Kulturheim erscheinen müßten.

Die Wachtposten waren aufgeregt. Man sah ihnen an, daß etwas besonderes geschehen sollte, aber niemand wußte, worum es sich eigentlich handelte. In Viererreihen marschierten wir ins Kulturheim. Dort
trafen wir die Häftlinge aus den anderen Pavillons. Der Saal war überfüllt. Weit über eineinhalbtausend Menschen waren zusammengepfercht. Eine auffallend große Zahl von Wachtposten hatte an allen vier
Wänden Aufstellung genommen. Dazu waren alle schwer bewaffnet. So
durch Unsicherheit befangen, wartete man gespannt.

Auf einmal öffnete sich der Vorhang. Statt der üblichen Kinolein-
wand stand da der gut bekannte Häftling Gvozdan Jovanovitsch, ein
maßgeblicher Politiker der serbischen Nationalisten, der wegen seines
Widerstandskampfes gegen die Tito-Partisanen zu 20 Jahren Zuchthaus
verurteilt wurde. Die Blicke aller waren auf ihn gerichtet. Er sprach mit
etwas erregter Stimme: ,,Genossen! Nach langer Überlegung kam ich
zur Überzeugung, daß die kommunistische Partei unser eigentlicher

Freund ist. Es ist nun höchste Zeit, daß wir uns endlich doch einmal besinnen, uns ihr zu nähern, alle Feindschaft gegen diese Bewegung ablegen und in ihrem großen Bemühen für den Fortschritt unseres Volkes beistehen. Laßt euch, bitte nicht weiterhin täuschen, es gibt keinen Wechselkurs mehr in der jugoslawischen Politik. Die jetzige Richtung bleibt so in unserem Lande bestehen. Eure sture Haltung dagegen schadet euch und euren Familien. Die Tito-Regierung wird von den Westmächten reichlich unterstützt. Die jugoslawische politische Emigration in Ost oder West ist ohne Bedeutung geworden. Der bisher königstreue General Bogoljob Iljitsch kam aus dem Ausland zurück und der gewesene Regierungspräsident Simonitsch hat seine Kräfte unserem hochverehrten Marschall Tito zur Verfügung gestellt. Worauf warten wir also?'' — Ihm folgten Dragoljub Jovanovitsch, Krsta Novakovitsch und Gretsch Jakitsch, die in derselben Richtung sprachen. Sie luden ein, daß sich alle von ihren Sitzen erhoben, Tito zu begrüßen und dadurch die Bereitschaft zur Umkehr zu zeigen. Etwa 100 Kriminelle, Spione und Verräter erhoben sich, die übergroße Mehrheit blieb sitzen. Markovitsch und seine Adjutanten erkannten ihr erfolgloses Bemühen.

Radovan Markovitsch als Umschulungschef der politischen Häftlinge begann deshalb furchtbaren Druck auszuüben. Dieser Mann fuhr fort, die schauderhafte Chronik des Mitrovitzaer Zuchthauses mit Blut zu schreiben. Unzählige Menschen schickte er durch seine Mißhandlungen in den Tod. Die Sträflinge bekamen eine Gänsehaut, wenn sie zu ihm gerufen wurden. Jeden Tag wurden sie nach seinem Plan vorgeladen, wobei sie systematisch nach ihrem inneren Verhalten zur Partei geprüft und gesiebt wurden. In seiner Kartei hatte er alle Informationen, die ihm über das Verhalten einzelner durch seine Spione zugetragen werden. Das Netz der Mitarbeiter im Geheimdienst war eng gesponnen. Durch seine Hände gingen auch alle Briefe der Familienangehörigen wie auch die Korrespondenz aus der Hand der Häftlinge. Markovitsch wollte alles wissen. Seine Haltung war dem Charakter und der Brutalität der Häftlinge angepaßt. Einigen bot er zu sitzen an oder reichte großzügig Zigaretten. Andere wieder standen stundenlang vor ihm und seine Fragen waren schlimmer als in der Untersuchungshaft.

Bei mir war er anfangs freundlich, aber allmählich brach sein tierischer Zorn aus seinem Wesen. Ich blieb auf seine Herausforderungen gehalten und ruhig. Als er zur Einsicht kam, daß er mich aus der ruhigen Haltung nicht bringen könne, versuchte er mit anderen Methoden seinen Angriff fortzusetzen. So beruhigte er sich und begann mit Schmeicheleien, als ob er meine Haltung schätzen würde. ,,Wir sind für Konzessionen bereit, wenn Sie willig sind, die vergangene Haltung zu vergessen. Wir können das Blatt wenden und Freunde werden. Ohne gegen Ihre Überzeugung zu handeln, können wir beide eine fruchtbare Zusammenarbeit entwickeln. Wir brauchen Menschen wie Sie. Wir wollen keine, die aus egoistischen Interessen zu uns kommen. Wenn Sie bereit sein sollten, gegen den Aberglauben mit uns zu kämpfen, können wir sofort Freunde werden. Es erwartet Sie eine Stellung mit erhöhtem Lohn, ein bequemes Leben. Was sagen Sie dazu?" Er fixierte mich mit seinen Alkoholikeraugen.

„Was meinen Sie unter dem Wort ‚Aberglaube'?" Meine Frage überhörend, setzte er fort:

„Der Kommunismus hat bisher mehr als ein Drittel der Erdkugel gewonnen. Die Kirche müßte bis zum Endsieg der Proletarier mitmachen. Schau, so viele Vertreter der Kirche machen mit. Sie tun alles, was die Partei von ihnen verlangt, ja sogar noch mehr. Sie kennen doch den Jesuiten Tondi. Er hat die Realität der Weltlage erkannt und ist zu uns gekommen."

Ohne zu verraten, daß Tondi mein Schulkollege an der päpstlichen Universität Gregoriana in Rom war, schwieg ich mit geneigtem Kopf. Ich wußte, daß ein unpassendes Wort ihn zu unheimlicher Wut aufreizen würde. Hinter der Tür stehen schon seine Prügelknaben. Auf mein Schweigen fing er an zu toben:

„Hier wirst du krepieren ... hier wirst du deine Knochen lassen, du unverbesserlicher Pfaff! Was hast du in eurer Osternacht den Zimmergenossen verteilt? Meinst du vielleicht, daß deine Glaubenspropaganda unter den Häftlingen uns unbekannt wäre? Alles wissen wir! Zur Belohnung darfst du 14 Tage in der Einzelzelle im Keller fasten, damit du über deinen Glaubenswahn nachdenken kannst. Jetzt scher dich davon!"

Ein Milizler begleitete mich in die Strafkammer. Der Schlüssel drehte sich im wuchtigen Schloß. Im total leeren Raum setzte ich mich auf den Boden. Der erste Gedanke, der mir kam, war: Du hast dieses Jahr noch keine Jahresexerzitien gemacht. Eine bessere Gelegenheit als jetzt kann es nicht geben. Der hl. Ignatius in der Höhle von Iria hat es ähnlich gehabt, kein Stuhl, kein Tisch, kein Bett, keine Decke. So ließ ich mich auf den kalten Fußboden nieder. Die Frage, wer mich da in der Osternacht, als ich zu Mitternacht die hl. Kommunion gespendet hatte, beobachtete und anzeigte, war für mich ein Rätsel. Vorher habe ich mich doch versichert, ob alle wirklich schlafen. Dann weckte ich jene, die gebeichtet hatten, damit sie sich für die hl. Kommunion bereithalten. Das große Schlafzimmer war doch mit Dunkel umhüllt, nur in der Ecke blinkte ein Lämpchen. So vorsichtig habe ich mich doch mit den heiligen Hostien durch den Saal geschlichen ...

Der erste Gedanke fiel auf die kriminellen Verbrecher im Saal, von denen man wußte, daß sie im Dienste von Markovitsch stehen und ständig jede Entdeckung bei den „Politischen" in seine Zentrale meldeten. Je nach ihrer Leistung wurde ihnen die Strafe verringert, sie bekamen Amnestie und gingen schnell nach Hause, während die Politischen bis zum letzten Tag ihre Strafe abbüßen mußten.

Meine Gedanken ließen mich nicht los. War es vielleicht Joco Pavitsch, ein kommunistischer Aktivist, der seinen Vater wegen des Erbes erschlug und ihn dann zu Seife verkocht und so verkauft hat? Seit 1941 war er Kämpfer bei den Partisanen. Wegen seiner Untat erhielt er die Todesstrafe, die dann in 20 Jahre Haft umgewandelt und später auf 10 Jahre herabgesetzt wurde. „Warum soll ich nicht Seife von ihm machen? Vor wem soll ich mich fürchten? Vor Gott? Gott gibt's nicht! Die Pfaffen betrügen das Volk. Diese Lüge ist ihr Gewerbe. Sie verdummen das Volk", so pflegte er zu sprechen. „Die Kommunisten haben uns gelehrt, daß wir der Mutter 5 Liter Milch schulden, dem Vater jedoch gar nichts." —

Oder war es jemand anderer. War es Ilija Duscharovitsch, ein Partisanenkämpfer seit dem Ausbruch der roten Revolution? Er war zu 15 Jahren Zuchthausstrafe wegen der Vergewaltigung seiner eigenen Tochter verurteilt. Sieben Jahre waren schon nachgelassen, da er ein hohes Ansehen bei der Verwaltung genoß. —

War es vielleicht einer der zwei Brüder Milojko oder Milovan, die wegen des Erbes ihre eigene Mutter erschlugen und ihren Leichnam am Maulbeerbaum aufgehängt hatten, als hätte sie Selbstmord begangen? Diese beiden erwarten mit Sehnsucht die Herabsetzung ihrer Strafe und deswegen sind sie so eifrig in der Berichterstattung an Markovitsch. —

Vukadin Peruschitz ist ein Montenegriner. Sein Vater ist ein Parteikämpfer und fiel in der Revolution. Vukadin, sein Sohn, bekam deshalb deutsche Ländereien bei Kikinda im Banat. Er wurde zu 12 Jahren und seine Mutter zu 20 Jahren verurteilt, weil sie in sündhafter Beziehung zwischen Sohn und Mutter ein Kind bekamen. Aber sie wurden nicht wegen des Inzests verurteilt, sondern wegen des Mordes des Kindes, das durch ihre pathologische Beziehung zur Welt kam.

Vukadin zeigte keine Gewissensbisse oder Schamgefühle. Im Gegenteil, er war sehr lautstark, aufbrausend und aggressiv. Er genoß ein großes Vertrauen der Verwaltung wegen seines Spionagedienstes. Seine Mutter schrieb ihm aus dem Frauengefängnis in Pozareval. Er las die Briefe offen vor und verspottete die „Hurenmutter". Man wich im Zuchthaus diesem neuen Menschentyp, den die Roten durch die Gottlosigkeit hervorbrachten, mit Abscheu aus.

In meinem Nachforschen, wer mich eigentlich angezeigt hätte, kam ich auf kein positives Resultat. Alle die vermeintlichen Mithelfer im Geheimdienst schliefen doch einen tiefen Schlaf. Oder war es einer von den Kommunikanten mit einer Judasseele, der mich angezeigt hatte? Diese Vermutung hat sich bald bei der Entlassung des Scheinheiligen aus Semlin bestätigt. Warum sollte ich es besser haben als mein Herr und Heiland? Ihn hat ja auch einer aus den Reihen seiner Eigenen verraten, war meine seelische Beruhigung.

Mein zuverlässiger Freund H. D. aus Subotica, ein Rechtsanwalt, der eng mit der Kirchengemeinde seiner Heimatstadt zusammengearbeitet hatte, kam zu mir gleich nach meiner Befreiung aus dem Bunkerreich mit einer heiklen Frage: „Pater, Sie kennen mich doch seit vielen Jahren. Sie wissen, daß ich treu zu Gott und der hl. Kirche stehe. Jetzt macht mir Markovitsch das Angebot, mich freizulassen, wenn ich mit der Partei mitmache. Was sagen Sie zu diesem Angebot? Meine Frau mit den vier kleinen Kindern hungert zuhause. Beim letzten Besuch flehte sie mich in Tränen an, ich solle kommen. Wahrscheinlich steht sie auch mit Markovitsch in Verbindung." —

„Lieber Freund, du bist in großer Gefahr. Deine Lage verstehe ich völlig. Reichst du ihm den Finger, so will er die Hand. Gibst du ihm die Hand, so will er den Arm und schließlich den ganzen Mann. Das ist deine Lage." —

„O nein! Ich werde ihm zwar Mitarbeit versprechen, aber verraten werde ich niemanden!" —

Kurz darauf ging er zu seiner Familie. Seine Freunde begrüßten ihn wie einen Märtyrer im Kampf gegen die roten Teufel. Seine Kollegen schildern ihm ihr Leiden in der Freiheit, vertrauten ihm als zuverlässigem Freund alles an. Die Geheimpolizei hat eine gewisse Zeit schweigend zugesehen und beobachtet, dann erst griff sie ein. Er solle herausrücken mit der Wahrheit, seine Kollegen bloßstellen oder zurück nach Mitrovitza gehen. Nach einigen Monaten hat es sich herumgesprochen, der Advokat aus Subotica wäre verzweifelt und hätte sich erhängt.

Auch mein Priesterfreund glaubte sich aus dem Zuchthaus mit der restrictio mentalis befreien zu können, da er mit seiner Gesundheit am Ende war. „Ich mache mit, soweit es mir das Gewissen erlaubt", sagte er und unterschrieb.

Die erste Aufgabe von der Geheimpolizei war, den Erzbischof von Belgrad auszuspionieren. Er ging zu seinem Oberhirten und offenbarte ihm alles. Er solle an ihn drei Fragen stellen und ihn auf diese Weise den Henkersknechten ausliefern. Der Erzbischof bedankte sich für die Aufrichtigkeit und orientierte ihn: „Wenn sie kommen, die Antworten

235

abzuholen, sag ihnen, daß ich dich als Spion durchschaut habe und die Antwort verweigerte." Mein Priesterfreund wurde von der Geheimpolizei zum unfähigen Spion erklärt und in Ruhe gelassen.

Hoffnung auf Kontrolle

„Hast gehört, der Verwalter wird abgesetzt? Die Deutschen haben darüber Nachricht aus dem Ausland bekommen. Auch bei Besuchen wurden Andeutungen darüber gemacht." —

„O, der wird sich schwer verantworten für seine tierischen Grobheiten. Was meinst du, wenn das alles in die Weltöffentlichkeit kommt? Das werden die Parteispitzen nicht leicht hinunterschlucken können."

Der Dritte mischte sich ins Gespräch: „Habt ihr schon gesehen, daß ein Wolf dem anderen das Auge ausreißt?" — „Hör zu, man spricht auch darüber, daß ein Revisor der Zuchthäuser unterwegs ist. Ein General, ein hohes Tier aus Belgrad sei beauftragt, alles zu kontrollieren. Hör zu, Brüderchen, Tito will sich schön machen vor der Weltöffentlichkeit. Wegen der Wirtschaftshilfe vom Westen dürfen Journalisten aus den USA uns besuchen und feststellen, daß es hier keine politischen Häftlinge, bloß kriminelle Gefangene gibt. Alles soll vorher auf Hochglanz gebracht werden."

Diese Nachricht brachte eine gewaltige Aufregung unter die gedrückten Gemüter. Fragen wurden laut, wer dieser Revisor sei, was man ihm sagen dürfe, ob der Verwalter anwesend sein wird? —

„Die Kontrolle muß kommen und die Leute sollten sich getrauen, offen mit der Wahrheit herauszurücken. Man darf nicht schweigen und einfach mit dem Kopf nicken", sagte ein sonst schweigsamer Mann.

Als die Morgenglocke läutete, sprang ich von meinem Strohsack, mit einem kurzen Anruf an Gott vertrieb ich alle mürrischen Gedanken und begab mich in den Waschraum. Schon war der Kessel mit dem Frühstück da. Eine lange Kolonne wartete den vollen Schöpflöffel bitteren Kaffees ab, der von Gerste stammte.

Das Gerücht vom Besuch des Inspektors hat sich als wahr erwiesen. Er hat ein Häftlingszimmer besucht und man konnte Beschwerden vorbringen. Es war während der Austeilung des Mittagessens. Er verkostete selbst die Speise. Er blickte den Verwalter schief an und fragte, ob der Koch jeden Tag das Essen zum Verwalter bringe. Die erste Folge dieses Besuches war, daß die Köche entlassen wurden und eine andere Gruppe in die Küche kam. Nur wenige Wochen verspürte man eine Verbesserung der Kost. Bald darauf war alles wieder wie früher.

Im Erdgeschoß des ersten Baues wurden zwei Zimmer mit etwa sechs Betten in Bereitschaft gestellt. Das Bettgestell wurde mit einem Strohsack gefüllt, mit weißen, sauberen Bettbezügen und wolligen Decken belegt. Mitten in dieses Zimmer wurde ein Tisch mit sechs Stühlen gestellt, der Fußboden blank gerieben und die Fenster rein gewaschen. Auch zwei Einzelzellen waren ähnlich eingerichtet. Diese Räume waren immer unbesetzt und geschlossen. Sie waren dazu bestimmt, eine wichtige politische Rolle zu spielen. Wenn von Diplomaten, Parlamentariern, Journalisten oder Vertretern der Kirchen und internationalen Organisationan jemand den Wunsch geäußert hatte, das berüchtigte Zuchthaus Mitrovitza zu besuchen, kam man den Wünschen ohne Zögern entgegen. Das Ministerium in Belgrad meldete die Ankunft dieser Herren aus dem Ausland an. Sie wurden in der Verwaltung glänzend empfangen. Schnell wurden die vorbereiteten Räume aufgeschlossen, gelüftet, jeweils mit der entsprechenden Anzahl von auserwählten Häftlingen belegt. Für diesen Tag bekamen sie neue Häftlingsgewänder, wurden frisch rasiert und empfingen die Gäste aus dem Ausland in guter Laune. Wenn der Besuch zu Mittag stattfand, bekamen die Auserwählten ihre auserwählte Speise in emaillierten Tellern, was natürlich einen guten Eindruck auf die Besucher machte. Dementsprechend gingen die Kommentare in der Weltszene um, daß das jugoslawische Strafsystem eine äußerst humane Haltung ausübt.

Nach diesem ersten Akt wurde den Gästen eine zweite Überraschung geboten. Man führte sie ins Kulturheim, in den Leseraum, in die Bibliothek. Da begegneten sie einem großen Tisch, vollbeladen mit Zeitungen und Zeitschriften. Zwei Sofas standen neben der Wand, eine Anzahl Lederstühle, auf denen sich die Häftlinge breitmachen und in die Presse vertiefen können. Das waren die Spione und Verräter, die ihre Theaterrolle vor den ausländischen Repräsentanten spielen sollten. Als die Gäste eintrafen, erhoben sie sich mit vollem Anstand. Durch Dolmetscher wurde an sie die Frage gestellt, wie es ihnen gehe. Sie lobhudelten die Verwaltung und zeigten sich hochzufrieden. Die Fremden entfernten sich überrascht mit der Frage, wie der Titoismus durch gewisse Auslandszeitungen so falsch angegriffen werden könne? Man führte die Gäste in das luxuriöse Restaurant, das nicht weit von der Verwaltung errichtet ist. Es wurde ihnen versichert, daß die Häftlinge nach Wunsch ihre Kost auch von hier beziehen könnten.

Die Irreführung vollzog sich nicht nur vor ausländischen Politikern und Journalisten. Systematisch und zielstrebig wurden auch die Angehörigen der Verhafteten mit Lügen und falschen Darstellungen getäuscht. Anläßlich der Monatsbesuche zeigte man den Angehörigen das

Menü des Restaurants, das der Kost im Zuchthaus gleichkomme. Es ist deswegen nicht notwendig, Pakete zu bringen, da man in der Besserungsanstalt in Hülle und Fülle lebe. Aber nicht nur dadurch wollte man Uneinigkeit und Zwietracht zwischen uns und die Familienangehörigen bringen, sondern man redete den Besuchern ein, daß einzig die Häftlinge schuldig seien und nicht nach Hause kommen wollten. So leicht könnten sie nach Hause kommen, wenn sie nur ein bißchen geneigt wären, beim Aufbau des Staates mitzumachen. Diese Methode, auf meine Leidensgenossen Druck auszuüben, war die erfolgreichste. Eine Reihe von Familienvätern, die ich als hundertprozentige Gegner des Partisanentums betrachtete, sind dabei seelisch zusammengeknickt.

Es war zu Mittag, am 11. September 1954. Unerwartet kam eine Gruppe Amerikaner ins Zuchthaus. Der Verwalter war abwesend. Sein Vertreter Markovitsch stand überrascht und hilflos da. Es ging alles so unverhofft, wie ein Blitz vom hellen Himmel. Alles wurde in Bewegung gesetzt, aber alle Verdeckungsversuche kamen zu spät. Die volle Wahrheit kam ans helle Licht. Beim Eingang im ersten Bau begegneten sie den Bediensteten, die die Fässer mit dem Mittagessen auf ihren Achseln in die Wohnräume trugen. Sie schauten in das Zimmer, wo eine lange Reihe von etwa 200 Mann hungrig und ungeduldig mit Blechdosen in der Hand auf das Schweinefutter wartete. Die Gäste näherten sich und sahen, wie das Mittagessen mit einem Schöpflöffel ausgeteilt wurde. Sie bekamen von der Verwaltung einen Dolmetscher und dieser stellte die wirkliche Lage ins falsche Licht. Ein Häftling, Milojko Djordjevitsch, ein Student, der Englisch verstand, hörte den Erklärungen aufmerksam zu. In einem günstigen Augenblick mischte er sich in das Gespräch ein und gab seine Korrekturen zu den falschen Darstellungen. Die Korrespondenten umkreisten den jungen Mann und erfuhren schnell die Wahrheit über die gesamte Situation vom himmelschreienden Elend, das man vor der Weltöffentlichkeit verdecken wollte. Der Student Djordjevitsch wurde darauf in die Isolation geworfen, wo er viele Jahre für seine wahrhaftige Aussage schmachten mußte.

Freiheit in Sicht

Mit dem Schicksal, jedes Jahr an die Schwerstarbeit geschickt zu werden, habe ich mich versöhnt. Im Winter, wenn die Ziegelei stillstand, versuchte ich immer an einer anderen Stelle Arbeit zu finden. Nach der Seilerei ging ich zur Tischlerei als Polierer. Dann folgte die Maurer-

238

arbeit. Als dies fehlging, versuchte ich es bei den Tapezierern. Das ging mir gut von der Hand. In einer Baracke lebte ich mit dem jungen Italiener Nikolaus Monate hindurch ziemlich unbeobachtet. Dauernd hatte ich in diesem Raum nach Katakombenart die hl. Messe gefeiert. Nikolaus hütete den Eingang, um nicht überrascht zu werden. Unauffällig kamen mit der Zeit immer mehr gläubige Menschen und suchten Trost und Rat. Die Katholiken verlangten nach den Sakramenten, was ihnen nach Wunsch und Wille gewährt wurde, hauptsächlich zu den Festtagen. Eine Ecke der Baracke hatten wir sozusagen zu einem sakralen Raum umgewandelt. Bei den Katholiken hatte sich das auf allen Arbeitsplätzen herumgesprochen. Gab es auch Verräter?

Eines Tages erschien Markovitsch persönlich und untersuchte unsere Arbeit. Die Maschine klapperte und staubte wie nie, so daß man fast im Staub ersticken mußte. Wir witterten zuerst keine Gefahr. Nikolaus wurde jedoch vorgeladen und durch schwere Schläge wollte man das Geheimnis erpressen. Er schwieg.

Ich kam wieder zur Ziegelei und mußte dort Schwerarbeit tun. Auch dort fand ich wieder Freunde, obwohl die Spione mich niemals aus den Augen gelassen haben, aber auch ich kannte sie gut. Im großen Ringofen in Hitze und Staub war ich beschäftigt. Man rief mich aus dem Dunkel des Ofens.

„Bist du der Häftling Gruber?" schrie mich der Uniformierte an. Ich nickte.

„Sofort alles niederlegen! Du kommst mit mir!" Ich mußte einige Meter vor ihm gehen. Im Bau III mußte ich mir den roten Staub abwaschen. Neue Kleider gaben sie mir.

„Wozu das?" fragte ich. „Mach, was man dir sagt und frage nicht!" Auch rasieren mußte ich mich.

„Das Kopfhaar in Ordnung bringen!" befahl mein Begleiter. „Wozu?" interessierte mich immer mehr.

„Frage nicht!"

Es ging dann in den Verwaltungsbau in Begleitung des Bewaffneten. Auf dem ersten Stockwerk riß er eine Tür auf und schob mich hinein und schloß die Tür hinter mir. Zuerst habe ich mich nicht zurechtgefunden. Wo bin ich eigentlich? Ein eleganter Herr kam mir entgegen, reichte mir freundlich die Hand und fragte: „Sie sind Pater Gruber?"

„Das bin ich."

„Haben Sie keine Angst! Ihre Haftzeit ist beendet. Bundeskanzler Adenauer interessiert sich für Sie. In seinem Auftrag bin ich hier, um zu sehen, ob Sie noch am Leben sind und ob Sie einverstanden sind, Jugoslawien für immer zu verlassen?"

Vor diesem Herrn aus der deutschen Botschaft stand ich wie versteinert. Wie benommen war ich bei dieser Nachricht und konnte anfangs nicht sprechen.

„Diese Prozedur wird noch einige Tage andauern, bis alle nötigen Papiere fertiggestellt sind. Haben Sie keine Angst. Es kann Ihnen nichts mehr passieren. Sie werden dann bis an die Staatsgrenze begleitet." Wir verabschiedeten uns.

Man begleitete mich in meinen Aufenthaltsraum. Von meinen Kameraden war ich schnell umgeben und mit Fragen überschüttet. „Pater, können Sie uns verlassen? Sie waren immer Halt und Stütze in unserer Not, können Sie uns wirklich im Stich lassen?"

Vor dieser Frage meiner Freunde, mit denen ich so viele gemeinsame bittere Stunden erlebt hatte, stand ich erschüttert. „Ihr bloßes Dasein unter uns war für uns alle ein Trost. Ihre Standhaftigkeit in allen Widerwärtigkeiten hat uns Kraft und Mut eingeflößt. Wollen Sie uns wirklich allein lassen?"

Es kam der letzte freie Spaziergang am Nachmittag. Was für ein Unterschied zwischen dem ersten Spaziergang vor so vielen Jahren und heute. Damals als Stepinac-Knecht von den serbischen Nationalisten verspottet und nun waren sie mit mir einig. Die Spitzenvertreter der Tschetniks reichten mir in Freundschaft die Hand und freuten sich, mich als Freund anerkennen zu dürfen. So vieles ist in offener Diskussion geklärt worden. Von den vielen orthodoxen Popen konnte ich nur noch einen zum Abschied begrüßen. Alle anderen haben ihre Orientierung gewechselt und sind meistens wegen ihren Familien Opportunisten geworden und gingen nach Hause. Auch bei den mohammedanischen Skipetaren kam beim Abschied die tiefe Freundschaft zum Ausdruck. Meine Sachen verteilte ich.

An diesem Abend wurde ich noch mit den anderen Deutschen in einen separaten Raum geführt, wo man uns die Reisepässe ausfertigte. Nach zwei Tagen war alles zur Abfahrt bereit. Markovitsch ließ uns bis auf den letzten Hemdärmel untersuchen, ob wir kein Geheimnis mitnehmen würden. Dieses Geheimnis war jedoch ins Herz eingeschlossen. Beim Auszug aus dem Zuchthaus machten meine Peiniger, die mir den Tod vorausgesagt hatten, große Augen. Wie innig dankte ich der besonderen Hilfe Gottes aus der Tiefe meines Herzens.

* * *